Tom Friess | Michael Huber

Finanzcoach für den Ruhestand

Tom Friess | Michael Huber

Finanzcoach für den Ruhestand

Der persönliche Vermögensberater für Leute ab 50

FBV

5., komplett überarbeitete
und aktualisierte Auflage

Bibliografische Information der Deutschen Nationalbibliothek
Die Deutsche Nationalbibliothek verzeichnet diese Publikation in der Deutschen Nationalbibliografie; detaillierte bibliografische Daten sind im Internet über **http://d-nb.de** abrufbar.

Für Fragen und Anregungen:
info@finanzbuchverlag.de

5., aktualisierte und erweiterte Auflage 2015

ein Imprint der Münchner Verlagsgruppe GmbH,
Nymphenburger Straße 86
D-80636 München
Tel.: 089 651285-0
Fax: 089 652096

Satz: Daniel Förster, Belgern
Druck: CPI books GmbH, Leck
Printed in Germany

ISBN Print 978-3-89879-893-8
ISBN E-Book (PDF) 978-3-86248-693-9
ISBN E-Book (EPUB, Mobi) 978-3-86248-694-6

Weitere Informationen zum Verlag finden Sie unter
www.finanzbuchverlag.de
Beachten Sie auch unsere weiteren Verlage unter
www.muenchner-verlagsgruppe.de

GLIEDERUNG

Inhaltsverzeichnis

Vorwort

Die Zeit nach der Erwerbsaufgabe wird oft als die beste des Lebens bezeichnet. Mit Eintritt in den Ruhestand erhält man ein sehr wertvolles Geschenk. Zeit. Jedes Jahr bis zu 3.000 Stunden. Zeit, die für eigene, nichtberufliche Interessen genutzt werden kann. Eigentlich ein gutes Gefühl, aber für manche Ruheständler auch eine Herausforderung.

Auch was die Finanzen angeht, muss man sich neu organisieren. Das »angesparte Kapital erhalten«, die »Versorgungslücke schließen« und »keine unnötigen Risiken mehr eingehen«, so lauten die neuen Zielsetzungen. Auch das ist eine Herausforderung.

Mit unserem »Finanzcoach für den Ruhestand« wollen wir (angehende) Ruheständlerinnen und Ruheständler – die eben nicht stehen bleiben wollen – unterstützen, die finanzielle Seite des dritten Lebensabschnitts umfassend zu planen, vorzubereiten und fundiert umzusetzen. Das Buch greift alle relevanten Fragestellungen von der eigenen Finanzplanung über die passende Vermögensorganisation bis hin zu Steuern, Gesundheits- und Pflegekosten sowie der Nachlassplanung auf. Alle wichtigen Aspekte werden praxisnah und leicht verständlich erläutert, basierend auf 20-jähriger Beratungserfahrung.

Natürlich kann dieses Buch keine persönliche Beratung ersetzen, zumal die optimale Lösung in jedem einzelnen Fall wieder anders aussieht. Wir hoffen aber, dass Sie als Leserinnen und Leser mithilfe unserer Ausführungen und Empfehlungen die Weichen für einen finanziell erfolgreichen dritten Lebensabschnitt richtig stellen können.

Tom Friess und Michael Huber

Kapitel 1

Der Ruhestand: Wichtige Veränderungen

Die Angst vor Altersarmut nimmt zu

Viele Menschen sind verunsichert, was ihre persönliche finanzielle Situation im Alter betrifft. Und diese Sorge nimmt zu! Begründet wird sie vor allem durch die steigenden Lebenshaltungskosten und die vielen Änderungen in der Steuer- und Rentengesetzgebung. Allen voran wird hier das Alterseinkünftegesetz (AltEinkG) genannt. Es hat zu einer höheren Besteuerung der gesetzlichen Altersrenten und zum Wegfall von Steuerprivilegien im Ruhestand geführt.

Die Ängste der Deutschen

Das bestätigt auch die repräsentative Studie »Die Ängste der Deutschen 2013«, die das Infocenter der R+V Versicherung bereits zum 23. Mal durchgeführt hat. Den rund 2.500 Befragten bereiten wirtschaftliche und politische Themen die meisten Sorgen. Mehr als die Hälfte der Menschen fürchten sich vor steigenden Lebenshaltungskosten und einer Verschlechterung der wirtschaftlichen Lage. Vor allem die alarmierenden Nachrichten über Finanzmarktkrisen, Währungskrisen und Rettungsschirme für überschuldete EU-Staaten erschüttern das Sicherheitsgefühl.

Aber auch die Angst vor Arbeitslosigkeit oder davor, im Alter krank und zum Pflegefall zu werden, treibt die Menschen um. Denn hinter allem steht letztlich die Befürchtung, dass der gewohnte Lebensstandard im Alter nicht gehalten werden kann. Die Sorgen um die eigene Gesundheit sind seit dem vergangenen Jahr nochmals gestiegen und erreichten damit den zweithöchsten Stand seit Beginn der Studie. Die ständigen Änderungen im Gesundheitsbereich haben offensichtlich ihre Spuren hinterlassen, denn die Menschen wissen, dass sie für Gesundheitsleistungen künftig tiefer in die Taschen greifen müssen und dafür immer weniger Leistungen bekommen. Dementsprechend wächst auch die Angst, dass der eigene Lebensstandard im Alter sinken wird. Für 40 Prozent aller Befragten stellt das die größte Bedrohung dar.

Die Deutschen haben große Angst vor …

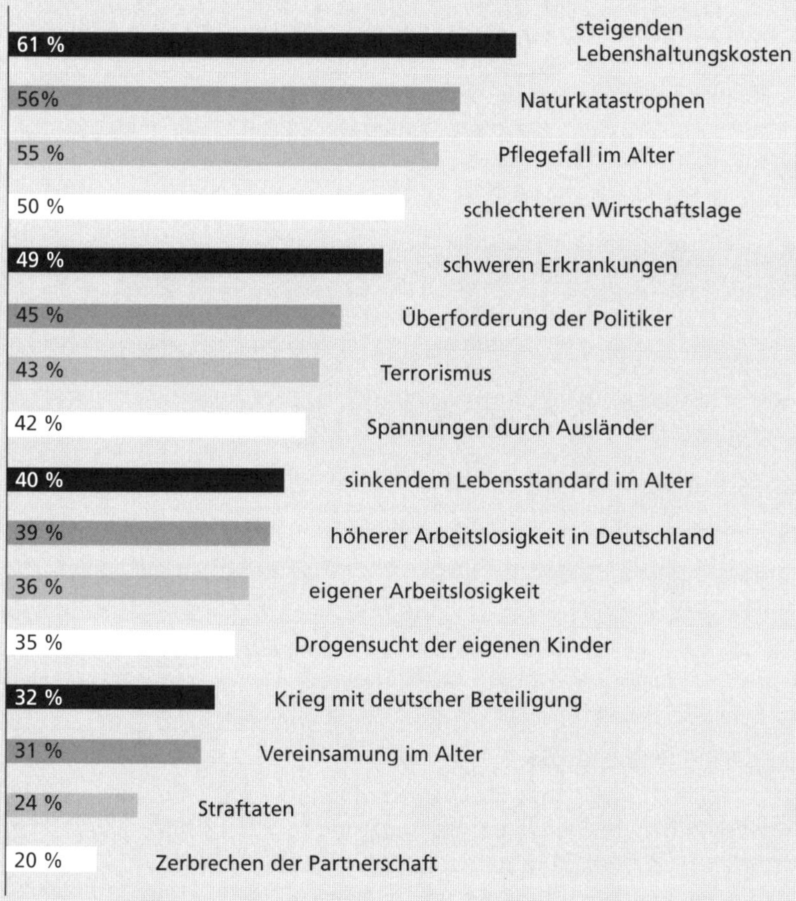

Quelle: Studie »Die Ängste der Deutschen 2013« der R+V Versicherung

Vor dem Jahrtausendwechsel war das noch kein Thema. Eine damalige Studie des Deutschen Instituts für Altersvorsorge zeigte, dass 71 Prozent der Bundesbürger sicher waren, ihre finanziellen Mittel würden für den Ruhestand gut ausreichen. Doch die Zeiten haben sich geändert, und die finanzielle Absicherung im Alter ist verstärkt ins Bewusstsein der Menschen gerückt.

Die Alterseinkünfte reichen nicht ...

Frage: Werden die Einnahmen reichen, um einen angemessenen Lebensstandard im Ruhestand sichern zu können?

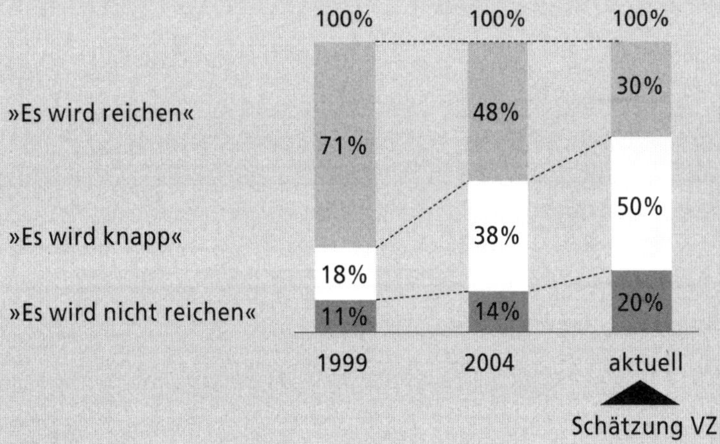

Hintergründe:

1. Steigende Staatsverschuldung
2. Steigende Lebenserwartung
3. Inflationsbefürchtungen
4. Situation der Versorgungssysteme

Quelle: Deutsches Institut für Altersvorsorge

Nach Schätzungen der unabhängigen Vermögensberatungs-Gesellschaft VZ VermögensZentrum glauben nur noch 30 Prozent, dass ihre Einnahmen ausreichen, um einen angemessenen Lebensstandard im Ruhestand finanzieren zu können. Rund die Hälfte der Menschen hingegen sei mittlerweile zu der Erkenntnis gelangt, dass es »knapp« werde.

Gesetzliche Rentenleistungen werden sinken

Klar ist, dass die Rentenleistungen seitens der gesetzlichen Versorgungsträger in Zukunft weiter sinken werden. Zudem wird die Belastung durch Gesundheitskosten und Steuern im Ruhestand tendenziell weiter steigen. Damit nimmt die finanzielle Eigenverantwortung für den dritten Lebensabschnitt stetig zu und wird anspruchsvoller. Zusätzliche Einnahmen müssen sichergestellt werden. Außerdem soll das aufgebaute Vermögen erhalten bleiben, und die Optimierung der Steuern begleitet uns auch nach der Erwerbsaufgabe. Wer früher seinen Ruhestand antreten will, muss zusätzlich entstehende finanzielle Lücken sinnvoll schließen.

Mehr Eigenverantwortung bedeutet aber auch – je nach persönlicher Einstellung und individuellen Zielen – mehr Chancen oder mehr Risiken. In jedem Fall stellt die Konzeption des eigenen, finanziell tragfähigen Ruhestandsmodells eine »kleine« Herausforderung dar. Unser Buch hilft, diese erfolgreich zu bestehen.

Vom Berufsleben in die »Ruhestands-GmbH«

Immer früher in den Ruhestand

Eine weitere Tatsache: Der Übergang vom Erwerbsleben in die Ruhestandsphase findet durchschnittlich deutlich vor dem 65. Lebensjahr statt. Grund dafür ist nicht selten die Lust, »früh« und damit fit in den Ruhestand zu wechseln. Möglichkeiten zum Vorbezug der Altersrente, Regelungen zur Altersteilzeit und Abfindungen begünstigen diese Tendenz. Auch wenn das Thema »Verlängerung der Lebensarbeitszeit« auf der Agenda der Politik ganz oben steht, bleibt der individuelle Wunsch bestehen, früher in Rente zu gehen.

Vom Berufsleben in die »Ruhestands-GmbH«

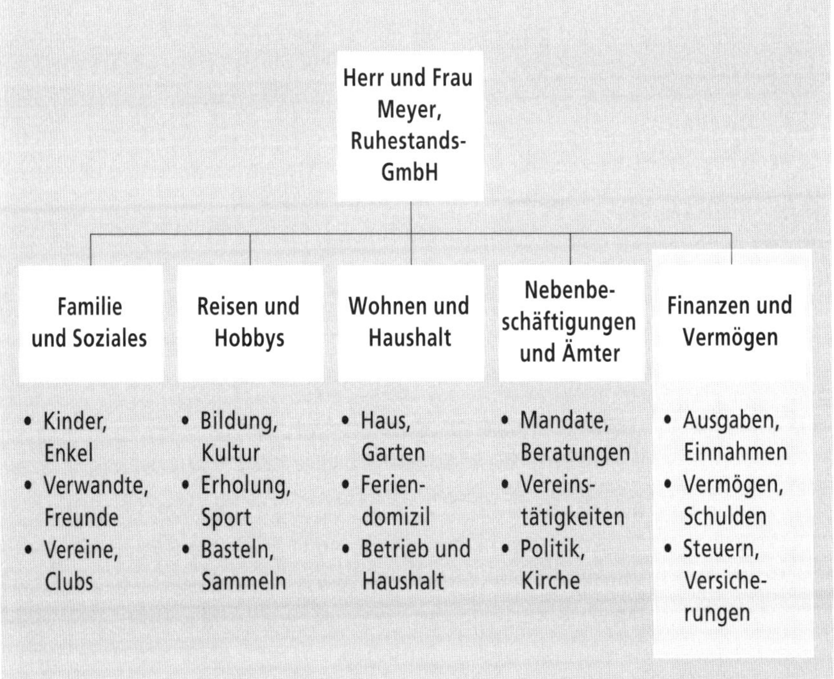

Die heutige Generation der Rentner ist also jünger als früher und hat noch eine lange Phase ohne Berufsausübung vor sich, etwa ein Viertel ihres Lebens. Diese Phase bringt eine neue Herausforderung mit sich. Jeder, unabhängig von seiner bisherigen beruflichen Tätigkeit, wird jetzt zu einem kleinen Unternehmer; er oder sie muss nun das Unternehmen »Ruhestands-GmbH« erfolgreich führen.

Neue »Herausforderungen« im Alter

Endlich gibt es mehr Zeit für das, was einem wichtig ist und was im Berufsleben vernachlässigt wurde! Die neue Situation stellt aber auch neue Aufgaben, die vielfältig und anspruchsvoll sind.

Da ist zunächst die Familie – für die meisten der wichtigste Bezugspunkt im Leben. Und mit zunehmender Reife wird man sich ihrer Bedeutung immer stärker bewusst. Der Ruhestand eröffnet die Möglichkeit, mehr Zeit für die Familie einzusetzen, das heißt, die Kinder öfter zu sehen, sie bei der Lösung ihrer Probleme zu unterstützen und das Zusammensein mit den Enkeln zu genießen.

Lange Reisen in entfernte Länder waren während des Berufslebens gar nicht möglich. Im Garten wurde nur das Nötigste gemacht und der Hobbyraum nur sporadisch genutzt. Auch Kultur und Bildung hat man während des Berufslebens oft vernachlässigt. Museen und interessante Ausstellungen, Konzerte, Kino, Theater sowie Oper – für all das ist jetzt mehr Zeit vorhanden.

Ob beide Partner berufstätig waren oder – bei klassischer Rollenaufteilung – die Frau allein zu Hause war und sich den Tag so organisiert hat, wie es für sie am besten war. Die gemeinsamen Aktivitäten fanden am Abend oder am Wochenende statt. Plötzlich sind beide Partner ständig daheim, und die partnerschaftliche Beziehung wird vor eine neue Ausgangslage gestellt. Die frisch gebackenen Ruheständler müssen ihre Rollen neu definieren. Andererseits kann man den Haushalt und die Freizeit intensiver und bewusster erleben und genießen. Hinzu kommt, dass viele Menschen im Ruhestand nicht nur an einem Ort leben, sondern ein Feriendomizil oder einen Zweitwohnsitz jetzt länger als nur sechs Wochen nutzen können und wollen. Das will geplant und organisiert sein, die Post muss umgeleitet, der Garten gepflegt und der Kühlschrank gefüllt werden.

So ganz von Verpflichtungen und Beschäftigung loslassen können die Wenigsten. Einige behalten gewisse Aufgaben, die stark mit ihrer Person verbunden sind, um den endgültigen Ablöseprozess aus dem Berufsleben noch etwas hinauszögern. Andere intensivieren ihre ehrenamtlichen Tätigkeiten, engagieren sich in humanitären Organisationen oder bringen ihre Erfahrung in politische Verbände und Initiativen ein.

Die Ruhestands-GmbH

Im fünften Bereich, der »Ruhestands-GmbH«, geht es um Finanzen und Vermögen. Da gilt es, die Ausgaben zu kontrollieren und die Einnahmen zu planen. Das Vermögen muss möglichst geschickt angelegt werden. Und die ungeliebten Ausgabeposten »Steuern und Versicherungen« sollen so optimiert werden, dass sie das Gesamtbudget nicht unverhältnismäßig belasten.

In diesem Buch konzentrieren wir uns auf den letzten Punkt: auf das Management des Aufgabenbereichs »Finanzen und Vermögen«. Dabei hinterfragen wir die Rahmenbedingungen, mit denen der »Finanzchef« der »Ruhestands-GmbH« konfrontiert wird, und geben gleichzeitig konkrete Hilfsmittel an die Hand, mit denen die Herausforderung Ruhestand zumindest in finanzieller Hinsicht gemeistert werden kann.

Auf die Aufgabe als Finanzchef sollte man sich rechtzeitig vorbereiten. Dazu gehört, dass man sich mit dieser neuen Rolle und den zu erreichenden Zielen auseinandersetzt.

Zielsetzungen für den Finanzchef der »Ruhestands-GmbH«

- Bereitstellung ausreichender Einnahmen zur Deckung der budgetierten Ausgaben
- Erhaltung des Vermögens in seiner realen Substanz
- Verhinderung von kurzfristigen Liquiditätsengpässen
- Sicherstellung einer weitsichtigen Reservepolitik
- Gewährleistung einer vertrauenswürdigen und kompetenten Stellvertretung

Insbesondere die erste Zielsetzung ist elementar für die Existenzabsicherung der »Ruhestands-GmbH«. Es müssen ausreichend Einnahmen zur Verfügung gestellt werden, um den Lebensunterhalt jederzeit decken zu können.

Inwieweit die ersten beiden Ziele – Ausgabendeckung und Vermögenserhalt – in Übereinstimmung gebracht werden können, ist abhängig von der Ausgangslage, sprich: der Höhe des Vermögens und der Höhe des Bedarfs aus dem Kapital. Deshalb muss sich der Finanzchef in einem ersten Schritt einen Überblick über das Verhältnis von Ausgaben zu Vermögen verschaffen. Werden die Ausgaben beispielsweise mit 5.000 Euro pro Monat angesetzt und beträgt das Vermögen 2,5 Millionen Euro, so entspricht dies einem Verhältnis der Ausgaben zum Vermögen von 2,4 Prozent. Das ist die Rendite, die netto erwirtschaftet werden muss, um die beiden oben als Erstes genannten Ziele (Ausgabendeckung und Vermögenserhalt) zu erreichen. Zunächst erscheint das leicht machbar zu sein. Doch der Teufel steckt wie immer im Detail – sprich: in dem Wörtchen »netto«. Denn netto bedeutet, was nach Gebühren, nach Steuern und nach Inflation von den Zinsen übrig bleibt. Um eine solche Nettorendite von 2,4 Prozent zu erzielen, ist dafür – wie wir später noch sehen werden – eine durchschnittliche Bruttorendite von 5 bis 7 Prozent erforderlich. Das wiederum stellt eine durchaus anspruchsvolle Zielvorgabe dar.

Liquiditätsplanung ist nötig

Ein weiteres Ziel des Finanzchefs ist die Verhinderung von kurzfristigen Liquiditätsengpässen. Denn selbst wenn das Verhältnis von Ausgaben und Vermögen stimmt, ist noch nicht gesagt, dass stets genügend Geld auf dem Konto ist, um sämtliche Ausgaben zu decken. Die Frage ist, in welcher Form und Regelmäßigkeit die Vermögensrendite anfällt. Bei einer Rente ist das Einkommen besser planbar als bei einem Aktien-Portefeuille. Also muss der Finanzchef die Eigenschaften der unterschiedlichen Anlageinstrumente sehr genau kennen und auf seine Bedürfnisse abstimmen.

Die Liquiditätsplanung bezieht sich auf vorhersehbare Ausgaben. Möglicherweise entstehen aber auch unvorhergesehene Kosten, die nur über eine langfristige Liquiditätsreserve abgedeckt werden können. Ein (Ehe-) Partner kann plötzlich erkranken und bedarf medizinischer Versorgung und Pflege, was zu einer entsprechenden finanziellen Belastung führt. Andere, positivere Beispiele: Eines der Kinder möchte ein Haus bauen und braucht Hilfe bei der Finanzierung. Oder der Nachwuchs möchte sich selbstständig machen und benötigt finanzielle Unterstützung für die Geschäftsgründung. Wann und wie viel gebraucht wird, kann auch der beste Finanzchef nicht vorhersagen; er kann aber eine Reserve in seinen Berechnungen berücksichtigen. Diese sollte mindestens 20.000 Euro betragen.

Der Finanzchef hat viele Aufgaben

Die Rolle des Finanzchefs übernimmt normalerweise die Person, die sich im Haushalt schon immer um die Finanzen gekümmert hat. Für Notfälle muss er aber einen vertrauenswürdigen und kompetenten Stellvertreter bestimmen. Ein solcher Notfall kann ein Unfall sein, eine Krankheit oder schlicht und einfach die Tatsache, dass der Finanzchef aufgrund seines fortgeschrittenen Alters die Dinge nicht mehr so gut unter Kontrolle hat wie in jüngeren Jahren. Zusätzlich muss sich der Finanzchef darum kümmern, dass bei einem Todesfall alles geregelt und die Familie – insbesondere der zurückbleibende Partner – finanziell abgesichert ist. Aus diesem Grund sollte man als verantwortungsvolles Familienoberhaupt die Stellvertretung in puncto Finanzangelegenheiten frühzeitig regeln. Dies gibt einem gleichzeitig die Möglichkeit, mit dem Stellvertreter zusammenzuarbeiten und dessen Arbeit zu beurteilen. So sollte beispielsweise ein Testamentsvollstrecker bereits zu Lebzeiten in die finanziellen Angelegenheiten mit einbezogen werden. Fällt die Rolle des Testamentsvollstreckers dem Steuerberater oder dem Vermögensverwalter zu, ist ein enges Vertrauensverhältnis ohnehin die Regel.

Ausgestattet mit vielen praktischen Tipps, Grafiken und Checklisten wird dieses Buch zum persönlichen Vermögensberater im dritten Lebensabschnitt und hilft so unserem Finanzchef, Verantwortung für seine Finanzpolitik im Ruhestand zu übernehmen.

Kapitel 2

Die Finanzplanung: Eine gute Vorbereitung bringt Sicherheit

Wer träumt nicht davon, im Ruhestand endlich Zeit zu haben für die Hobbys, für den Garten oder für Reisen in Länder, die einen schon immer interessiert haben? Damit dann auch die finanziellen Rahmenbedingungen stimmen und nicht jede Aktivität mit spitzem Stift durchgerechnet werden muss, sollten für den Ruhestand die eigenen Finanzen sorgfältig geplant sein. Eine konsistente Finanzplanung umfasst zwei wichtige Dinge.

Erstens muss sich der Finanzchef einen detaillierten Überblick über die zukünftigen Einnahmen und Ausgaben verschaffen. Erst dann kann er auf dieser Grundlage die Höhe seiner Versorgungslücke in den kommenden Jahren quantifizieren. Zweitens muss er die künftige Vermögensentwicklung einschätzen. Bevor sich der Finanzchef an die spannende Planungsaufgabe machen kann, hat er die notwendigen Unterlagen und Informationen zusammenzutragen.

Notwendige Unterlagen

Die Kontoauszüge geben Aufschluss über regelmäßige Ausgaben. Die Steuererklärung hilft bei der zukünftigen Herleitung des zu versteuernden Einkommens, insbesondere bei Einkünften aus Vermietung. Aus Rentenauskünften und Versorgungsordnungen lassen sich die zu erwartenden Rentenzahlungen ablesen. Für die Erstellung einer Vermögensübersicht sind die Rückkaufs-

Notwendige Unterlagen für die Ruhestandsplanung

1. Depotauszüge und Kontostände (Auszüge)
2. Immobilienzusammenstellung
3. Lebensversicherungspolicen (Rückkaufswerte)
4. Belege zu geschlossenen Beteiligungen (z.B. Schiffsbeteiligungen)
5. Bei Firmenbeteiligung: Bilanz-/Erfolgsrechnung
6. Übersicht der Verbindlichkeiten (Schulden)
7. Rentenauskünfte (gesetzliche Rente)
8. Betriebliche Versorgung (Leistungen/Regelwerke)
9. Letzte Steuererklärung und letzter Steuerbescheid
10. Abschätzung von Erbanwartschaften
11. Ehevertrag, andere Verträge (z.B. Gesellschafterverträge)

werte der Versicherungen, Depotauszüge/Kontostände, Immobilienzusammenstellungen und Belege zu Beteiligungen notwendig. Unternehmer sollten zusätzlich Bilanz- und Erfolgsrechnungen parat halten. Ebenfalls erforderlich ist eine Übersicht über die vorhandenen Darlehen mit Angaben wie Höhe, Zins, Tilgung, Fälligkeit und Zweckbindung. Zur Einschätzung der Gesamtsituation sind weiterhin Verträge (z. B. Ehevertrag) und die Abschätzung zukünftiger Erbanwartschaften hilfreich.

Zugegeben, das Zusammentragen der persönlichen Daten kann ziemlich zeitaufwendig sein, doch dieser Aufwand lohnt sich. Denn je sorgfältiger die Vorarbeiten durchgeführt werden, umso verlässlicher sind die Planungsergebnisse. Die aufgeführte Checkliste soll bei der Bereitstellung der notwendigen Unterlagen helfen.

Planungsraster

Sind alle Unterlagen zusammengesucht, gilt es, sich einen Überblick zu verschaffen. Hierzu sollte der Finanzchef eine Aufstellung der Ausgaben, der Einnahmen und der Vermögenswerte vornehmen.

Budgetierung der Ausgaben (ohne Steuern)

	Höhe im Ruhestand	
Lebenshaltung		
Haushalt	....	
Bekleidung	....	
Freizeit/Hobbys	....	
Gesundheit	....	....
Wohnen		
Miete	....	
Nebenkosten/Unterhalt	....	
Telefon, TV, Radio, Internet	....	....
Verkehr		
Auto(s)	....	
Kleinfahrzeuge	....	
öffentliche Verkehrsmittel	....	....
Versicherungen		
Kapitallebensversicherungen	....	
Krankenversicherungen	....	
sonstige Versicherungen	....	....
Darlehen		
Zinsen	....	
Tilgung	....	....
Sonstiges		
Ersatzanschaffungen	....	
Ferien, Reisen	....	
Unterstützungszahlungen	....	
Reserven	....	....
Summe		....

Budgetierung der Ausgaben

Als Erstes wird das Ausgabenbudget erstellt. Es dient sowohl der Planung als auch der späteren Kontrolle, ob die Ausgaben tatsächlich in der prognostizierten Höhe angefallen sind. Wie detailliert und umfangreich diese Aufstellung ausfällt, kann jeder selbst bestimmen – je nachdem, wie hoch sein Wunsch nach Exaktheit und Ausführlichkeit ist. Die Aufstellung des Budgets ist aber unerlässlich für die Ruhestandsplanung, da diese Vorgaben alle späteren Entscheidungen beeinflussen, zum Beispiel die Definition der Vermögensstrategie, die Liquiditätsplanung oder die Maßnahmen zur Steueroptimierung. Für diejenigen, die schon seit Jahr und Tag über ihre Ausgaben Buch geführt haben, ist die Zusammenstellung der Ausgaben problemlos. Schwerer fällt es denjenigen, die sich um Einnahmen und Ausgaben nie besonders gekümmert haben. Die Tabelle zur Budgetierung zeigt ein Raster, wie die Ausgaben erfasst werden können. Ganz bewusst wird dabei auf den Ausgabeposten »Steuern« verzichtet. Diese werden besser abhängig von den späteren Anlageentscheidungen im Finanzplan für jedes untersuchte Jahr individuell berechnet.

Die größten Budgetposten

Nicht selten wird der Familien-Finanzchef feststellen, dass er nur eine vage Vorstellung vom effektiven Finanzbedarf besitzt. Er weiß nur, dass es bisher eigentlich immer »irgendwie« gereicht hat. Die abgebildete Aufstellung der größten Budgetposten soll ihm als Orientierung dienen. Untersucht wurden dabei die Höhe und die Zusammensetzung des finanziellen Bedarfs von verschiedenen Kunden, die das VZ VermögensZentrum beraten hat. Das durchschnittliche (für die Allgemeinheit nicht repräsentative) Budget eines Ehepaars im Alter von 65 Jahren liegt bei 6.500 Euro pro Monat. Die Aufwendungen für Lebenshaltung und Wohnen machen dabei die Hälfte der Gesamtausgaben aus. Ebenfalls bedeutsam sind die Kosten für Versicherungen und Ferien/Reisen, die zusammen ein Viertel des Budgets beanspruchen. Das verbleibende Viertel entfällt auf die Bedienung von Darlehen, Ausgaben für Verkehrsmittel, Steuern und Sonstiges. Große Unterschiede sind bei der Steuerbelastung der Ruheständler festzustellen, denn die zu zahlende Steuer hängt von der Höhe und der Zusammensetzung der regelmäßigen Einnahmen ab.

Die größten Budgetposten

Auswertung von Kundenfällen des VZ VermögensZentrum, Bedarf bei einem Alter von 65 Jahren

100% = 6.500 € pro Monat

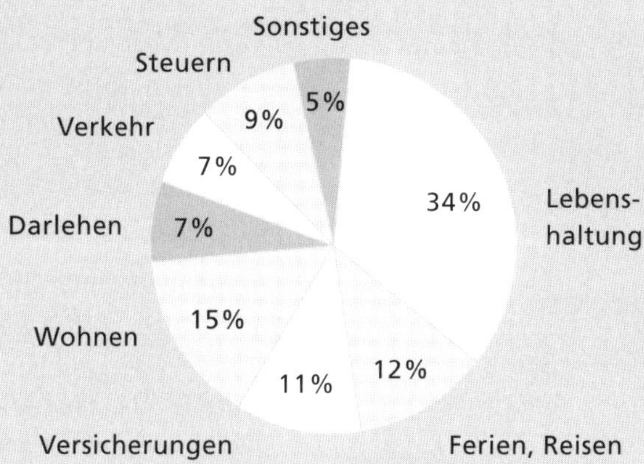

Entwicklung der Ausgaben im Alter

Wer eine Finanzplanung für den Ruhestand aufstellt, sollte aber nicht nur das aktuelle und gewohnte Ausgabenverhalten berücksichtigen und in die Budgetplanung einfließen lassen, sondern auch daran denken, dass sich die Lebensumstände, die Gewohnheiten und damit auch der finanzielle Bedarf ändern.

Häufig ist zu beobachten, dass es unmittelbar nach Aufgabe der Erwerbstätigkeit zu einer Zunahme der Ausgaben kommt, beispielsweise aufgrund des Wunsches, gewisse Dinge nachzuholen. So ist bei vielen Ruheständlern das Reisen ein Luxus, den man sich sowohl zeitlich als auch finanziell vorher nicht geleistet hat. Ähnlich verhält es sich mit Freizeitaktivitäten, denen man vor dem Ruhestand nicht in der gewünschten Intensität nachkommen konnte, sich aber nun entsprechend widmet.

Unterschiedliche Lebensphasen

Nach der Phase eines höheren Ausgabenbudgets, verursacht durch einen aktiven Lebensstil, folgt im fortgeschrittenen Alter eine Phase, in der die Ausgaben tendenziell abnehmen. Die Ausbildung der Kinder ist abgeschlossen. Anstrengende Reisen werden nur noch selten unternommen, das Auto wird nicht mehr so oft benutzt, und auch die Lust am Konsum nimmt ab. Vielleicht wohnt man inzwischen sogar in einer kleineren, pflegeleichten Wohnung. Was hingegen mit Sicherheit steigt, sind die Kosten für die Gesundheit. Wie in Kapitel 5 ausführlich dargelegt wird, sollte hierfür eine großzügige Reserve mit in die Rechnungen einfließen.

Übersicht über die Einnahmen

Wenn die Ausgabenplanung steht, müssen die Einnahmen erfasst werden, um letztlich prüfen zu können, ob das Budget überhaupt in der aufgestellten Weise Sinn macht und ob sich eventuell eine Finanzierungslücke auftut. Daher sollten die Einnahmen genauso präzise wie die Ausgaben erfasst werden. Mögliche Quellen sind Renten, Vermögenserträge oder sonstige Einnahmen. Die Rentenzahlungen setzen sich aus gesetzlichen, betrieblichen und privaten Ansprüchen zusammen. Welche Beträge dabei realistisch sind, wird in Kapitel 3 erläutert. Auf die Höhe von Vermögenserträgen wird weiter unten in diesem Kapitel im Punkt »Parameter für die Planung« sowie in Kapitel 8 eingegangen. Wer Mieteinnahmen hat, sollte darauf achten, dass (kalkulatorische) Instandhaltungs- sowie Betriebskosten und Verwaltungsaufwendungen nicht vergessen werden.

Einnahmenübersicht (Planung)

	Höhe im Ruhestand	
aus Renten		
gesetzliche	....	
betriebliche	....	
private	....	
sonstige[1]	....	....
aus vermieteten Immobilien		
Mieteinnahmen	....	
./. Instandhaltung	....	
./. Betriebs-/Verwaltungskosten	....	....
aus übrigem Vermögen		
Zinsen/Dividenden	....	
Ausschüttungen	....	
Sonstiges	....	....
Summe	....	....

[1] z. B. aus Unterstützungszahlungen oder Betriebsveräußerungen

Herleitung des Einkommensbedarfs

Stellt man den budgetierten Ausgaben die Einnahmen gegenüber, ergibt sich die Einkommenslücke vor Steuern. Die Einkommensteuer sollte als variable Größe betrachtet werden, die es im Rahmen der Vermögensorganisation zu optimieren gilt. Die Einkommenslücke nach Steuern ist der Bedarf, der aus dem Vermögen gedeckt werden muss.

Dieser Bedarf kann von Jahr zu Jahr unterschiedlich ausfallen. Beispielsweise führt eine Abfindung zum Zeitpunkt der Erwerbsaufgabe dazu, dass in diesem Jahr kein Liquiditätsbedarf besteht. Stehen solche finanziellen Mittel nicht zur Verfügung, müssen bis zum Einsetzen der gesetzlichen Rente größere Lücken überbrückt werden. Wird dagegen eine Lebensversicherung ausbezahlt, so fällt die Lücke in dem Jahr der Auszahlung geringer aus oder es entsteht ein Überschuss. Muss allerdings ein Darlehen zurückgezahlt werden, kann sich der Liquiditätsbedarf beträchtlich erhöhen. Eine statische Betrachtung der Einnahmen und Ausgaben genügt also nicht. Vielmehr muss die Betrachtung über mehrere Jahre angestellt werden. Dabei ist es empfehlenswert, die Geldentwertung (Inflation) zu berücksichtigen, denn diese ist der größte Feind des ersparten Vermögens.

Herleitung des notwendigen Einkommens

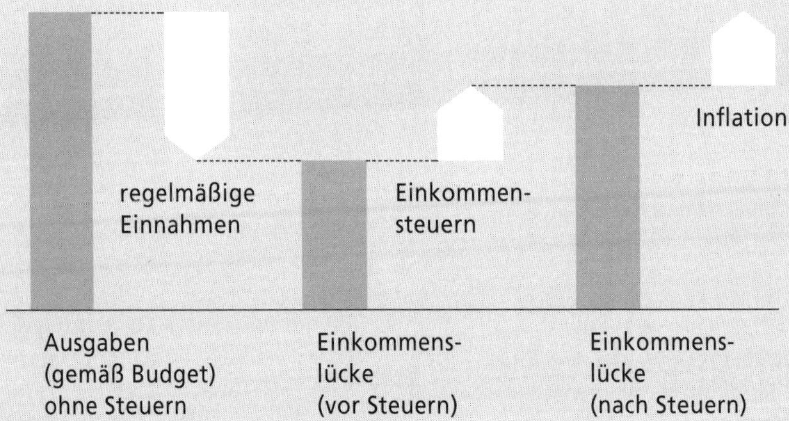

Effekt der Inflation

Auf den ersten Blick scheint eine jährliche Inflation von 2 oder 3 Prozent vernachlässigbar. Allerdings kommt es Jahr für Jahr zu dieser Geldentwertung. Daher hat sie – bedingt durch den Zinseszinseffekt – enorme Auswirkungen bei der Betrachtung längerer Zeitperioden.

Effekt der Inflation auf das benötigte Einkommen

Angaben in €

	bei 2% Inflation	bei 3% Inflation
heutiger Wert von:	50.000	50.000
entspricht in:		
5 Jahren	55.200	58.000
10 Jahren	60.900	67.200
15 Jahren	67.300	77.900
20 Jahren	74.300	90.300
25 Jahren	82.000	104.700
30 Jahren	90.600	121.400

Für Dinge, die heute 50.000 Euro kosten, müssen bei einer jährlichen Inflation von nur 2 Prozent nach zehn Jahren 60.900 Euro bezahlt werden, bei 3 Prozent Inflation sogar 67.200 Euro. Nach 20 Jahren muss für den heutigen Wert von 50.000 Euro fast die Hälfte mehr aufgewendet werden, nämlich 74.300 Euro. Bei 3 Prozent Inflation beträgt der vergleichbare Wert sogar 90.300 Euro. Das bedeutet, dass man seine Ausgaben indexieren muss, also einer angenommenen Inflation unterstellen muss, um so den Einkommensbedarf entsprechend anzupassen.

Wie groß eine heutige Finanzierungslücke im Zeitablauf werden kann, wenn die Inflation zuschlägt, veranschaulicht die auf einem einfachen Beispiel basierende Grafik: Angenommen, die aktuellen monatlichen Einnahmen aus Rente und einer vermieteten Wohnung belaufen sich auf 3.000 Euro und stehen monatlichen Ausgaben von 5.000 Euro gegenüber, ergibt sich eine Einkommenslücke von 2.000 Euro. Blicken wir nun zehn Jahre weiter und nehmen wir an, dass die eigenen Einnahmen im Jahr um 1 Prozent steigen und die Ausgaben um 3 Prozent. In zehn Jahren summieren sich die monatlichen Ausgaben dann auf 6.720 Euro, während die regelmäßigen Einnahmen auf 3.310 Euro gestiegen sind. Somit ist die Einkommenslücke um 1.410 Euro auf 3.410 Euro angewachsen. Das bedeutet, dass diese Lücke pro Jahr um 5,4 Prozent größer geworden ist.

Effekt der Inflation auf die Einkommenslücke

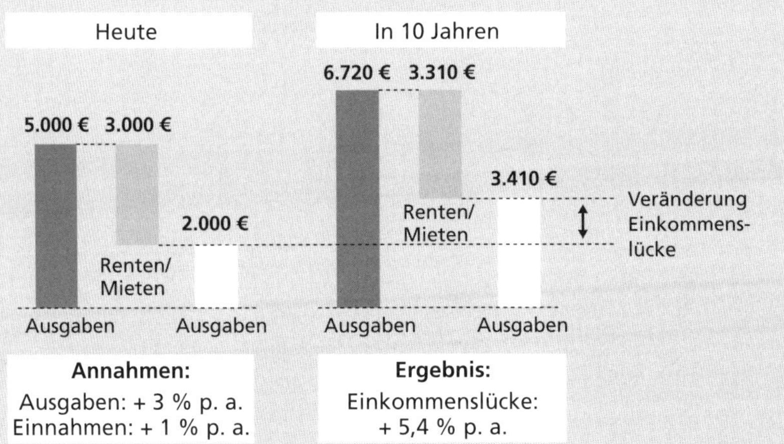

Vermögens-übersicht

Nachdem sich der Finanzchef Klarheit über die zukünftigen Einnahmen und Ausgaben verschafft hat, muss er in einem nächsten Schritt die vorhandenen Vermögenswerte zusammenstellen. Zunächst hat sich der Finanzchef aber einen Überblick über die vorhandenen Werte – und Schulden – zu verschaffen, wozu die Vorlage zur Vermögensübersicht hilfreich sein kann.

Vermögensübersicht

		Aktuell	
Liquides Vermögen	Konten/Spargelder	....	....
Wertpapiere	Anleihen	....	
	Aktien	....	
	Investmentfonds	....	....
Vorsorgegelder	Kapitallebens-versicherung (Privat)	....	
	Betriebliche Vorsorge[1]	....	....
Beteiligungen	Eigene Firma	....	
	Sonstige Beteiligungen[2]	....	....
Immobilien	Eigennutzung	....	
	Ferien-/Zweitwohnsitz	....	
	Fremdvermietung	....	....
Sonstiges[3]	....	....	....
Summe Bruttovermögen			
./. Schulden	Darlehen/Hypotheken	....	
	Lombardkredite	....	
	Sonstige Schulden[4]	....	....
Summe Nettovermögen			
Vermögens-veränderungen[5]	Zuflüsse	....	....
	Abflüsse	....	....

1 Direktversicherung, Pensionszusage, Pensionskasse, Unterstützungskasse, Pensionsfonds
2 z. B. Leasingfonds, Schiffsbeteiligungen
3 z. B. Schmuck, Kunstgegenstände, Fahrzeuge
4 z. B. Steuerschulden, latente Steuern
5 z. B. Schenkungen, Erbschaften

Im Ruhestand kommt dem Vermögen eine völlig neue Aufgabe zu. Während des Erwerbslebens ging es vor allem darum, Kapital aufzubauen. Das Erwerbseinkommen wurde nicht vollständig verbraucht, die verbleibende Sparquote floss den Vermögensanlagen zu. Dagegen ist im Ruhestand das Vermögen dafür verantwortlich, den errechneten Einkommensbedarf in Form von Erträgen oder Verzehr zur Verfügung zu stellen. Dies bringt übrigens hohe Anforderungen an die Strukturierung der Anlagewerte mit sich, worauf in Kapitel 7 noch genauer eingegangen wird.

Bewertung von Marktpreisen

Die einzelnen Vermögensbestandteile sollten grundsätzlich mit ihrem Markt- oder Verkehrswert aufgeführt werden. Das ist der Preis, der bei einer Veräußerung am Stichtag zu erzielen wäre. Bei Aktien und Anleihen können die Börsenkurse herangezogen werden. Auch Investmentfonds können zu den von den Fondsgesellschaften börsentäglich berechneten Rücknahmepreisen in die Aufstellung einfließen. Bei Kapitallebensversicherungen lassen sich die aktuellen Rückkaufswerte bei der jeweiligen Versicherungsgesellschaft erfragen. Falls die Vorsorgegelder auch als Kapital (und nicht nur als Rente) bezogen werden können, kann der Arbeitgeber oder die entsprechende Institution (Pensionskasse, Lebensversicherung usw.) Auskunft geben.

Während die Bewertung von Kapitalanlagen oder Versicherungen für die Vermögensaufstellung noch relativ problemlos möglich ist, ergeben sich bei anderen Vermögenswerten mitunter größere Schwierigkeiten, die besondere Beachtung erfordern.

Sonderfall 1: Eigene Firma

Bei aktiven Firmenbeteiligungen weiß der Unternehmer selbst am besten über den Wert Bescheid. Ausschlaggebend ist hier – wie auch bei Personengesellschaften und Freiberuflern – vor allem die Ertragslage des Unternehmens. Häufig werden diese Anteile im Rahmen einer Nachfolgeregelung sukzessive abgestoßen. Das führt dann zu einer Verschiebung von der Position »Firmenbeteiligungen« hin zum »liquiden Vermögen«. Teilweise existieren in diesem Zusammenhang auch Abzahlungsregelungen oder Vereinbarungen über rentenähnliche Zahlungen, die entsprechend in der Einnahmenplanung berücksichtigt werden können und müssen.

Sonderfall 2: Beteiligungen

Schwieriger gestaltet sich die Bewertung von Beteiligungen wie zum Beispiel Leasingfonds oder Schiffsbeteiligungen. Wer hier die geleisteten Einlagen als Wert ansetzt, rechnet sich reich. Da diese Art Beteiligungen in der Regel nicht liquidierbar sind, sollten sie mit dem Veräußerungserlös aus dem Prospekt bewertet werden. Davon abzuziehen sind im Zusammenhang mit der Veräußerung anfallende Steuern oder hierauf zurückzuführende Darlehen. Nicht selten fallen die Ausschüttungen während der Laufzeit deutlich geringer aus als in den Hochglanzprospekten prognostiziert. In solchen Fällen sollte auf einen Wertansatz der Beteiligung gänzlich verzichtet werden, um bösen Überraschungen vorzubeugen.

Sonderfall 3: Immobilien

Bei der Wertermittlung von Immobilien ist zunächst zu prüfen, ob eine Veräußerung überhaupt infrage kommt. Eigengenutzte Immobilien sind typischerweise nicht disponibel. Auch bei vermieteten Immobilien kann der Verkauf ausgeschlossen sein, zum Beispiel bei einem Erbstück. Solche Positionen werden in der Planung lediglich »pro memoria« mitgeführt. Der angesetzte Wert ist also zweitrangig, weil eine Versilberung nicht infrage kommt. Diese Werte lieber tief halten, denn auch hier gilt: Sich reich zu rechnen, hilft nicht!

Für Immobilien, bei denen eine Veräußerungsabsicht besteht, sollte eine genaue Bewertung vorgenommen werden. Der einfachste Weg ist eine Schätzung durch einen Sachverständigen oder einen Immobilienmakler. Das kostet aber Geld. Eine weitere Möglichkeit ist die Anwendung des Ertragswertverfahrens. Dabei ergibt sich der Wert der Immobilie als Vielfaches der jährlichen Kaltmieterträge. In Abhängigkeit des Standorts der Immobilie, des Zustands und der Mieterstruktur ergeben sich Kapitalisierungsfaktoren zwischen 12 und 25. Das bedeutet bei einer jährlichen Miete von beispielsweise 10.000 Euro einen Immobilienwert in Höhe von 120.000 Euro bis 250.000 Euro.

Vermögensveränderungen

Bei einer realitätsnahen Vermögensaufstellung muss auch daran gedacht werden, dass sich im Zeitverlauf das eine oder andere ändern kann. Daher kommt der Position »Vermögensveränderungen« eine besondere Bedeutung zu. Zuflüsse können dabei aus Erbschaften oder Schenkungen resultieren. Abflüsse sind zum Beispiel geplante Vermögensübertragungen an die Kinder. Da solche Veränderungen die Vermögensbasis oft nachhaltig beeinflussen, sollte ihnen ein entsprechendes Augenmerk gewidmet werden.

»Fungibilität« gewinnt im Ruhestand an Bedeutung

Ausschlaggebend für eine aussagekräftige Planung sind aber nicht nur der Wert der einzelnen Vermögenspositionen und die Summe des Gesamtvermögens, sondern auch die Fungibilität der einzelnen Positionen. Das heißt: Liquide Mittel und handelbare Wertpapiere können grundsätzlich jederzeit veräußert oder neu ausgerichtet werden. Es handelt sich also um verfügbare Vermögenswerte. Eine vermietete Immobilie, die ein Erbe später erhalten soll, steht hingegen nicht zur Disposition. Die Frage hat also zu lauten: »Bei welchen Vermögenspositionen ist der Finanzchef frei in der Gestaltung und der Strukturierung und wo ist er gebunden?« Dieses Wissen ist von enormer Bedeutung, um allfällige Liquiditätsengpässe zu vermeiden und das passende Einkommenskonzept zu finden. Nur, wenn immer genügend verfügbare Werte vorhanden sind, kann der Bedarf jederzeit sichergestellt werden. Vergessen Sie nicht: »Backsteine kann man nicht essen«.

Positionen auf »Ruhestandstauglichkeit« hinterfragen

Vermögenswert	Analysepunkt
Liquide Mittel	Höhe Verfügbarkeit
Wertpapiere	Struktur Diversifikation Bewirtschaftung
Kapitallebensversicherung	Rentenzahlungen Abfindungen (Verwendung)
Betriebliche Versorgung	Rentenzahlungen Abfindungen (Verwendung)
Beteiligungen	Abschreibungen Rückzahlungen (Veränderungen) Liquidierbarkeit
Immobilien	Rendite und Ertrag Risiken Liquidierbarkeit
Verpflichtungen (Schulden)	Höhe Tragbarkeit Amortisation Investition

Aufbau einer Einkommens- und Vermögensplanung

Nachdem sich der Finanzchef ein umfassendes Bild über Einnahmen, Ausgaben und Vermögen verschafft hat, interessiert der Blick in die Zukunft. Dafür müssen die Positionen miteinander verknüpft und über die Jahre fortgeschrieben werden.

Die daraus entstehende Finanzplanung weist unter anderem die Einkommens- oder Versorgungslücke aus und zeigt die Entwicklung der einzelnen Vermögenswerte auf.

Vernetztes Denken und sorgfältige Planung erforderlich

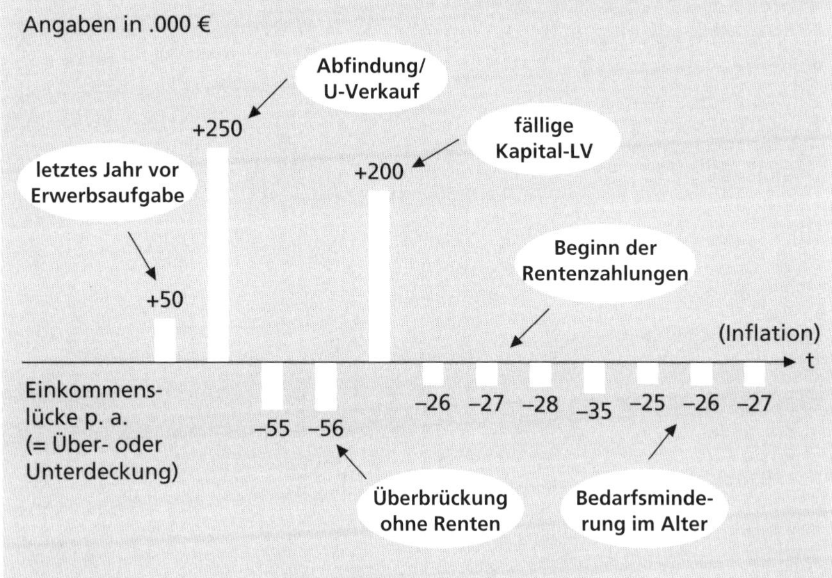

Wechsel-wirkungen

Anspruchsvoll an einer Einkommens- und Vermögensplanung ist die richtige Berücksichtigung von Wechselwirkungen. Dies betrifft beispielsweise die Auswirkungen einer Darlehenstilgung auf Liquidität, Steuersituation und Vermögensstruktur. Am Ende des Kapitels wird dieses Thema nochmals aufgenommen.

Parameter für die Planung

Die Aussagekraft einer Finanzplanung ist nur so gut wie die Annahmen, auf denen sie basiert. Dabei geht es vor allem um die Einflussfaktoren, wie die Höhe der Inflation, die Wertentwicklung des Vermögens und die zukünftige Steuerbelastung. Weiterhin stellt sich die Frage, wie es um die Sicherheit der Renten bestellt ist und über welchen Zeithorizont die Finanzplanung überhaupt durchgeführt werden sollte.

Wichtige Parameter für die Finanzplanung

Parameter	Erklärung	Bedeutung
Inflation	Durchschnittliche jährliche Geldentwertung	Aufgrund der Langfristigkeit der Planung kumulieren sich auch kleinere Inflationsraten zu großen Wertveränderungen
Restlebenserwartung	Statistisches durchschnittliches Endalter von Personen einer bestimmten Altersklasse	Anhaltspunkt für die Mindestdauer der Planrechnung
Zinssatz	Durchschnittliche langfristige Verzinsung festverzinslicher Wertpapiere in €	Beeinflusst die Höhe des Einkommens im Ruhestand
Aktienrendite	Durchschnittliche langfristige Kursentwicklung von Aktien, inklusive Dividendenausschüttungen	Beeinflusst die Höhe des Vermögens und den Spielraum für den Substanzverbrauch
Steuern	Durchschnittliche Steuerbelastung von Einkommen (Vermögen) und Vermögensübergängen	Beeinflusst als gewichtiger Ausgabenblock das verfügbare Einkommen
Rentensicherheit	Sicherstellung der versprochenen zukünftigen Renten in Höhe und Dauer	Gibt Aufschluss über die Zuverlässigkeit des Einnahmenfundaments aus Renten

Inflation

Für die Einberechnung der Inflation gibt es drei Möglichkeiten: Entweder wird die Inflation als Erhöhung der Ausgaben berücksichtigt, als Verminderung der Einnahmen (Nettorendite nach Inflation) oder als Entwertung des Vermögens. Die Inflation in Deutschland betrug im Jahr 2013 1,5 Prozent. In der Vergangenheit haben wir jedoch häufig höhere Inflationsraten gesehen, beispielsweise Mitte der siebziger, Anfang der achtziger und zu Beginn der neunziger Jahre mit jeweils über 5 Prozent.

Entwicklung der Inflationsrate in Deutschland

Jährliche Inflationsrate (1970 bis 2013)

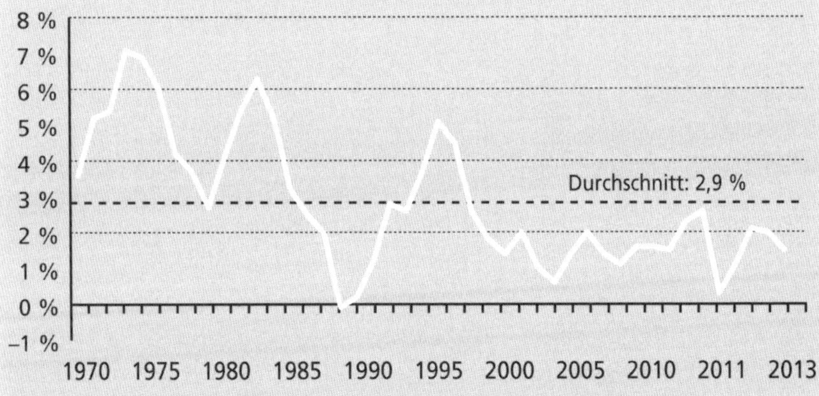

Quellen: Destatis (Statistisches Bundesamt), im Jahr 2013 bei 1,5 Prozent

Wie entscheidend sich dieser Unterschied auf unsere Planrechnung auswirkt, zeigen folgende Beispiele:

A.) Geplante Ausgaben von 5.000 Euro im Monat entsprechen in 20 Jahren bei 2 Prozent Inflation pro Jahr 7.400 Euro, bei 5 Prozent Inflation jedoch 13.300 Euro. Oder:

B.) Eine Nominalrendite von 8 Prozent vor Inflation entspricht einer Realrendite von 6 Prozent bei 2 Prozent Inflation, bei 5 Prozent Inflation aber nur noch 3 Prozent. Oder:

C.) Ohne Berücksichtigung von Erträgen ist ein Vermögen von 2,5 Millionen Euro nach 20 Jahren bei 2 Prozent Inflation noch 1,68 Millionen Euro wert, aber nur noch 0,94 Millionen Euro bei 5 Prozent Inflation.

Langfristige Inflationsannahme: 2,5 Prozent

Diese Beispiele machen deutlich, wie sehr die jährliche Geldentwertung in das eigene Vermögensgefüge eingreift. Natürlich weiß niemand genau, wie sich die Inflationsrate in den kommenden drei, fünf oder zehn Jahren entwickelt. Daher sollte der Finanzplanung eine Inflationsannahme zugrunde gelegt werden, die den langfristigen Durchschnittswerten entspricht. Zu deren Herleitung stützt sich der Finanzchef am besten auf die Analyse von Vergangenheitswerten. Dabei zeigt sich, wie aus der Grafik ersichtlich, dass die Annahme von 2,5 Prozent Inflation eine vernünftige Planungsgrundlage darstellt.

Wer eher vorsichtig kalkulieren möchte, kann für seine Finanzplanung natürlich auch höhere Inflationsraten ansetzen. Wichtig ist dabei allerdings, dass die Zusammenhänge plausibel sind. Das bedeutet, wenn mit einer höheren Inflationsrate gerechnet wird, müssen auch höhere Zinsen im Wertpapierdepot angesetzt werden, denn die allgemeine Zinsentwicklung richtet sich langfristig an der Inflationsentwicklung aus.

Durchschnittliche Inflationsraten

Durchschnitt pro Jahr, zurückgerechnet von 12/2013

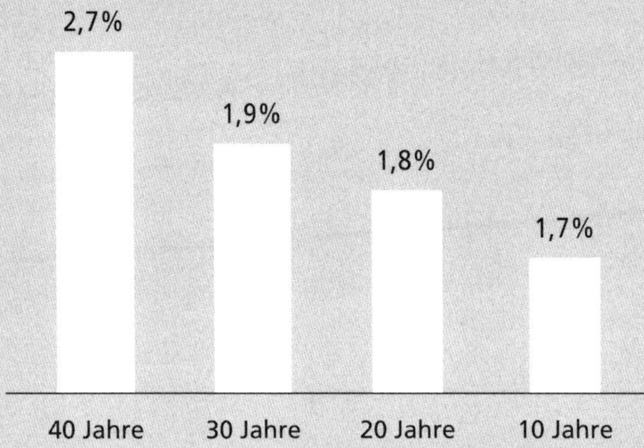

Ein wichtiger Faktor bei der Finanzplanung fürs Alter ist neben der Inflationserwartung auch die eigene Lebenserwartung. Natürlich will jeder so lange wie möglich gesund das Ruhestandsdasein genießen. Dennoch sollte für die Planung ein gewisser Zeitraum angesetzt werden. Finanzplaner orientieren sich dabei am besten an der statistischen Lebenserwartung.

Restlebens-erwartung ...

Die Lebenserwartung nimmt nach wie vor zu. Aktuell beträgt laut Statistischem Bundesamt (2011) die Lebenserwartung einer Frau bei der Geburt 82,7 Jahre, die eines Mannes 77,7 Jahre. Die Restlebenserwartung ist immer höher. Sie gibt einen Anhaltspunkt, auf welchen Zeitraum die Ruhestandsplanung auszurichten ist.

Restlebenserwartung in Jahren

Alter	Frauen	Männer
0	82,7	77,7
50	34,0	29,6
52	32,1	27,9
54	30,3	26,2
56	28,5	24,5
58	26,7	22,9
60	24,9	21,3
62	23,2	19,7
64	21,5	18,2
66	19,8	16,7
68	18,1	15,3
70	16,5	13,9
72	14,9	12,5
74	13,3	11,2
76	11,8	9,9
78	10,4	8,8
80	9,1	7,7
82	7,9	6,8
84	6,8	5,9
86	5,8	5,1
88	4,9	4,4
90	4,2	3,8

Quellen: Destatis Sterbetafeln 2009/11

Gemäß der Statistik hat ein 50-jähriger Mann im Durchschnitt noch 29,6 Jahre zu leben, eine 50-jährige Frau noch 34,0 Jahre. Das Endalter steigt mit zunehmendem Alter. Beispielsweise beträgt die Restlebenserwartung eines 65-jährigen Mannes noch 17,5 Jahre, das heißt, er wird im Schnitt 82,5 Jahre alt. Ist er aber erst einmal 80 Jahre alt geworden, so hat er statistisch noch weitere 7,7 Jahre vor sich.

... plus fünf bis zehn Jahre

Daneben führen die Fortschritte der medizinischen Forschung zu einer insgesamt steigenden Lebenserwartung. Im Jahr 1970 hatten 65-jährige Männer statistisch noch knapp 12 Jahre zu leben. Heute sind es über 5 Jahre mehr.

Steigende durchschnittliche Lebenserwartung

Angaben in Jahren

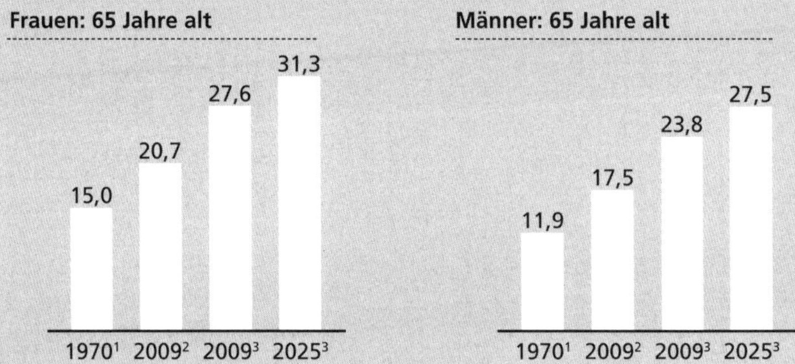

1 Sterbetafel 1969/1971
2 Sterbetafel 2009/2011 des Statistischen Bundesamts.
3 Sterbetafel DAV 2009 R der Deutsche Aktuarvereinigung (enthält zukünftigen Gesundheitsfortschritt und »Risikoaufschläge«)

Die Deutsche Aktuarvereinigung, welche Empfehlungen für die mathematischen Berechnungen der Versicherungsgesellschaften abgibt, geht von deutlich höheren Restlebenserwartungen aus. Laut ihren Prognosen hat ein 65-Jähriger noch über sieben Jahre mehr vor sich, als dies vom Statistischen Bundesamt errechnet worden ist. Wer erst 2025 das 66. Lebensjahr vollendet, wird nach den Berechnungen der Aktuarvereinigung deutlich über 90 Jahre alt.

Warum der Detaillierungsgrad dieser Zahlen? Die Finanzplanung und damit möglicherweise den Verzehr des Kapitals auf seinen statistischen Todeszeitpunkt hin auszurichten, ist heikel. Denn es besteht die »Gefahr«, dass man älter wird als der statistische Durchschnitt. Der in der Finanzplanung abgebildete Zeitraum sollte somit die heutige Restlebenserwartung um mindestens fünf bis zehn Jahre übersteigen.

Langfristige Zinsen

Die Realitätsnähe einer finanziellen Ruhestandsplanung hängt aber nicht nur von den Annahmen hinsichtlich der Inflationsentwicklung oder der eigenen Lebenserwartung ab. Einen weiteren wichtigen Parameter stellt die Entwicklung der langfristigen Zinsen dar, deren Höhe für die Planung von beachtlicher Bedeutung ist.

Die Rendite verschiedener Vermögenskategorien ist vom Zinsniveau abhängig – die Zinserträge von Anleihen, die Zinssätze von Sparkapitalen, die Verzinsung von Lebensversicherungen und schließlich auch der Ertragswert von vermieteten Immobilien. Von den siebziger Jahren bis Mitte der neunziger Jahre schwankten die Zinssätze zwischen 6 und 10 Prozent. Ab dann sind die Zinssätze kontinuierlich gefallen und liegen im Jahr 2014 unterhalb von 2 Prozent.

Historisch tiefe Zinsen

Was ist nun die richtige Annahme für die Finanzplanung? Zunächst muss man wissen, dass sich die Höhe der Zinsen primär von der Höhe der Inflationsrate bzw. der erwarteten Inflation ergibt. Heute ist das wichtigste Ziel der Europäischen Zentralbank (EZB), die Inflation nahe des definierten Ziels von 2 Prozent zu halten. Zum Zeitpunkt der Abfassung dieses Buchs liegt die Inflationsrate bei 1,3 Prozent. Es ist zwar zu erwarten, dass die Inflation wieder ansteigt, doch Werte oberhalb von 3 oder 4 Prozent sind in den nächsten Jahren nicht realistisch.

Entwicklung der Kapitalmarktzinsen

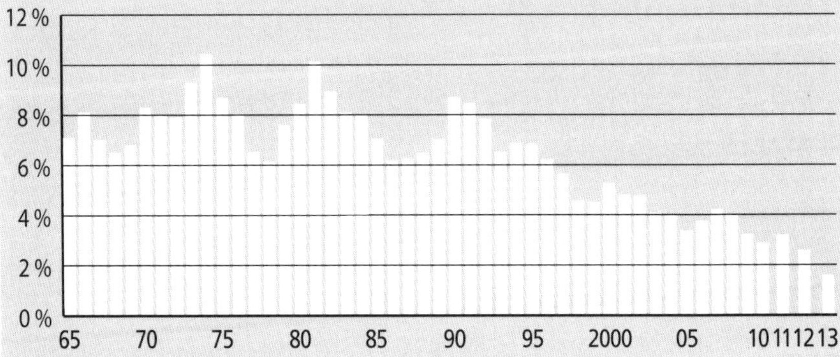

Quelle: Deutsche Bundesbank

Für die eigene Finanzplanung empfehlen wir, mit längerfristigen Zinssätzen von 3 bis 4 Prozent zu rechnen. Siehe hierzu auch Kapitel 8.

Aktienrenditen

Zumindest ein Teil des Vermögens wird normalerweise in Aktienanlagen investiert – was aufgrund verschiedener Aspekte auch sinnvoll ist. Zumal die Vergangenheit zeigt, dass Aktieninvestitionen auf lange Sicht die höchsten Renditen abwerfen – trotz der kräftigen Kurseinbußen, die in den vergangenen Jahren immer wieder zu beobachten waren.

Die Rendite dieser Anlageform setzt sich aus Dividenden, also Gewinnausschüttungen der Aktiengesellschaften, und aus Kursgewinnen zusammen. Im Rückblick sind die hohen Schwankungen der Renditen klar erkennbar. Jahre mit überdurchschnittlichen Renditen von teilweise über 40 Prozent werden oftmals durch enttäuschende Jahre mit entsprechenden negativen Kursentwicklungen von minus 20 Prozent und mehr abgelöst.

Entwicklung der Aktienrenditen

Am Beispiel des deutschen Aktienmarktes, inklusive Dividenden, jeweils vom 1.1. bis zum 31.12., durchschnittliche Jahresrenditen

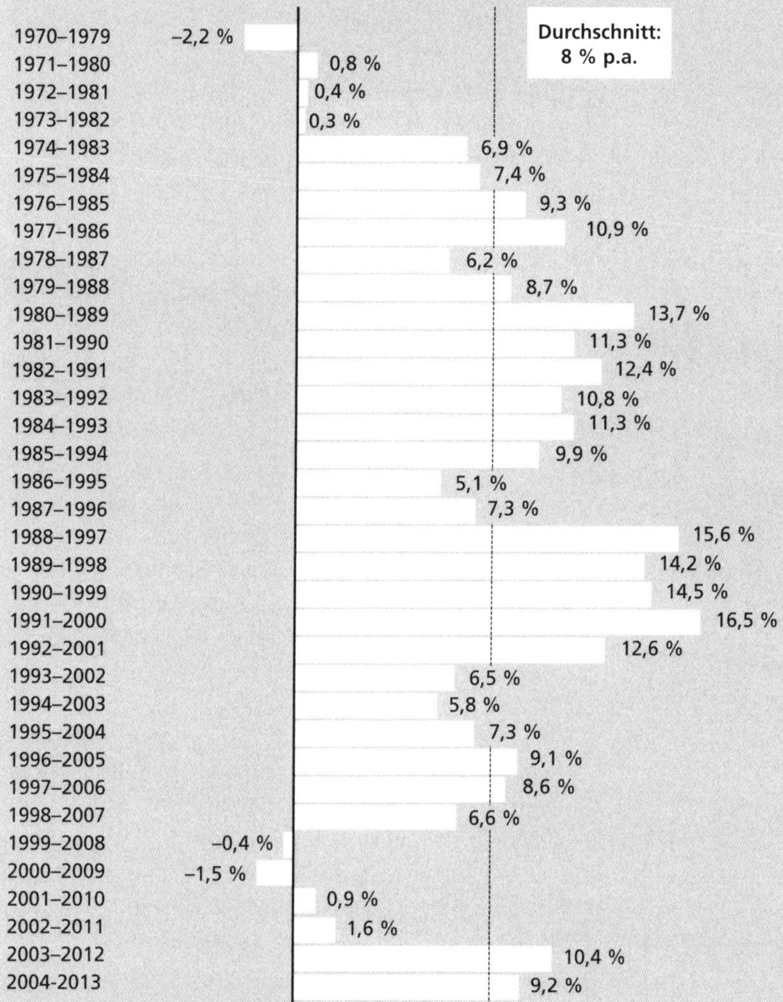

Quelle: Bloomberg, eigene Berechnungen

Langfristige Aktienrendite: 7 bis 8 Prozent p. a.

Im langfristigen Mittel gleichen sich stark positive und stark negative Jahre aus. Dies bringt mit sich, dass man für Aktienanlagen einen Zeithorizont von zehn Jahren (oder mehr) definieren sollte. Je länger das Kapital angelegt werden kann, desto höher fällt die Wahrscheinlichkeit aus, eine überdurchschnittliche Rendite zu erzielen.

Solange die Weltwirtschaft weiterhin wächst, ist ein jährlicher Zuwachs inklusive Dividenden von 7 bis 8 Prozent realistisch. In Kapitel 8 werden Aktien als Anlageklasse noch näher beleuchtet.

Hohe Steuerbelastung

Einen weiteren, nicht zu vernachlässigenden Parameter bei der Finanzplanung stellen die Abgaben an den Fiskus dar. Die Steuerbelastung beeinflusst die Höhe des verfügbaren Einkommens ganz erheblich. Deshalb müssen auch hier realistische Annahmen getroffen werden und in die Planung einfließen.

Die durchschnittliche Steuerbelastung (Einkommensteuer bezogen auf das zu versteuernde Einkommen) liegt rasch bei über 30 Prozent. Bei Alleinstehenden wird diese Größe bereits bei einem zu versteuernden Einkommen von etwas über 60.000 Euro erreicht, bei Verheirateten ab 120.000 Euro. Auch wenn das zu versteuernde Einkommen im Ruhestand in der Regel niedriger ausfällt als im Erwerbsleben, stellt die Steuer für viele Ruheständler immer noch einen wesentlichen Posten im Ausgabenbudget dar. In Kapitel 6 wird das Thema »Steuern« ausführlich behandelt.

Rentensicherheit

Die letzte wichtige Variable in der Ruhestandsplanung ist die Rentensicherheit. Die gesetzliche Rente basiert auf einem Umlageverfahren. Der zugrunde liegende Generationenvertrag verpflichtet die Jungen, die Renten der Älteren zu zahlen.

Allein aufgrund der demografischen Entwicklung wird dies in Zukunft nicht mehr zu den heute gültigen Beitragssätzen möglich sein. Vor rund 55 Jahren haben die unter 20-Jährigen noch 30 Prozent der Bevölkerung ausgemacht. Dieser Anteil wird offiziellen Schätzungen zufolge bis zum Jahr 2040 auf 16 Prozent schrumpfen. Der Anteil der über 60-Jährigen hingegen wird von 17 Prozent im Jahr 1960 auf 37 Prozent im Jahr 2040 steigen. Außerdem: Bereits heute zahlen nur zwei von drei Personen im erwerbsfähigen Alter überhaupt in die gesetzliche Rentenversicherung ein.

Veränderung in der Altersstruktur

Anteil an der Gesamtbevölkerung in Deutschland

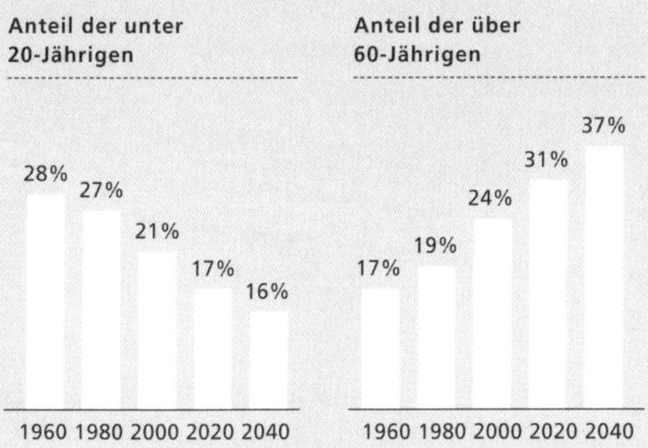

Quelle: Statistisches Bundesamt (2012)

Das Problem der Rentenfinanzierbarkeit wird durch die längere Rentenzeit verschärft. Diese ergibt sich aufgrund vorzeitiger Erwerbsaufgaben und einer steigenden Restlebenserwartung. Gleichzeitig verkürzt sich die Beitragsdauer, da viele Junge erst mit 27 Jahren oder später in den Beruf einsteigen und in die Rentenkasse einzahlen.

Mögliche Konsequenzen

Dass eine Anpassung des Rentensystems unumgänglich ist, zeigt die Entwicklung der letzten Jahre. 2004 bis 2006 sowie 2010 erlebten wir sogenannte »Nullrunden«. Das heißt, die Höhe der Renten wurde nicht verändert und somit nicht mal an die Inflationsentwicklung angepasst. In den Jahren 2005 bis 2014 sind die Renten im Schnitt lediglich um 0,91 Prozent (Westdeutschland) gestiegen, die Verbraucherpreise hingegen um 1,7 Prozent, also fast doppelt so stark.

Mögliche weitere Konsequenzen werden eine Verringerung der Rentenansprüche, eine – weitere – Erhöhung des Renteneintrittsalters oder eine Erhöhung der Beiträge sein. Wir sind der Überzeugung, dass auf längere Sicht das System der gesetzlichen Rente grundlegend reformiert werden muss.

Wechselwirkungen berücksichtigen

Wie bereits erwähnt, muss der Finanzchef neben der richtigen Definition der Parameter bei der Planung auch die Wechselwirkungen zwischen Einnahmen, Ausgaben und Vermögensanlagen berücksichtigen.

Beispiel 1: Darlehenstilgung

Die Rückzahlung eines Darlehens beispielsweise erhöht nicht nur die Ausgaben. Gleichzeitig nimmt das Nettoimmobilienvermögen zu. Sofern die Schuldzinsen steuerlich geltend gemacht werden konnten, erhöht sich auch die Steuerbelastung.

Beispiel 2: Immobilienverkauf

Auf der anderen Seite führt der Verkauf einer Immobilie zu einer außerordentlichen Einnahme. Gleichzeitig fallen aber Mieteinnahmen weg. Durch die fehlenden Abschreibungsmöglichkeiten erhöht sich die Steuerbelastung.

Beispiel 3: Versorgungslücke

Übersteigen die Ausgaben die Einnahmen, so muss die entstehende Unterdeckung aus dem Wertpapierdepot oder Kontoguthaben bereitgestellt werden. Finanztechnisch wird die Entnahme berücksichtigt, indem der Betrag vom liquiden Vermögensblock abgezogen wird und nur der verbleibende Kapitalstock für das kommende Jahr verzinst wird. Dies hat wiederum Auswirkungen auf die Steuersituation.

Szenariorechnungen: ein Muss

Die Planung stellt unseren Finanzchef also vor größere Herausforderungen, als auf den ersten Blick anzunehmen war. Um die Ergebnisse der Finanzplanung richtig interpretieren zu können, reicht eine einmalige Rechnung nicht aus. Denn bereits geringfügige Änderungen der zugrunde gelegten Parameter wie Inflationsraten oder Wertpapierrenditen können – bedingt durch den Zinseszinseffekt – bei längeren Planungszeiträumen das Ergebnis erheblich beeinflussen. Daher sollte der

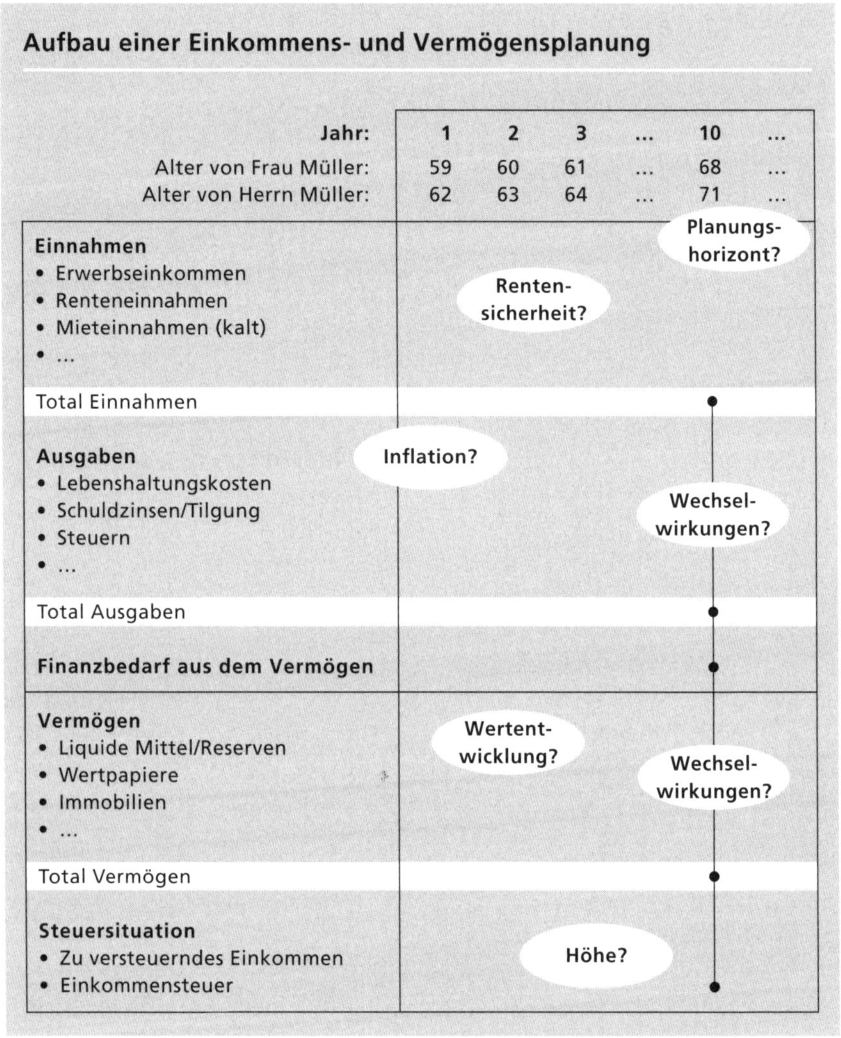

Finanzchef unbedingt Szenariorechnungen mit unterschiedlichen Annahmen bezüglich der erläuterten Parameter durchführen. Sinnvoll sind auch sogenannte Worst-Case-Szenarien. Diese zeigen auf, ob die finanzielle Sicherheit im Ruhestand auch dann noch gegeben ist, wenn die zugrunde gelegten Annahmen bewusst pessimistisch gewählt werden. Weiterhin können mithilfe der Variantenrechnungen auch neue Rückschlüsse gezogen werden, beispielsweise wie sich die langfristige Einkommens- und Vermögensentwicklung verändert, wenn der Zeitpunkt der Erwerbsaufgabe um ein Jahr nach vorne oder hinten verschoben wird.

Neben der Entwicklung des Vermögens bei gegebenen Ausgaben kann außerdem analysiert werden, wie hoch die Lebenshaltungskosten maximal sein dürfen, um das Vermögen (für die Kinder) teilweise oder vollständig zu erhalten. Das große Thema »Erben und Schenken« wird in Kapitel 9 detailliert behandelt.

Kapitel 3

Die Drei-Säulen-Versorgung: Was ist zu erwarten?

Das System der finanziellen Absicherung für den Ruhestand basiert in Deutschland auf drei Säulen: die gesetzliche, die betriebliche und die private Altersvorsorge.

Gesetzliche Altersvorsorge

Der Gesetzgeber verfolgt mit der gesetzlichen Rentenversicherung das Ziel, durchschnittlichen Einkommensklassen eine ausreichende Altersversorgung zu gewährleisten. Doch dieses Ziel wird aufgrund der demografischen Entwicklung immer unrealistischer. Das Hauptproblem der gesetzlichen Altersvorsorge bildet die Finanzierung, die im Umlageverfahren erfolgt. Das bedeutet, dass die Beiträge der erwerbstätigen Personen direkt für die laufenden Rentenzahlungen verwendet werden. Heute kommen weniger als zwei Beitragszahler für einen Rentenbezieher auf; im Jahre 1960 waren es noch drei.

Alle Anzeichen deuten darauf hin, dass sich diese Situation weiter verschärfen wird. Erstens aufgrund der Altersstruktur der Deutschen, die zunehmend eher die Form einer umgekehrten Pyramide hat (mehr Ältere, weniger Junge). Zweitens wegen der durchschnittlichen Lebenserwartung, die steigt und damit zu einer längeren Dauer des Rentenbezugs führt. Und drittens durch den individuellen Wunsch, früher in Rente zu gehen. Zudem beginnt das Berufsleben ausbildungsbedingt tendenziell später.

Alle diese Faktoren machen die Finanzierung der gesetzlichen Versorgungswerke immer problematischer. Die Belastung des Faktors Arbeit durch die Sozialversicherungsbeiträge wird zwangsläufig höher. Langfristig wird die gesetzliche Rente daher nur noch eine Minimalversorgung darstellen können.

Betriebliche Altersvorsorge

Die betriebliche Altersvorsorge stellt grundsätzlich eine interessante Möglichkeit des zusätzlichen Sparens dar. Leider konnte sie sich noch nicht richtig durchsetzen, obwohl der Gesetzgeber bereits Anfang des neuen Jahrtausends die Weichen hierfür gestellt hat. Durch die Riester-Reform verfügt seit dem Jahr 2002 jeder Arbeitnehmer über die Möglichkeit, einen bestimmten Teil seines Gehalts in eine betriebliche Vorsorge einzuzahlen.

Das System der Altersvorsorge

	Gesetzliche Altersvorsorge	Betriebliche Altersvorsorge	Private Altersvorsorge
Entscheidungsträger	Staat	Arbeitgeber[1]	Individuum
Zielsetzung	Sicherung einer Basisversorgung	Ergänzung der Basisversorgung	Sicherung des gewohnten bzw. erwünschten Lebensstandards
Finanzierung	Umlageverfahren als »Generationenvertrag«	Kapitalbildung durch regelmäßige Arbeitgeberbeiträge/Gehaltsumwandlung	Kapitalbildung durch private Beitragszahlungen oder Sparrücklagen
Anlageform	keine (In-/Out-Prinzip)	Je nach Durchführungsweg inner- oder außerhalb des Betriebs	Alle Arten der Vermögensbildung
Bezugsmöglichkeiten	Rente (in Ausnahmefällen Kapital)	Rente, je nach System auch als Kapital	Kapital, je nach Ausgestaltung auch als Rente
Direkte staatliche Förderung	ja	ja	ja

1 Seit Anfang 2002: Anrecht des Arbeitnehmers auf Gehaltsumwandlung

Somit steht allen Arbeitnehmern die Möglichkeit offen, einen betrieblichen Vorsorgeanspruch aufzubauen.

Sofern unser Finanzchef leitender Angestellter ist, verfügt er möglicherweise noch über einen klassischen Betriebsrentenanspruch in Form einer arbeitgeberfinanzierten Pensionszusage. Über ein solches Privileg sollte er sich freuen: Nachfolgenden Generationen wird es nicht mehr zuteilwerden.

Private Altersvorsorge

Die private Altersvorsorge gewinnt im Vergleich zur gesetzlichen und betrieblichen Versorgung immer mehr an Bedeutung. Nicht nur Besserverdienende müssen privat vorsorgen, um ihren Lebensstandard auch im Ruhestand halten zu können. Der Fiskus versucht, durch staatliche Zuzahlungen bzw. steuerliche Vorteile Sparanreize zu schaffen. Dies betrifft vor allem den Bereich der Lebensversicherungen inklusive der sogenannten Riester-Rente und der Basisrente (»Rürup-Rente«). Diese geförderten Sparformen bieten aber nicht nur Vorteile, wie später noch erläutert wird. Spannend ist die Frage, wie wir Deutsche insgesamt unser Geld anlegen bzw. fürs Alter vorsorgen, was ebenfalls Thema dieses Kapitels sein wird.

Gesetzliche Altersvorsorge

Wer ist versichert?

In der gesetzlichen Rentenversicherung sind alle Angestellten und Arbeiter pflichtversichert, unabhängig von ihrer Einkommenshöhe. Auch selbstständige Lehrer oder Handwerker sind pflichtversichert. Hingegen unterliegen bestimmte Arbeitgebervertreter, beispielsweise Vorstands- und stellvertretende Vorstandsmitglieder einer AG, Komplementäre einer KGaA oder beherrschende Gesellschafter-Geschäftsführer einer GmbH, nicht der gesetzlichen Rentenversicherung. Ebenfalls nicht pflichtversichert sind alle echten Selbstständigen. Freiberufler wie Ärzte, Apotheker, Journalisten oder Architekten haben eigene Versorgungswerke, denen sie angeschlossen sind.

Beiträge und Leistungen

Die Beiträge zur gesetzlichen Rentenversicherung betragen im Jahr 2014 18,9 Prozent des Bruttojahreseinkommens und sind je zur Hälfte von Arbeitgeber und Arbeitnehmer zu bezahlen. Das maßgebliche Jahreseinkommen hat jedoch eine Obergrenze; zurzeit liegt diese sogenannte Beitragsbemessungsgrenze bei 71.400 Euro in Westdeutschland und bei 60.000 Euro in den neuen Bundesländern. Deshalb können die Beiträge auch nie höher als 13.495 Euro (18,9 Prozent von 71.400 Euro) bzw. 11.340 Euro (18,9 Prozent von 60.000 Euro) im Jahr sein.

Die Einzahlungen werden im Umlageverfahren sofort wieder für laufende Rentenzahlungen ausgegeben. Der einzahlende Versicherte erwirbt hingegen laufend Ansprüche in Form von Altersrente, Erwerbsminderungsrente (ehemals Erwerbs- oder Berufsunfähigkeitsrenten), Witwen- oder Waisenrente.

Wir konzentrieren uns in den folgenden Ausführungen auf die Altersrente in den alten Bundesländern. Deren maximale Höhe liegt bei einem Einkommen von zuletzt

50.000 Euro pro Jahr bei knapp 44 Prozent des Bruttogehalts – sofern der Versicherte 45 Beitragsjahre vorweisen kann, was die Ausnahme darstellt. Bei höheren Einkommen beträgt die maximale Rentenleistung aktuell rund 28.000 Euro im Jahr. Dies entspricht bei einem Jahresverdienst von 200.000 Euro rund 15 Prozent.

Rentenformel
• Bestandteile

Die Höhe der Rente wird nach einer ausgeklügelten Formel berechnet. Ihre drei wichtigsten Komponenten sind das jährliche Durchschnittseinkommen aller Arbeitnehmer, das tatsächliche Einkommen des Versicherten und die Summe seiner individuellen Beitragsjahre.

Rentenformel für die Altersrente

Entgeltpunkte	x	**Zugangsfaktor**	x	**Rentenwert**	=	**Altersrente**
z. B. 56,497		0,928		28,61		1.500 €/Mt.
Summe der Entgeltpunkte, die sich aus den Beitragsjahren und dem Verdienst ergeben		Berücksichtigung von Zu-/Abschlägen durch Vorbezug/Aufschiebung der Rente		Aktueller Multiplikator zur Ermittlung der Rentenhöhe		Monatliche Altersrente (brutto)

• Entgeltpunkte

Zunächst wird das Einkommen jedes Beitragsjahrs ins Verhältnis gesetzt zum Durchschnittseinkommen aller Arbeitnehmer im jeweiligen Jahr. Das anrechenbare Einkommen ist dabei nach oben limitiert (BBG = Beitragsbemessungsgrenze). Entspricht der tatsächliche Verdienst dem Durchschnittseinkommen, so erhält man einen Entgeltpunkt; darunter gibt es weniger als einen und darüber mehr als einen Punkt. Ist das Einkommen so hoch wie die Beitragsbemessungsgrenze oder liegt es darüber, werden maximal 2,05 Entgeltpunkte (71.400 Euro geteilt durch das durchschnittliche Einkommen von zurzeit 34.857 Euro) erzielt. Am Ende des Berufslebens werden die Entgeltpunkte für alle Beitragsjahre addiert.

Berechnung der Entgeltpunkte

Erwerbseinkommen	Durchschnitts-einkommen[1]	Entgeltpunkte
15.000 €	34.857 €	0,43
34.857 €	34.857 €	1,00
71.400 € (BBG)[2]	34.857 €	2,05

1 Wert für 2014
2 BBG = Beitragsbemessungsgrenze (West): Wert für 2014

- **Renten-zugangsfaktor**

Die Summe der Entgeltpunkte wird mit einem Rentenzugangsfaktor multipliziert. Dessen Höhe ist abhängig vom Alter bei Rentenbeginn. Wird die Rente ab der sogenannten Regelaltersgrenze bezogen, beträgt der Rentenzugangsfaktor »1«. Bei einem Vorbezug verringert sich dieser Faktor um 3,6 Prozent pro Jahr. Wird die Rente also zwei Jahre vorgezogen, beträgt der Zugangsfaktor nur noch 0,928 (1 minus 0,072). Unter welchen Voraussetzungen ein Vorbezug überhaupt möglich ist und welche Regelaltersgrenzen gelten, wird weiter unten erläutert. Erfolgt der erste Rentenbezug nach der Regelaltersgrenze, erhöht sich der Zugangsfaktor um 6 Prozent pro Jahr.

Auswirkungen eines Rentenvorbezugs bzw. -aufschubs

- Vorbezug: – 0,3 Prozentpunkte/Monat
- Aufschub: + 0,5 Prozentpunkte/Monat

Vorbezug/ Aufschub	Kürzung/ Aufwertung	Renten- Zugangsfaktor
– 2 Jahre	– 7,2%	0,928
– 1 Jahr	– 3,6%	0,964
0 Jahre	0,0%	1,000
+ 1 Jahr	+ 6,0%	1,060
+ 2 Jahre	+ 12,0%	1,120

• Rentenwert

In einem dritten und letzten Schritt wird das Produkt aus Entgeltpunkten und Zugangsfaktor mit dem Rentenwert multipliziert. Dieser Wert wird jährlich festgelegt und ermöglicht die flexible Anpassung der Renten an Einflussfaktoren wie Inflation, Lebenserwartung, Steuergesetzgebung und Bevölkerungsentwicklung. So soll sichergestellt werden, dass die Rente langfristig finanzierbar bleibt.

Zurück zu unserem Beispiel

Der Beispielrentner in unserer Rentenformel hat in seinen Beitragsjahren insgesamt 56,497 Entgeltpunkte erworben und ist mit 63 Jahren in Rente gegangen (Zugangsfaktor 0,928). Unter Einsatz des derzeit gültigen Rentenwerts von 28,61 Euro erhält er eine monatliche Rentenzahlung von 1.500 Euro. Bei gegebener Rentenformel variiert die gesetzliche Altersrente abhängig von der Anzahl der Versicherungsjahre und der Höhe des tatsächlichen Verdienstes, wie die Grafik verdeutlicht.

Höhe der gesetzlichen Altersrente

Angaben in € pro Jahr, Stand 2014, alte Bundesländer

Beitragsjahre	bei Ø-Verdienst[1]	bei hohem Verdienst[2]	bei Verdienst über BBG[3]
25	8.600	12.900	17.600
30	10.300	15.400	21.100
35	12.000	18.000	24.600
40	13.700	20.600	28.100
45	15.400	23.200	31.600

1 Relevantes Einkommen jeweils in der Höhe des definierten durchschnittlichen Einkommens; ergibt pro Jahr 1 Entgeltungspunkt
2 Relevantes Einkommen jeweils 150 % vom definierten durchschnittlichen Einkommen; ergibt pro Jahr 1,5 Entgeltungspunkte
3 BBG = Beitragsbemessungsgrenze, Rentenhöhe ist gleich Maximalrente

Wie hoch ist die gesetzliche Rente?

Wer 35 Jahre lang lückenlos in die gesetzliche Rentenversicherung einbezahlt hat, erwirbt je nach tatsächlichem Einkommen in den Beitragsjahren unterschiedlich hohe Rentenansprüche: Bei einem tatsächlichen Gehalt jeweils in Höhe des definierten durchschnittlichen Einkommens erhält er knapp 1.000 Euro Altersrente monatlich. Lag der tatsächliche Verdienst über dem Durchschnittseinkommen, erhöht sich der Rentenanspruch auf rund 1.500 Euro. Bei einem tatsächlichen Einkommen über der Beitragsbemessungsgrenze kann er bei 35 Beitragsjahren mit rund 2.000 Euro monatlicher Altersrente rechnen.

Bezugsmöglichkeiten von Altersrenten

Nachdem wir die Art der Berechnung und die Rentenhöhen kennen, muss nun untersucht werden, ab welchem Alter die gesetzliche Rente bezogen werden kann. Je nach Ausgangslage gibt es unterschiedliche Regelaltersgrenzen und unterschiedliche Vorbezugsmöglichkeiten.

Bezugsmöglichkeiten von Altersrenten

	Warte-zeit[1]	Normale Altersgrenze ≤ Jg. ´46	´50	´54	´58	´62	≥ ´64	Maximaler Vorbezug
Regel-altersrente	5	65	$65^{4}/_{12}$	$65^{8}/_{12}$	66	$66^{8}/_{12}$	67	–
Besonders lang-jährig Versicherte	45	65	$65^{4}/_{12}$	$65^{8}/_{12}$	66	$66^{8}/_{12}$	67	Alter 63[2]
Langjährig Versicherte	35	65	$65^{4}/_{12}$	$65^{8}/_{12}$	66	$66^{8}/_{12}$	67	Alter 63[3]
Frauen	15[4]	65	65	Jg. ab 1952[5]				Alter 60
Nach Arbeits-losigkeit/ATZ[5]	15[4]	65	65	Jg. ab 1952[5]				Alter 60–63 (stufenweise)
Schwer-behinderte	35[4]	60	60	$63^{8}/_{12}$	64	$64^{8}/_{12}$	65	Alter 60–62 (stufenweise)

1 Mindestversicherungszeit in Jahren.
2 Abschlagsfrei ob Alter 63-65 (stufenweise)
3 In Ausnahmefällen Alter 62
4 Zusätzliche Voraussetzungen erforderlich
5 Regelaltersrente
6 ATZ = Altersteilzeit

Quelle: Deutsche Rentenversicherung »Die richtige Altersrente für Sie«, Stand (05/2013) und RV – Leistungsverbesserungsgesetz 07/2014

Anhebung der Altersgrenze

Die Regelaltersgrenze wird sukzessive von Alter 65 auf Alter 67 erhöht. Wer 1946 (oder früher) geboren ist, hat noch mit Alter 65 Anspruch auf die Regelaltersrente. Für die Geburtsjahrgänge 1947 bis 1958 verschiebt sich die Regelaltersgrenze um jeweils einen Monat nach hinten bis zum Alter von 66 Jahren. Wer 1952 geboren ist, erhält die Regelaltersrente also mit 65 Jahren und sechs Monaten. Für die Jahrgänge 1959 bis 1964 erhöht sich die Altersgrenze um weitere zwei Monate pro Jahr bis zum Alter von 67. Tipp: Ihre individuelle Regelaltersgrenze können Sie auch Ihrer Renteninformation entnehmen.

Vorbezug nur eingeschränkt möglich

Männer, die nicht schwerbehindert sind und vor Rentenbeginn weder arbeitslos noch in Altersteilzeit waren, können ihre Rente nur dann vorbeziehen, wenn sie eine

Wartezeit von mindestens 35 Jahren vorweisen können (»Langjährig Versicherte«). »Wartezeit« bedeutet Versicherungszeit, wozu hier neben den normalen Beitragszeiten auch die sogenannten Anrechnungs- und Berücksichtigungszeiten zählen. Das sind die Jahre, in denen beispielsweise aufgrund von Krankheit, Arbeitslosigkeit oder Kindererziehung keine Beiträge gezahlt wurden.

Tipp: Vorbezug nutzen

Wer die Möglichkeit hat, seine Altersrente vorzuziehen, sollte dieses Angebot nutzen. Dies gilt für besonders langjährig Versicherte mit mindestens 45 Beitragsjahren, bei denen es keine Rentenabschläge gibt. Aber selbst falls ein Abschlag von 0,3 Prozent pro Monat, den die Rente früher bezogen wird, anfällt, rechnet sich der Vorbezug in vielen Fällen dennoch, da die Rentenzahlungen früher einsetzen. Aber Achtung: Wer während des Vorbezugs weiterhin erwerbstätig ist (z. B. als Berater), muss prüfen, ob der zusätzliche Verdienst die Hinzuverdienstgrenzen nicht überschreitet. Denn ansonsten würde die Rente gekürzt. Sobald die Regelaltersgrenze erreicht wird, kann unbegrenzt hinzuverdient werden.

Renteninformation

Wer mindestens fünf Beitragsjahre in die gesetzliche Rentenversicherung einbezahlt hat, erwirbt einen Anspruch auf Altersrente und bekommt jährlich vom zuständigen Rententräger (z. B. die Deutsche Rentenversicherung bei Angestellten) eine Renteninformation zugeschickt. Diese enthält einen Kontoauszug, der den Versicherungsverlauf abbildet, und gibt Auskunft über die Höhe der bereits erworbenen Ansprüche.

Kontrollieren Sie die Auszüge auf Vollständigkeit. Zur Ermittlung der voraussichtlichen Rentenhöhe rechnet der jeweilige Rententräger die erworbenen Leistungen sowie künftige Zahlungen auf dem Niveau der letzten fünf Jahre hoch. Dieser Berechnung ohne Verzinsung werden zwei Hochrechnungen der Rentenansprüche mit 1,5 sowie 2,5 Prozent Verzinsung gegenübergestellt.

Vorsichtig kalkulieren

Greifen Sie bei der Ermittlung Ihrer künftigen Altersrente und Ihrer eventuellen Rentenlücke ausschließlich auf die Hochrechnung ohne Verzinsung zurück. Aufgrund des Umlageverfahrens können nur ohne Zins und Zinseszins ermittelte Rentenansprüche realistisch sein. Schließlich werden die Beiträge zur gesetzlichen Rentenversicherung nicht gewinnbringend angelegt, sondern umgehend an die derzeitigen Rentner ausbezahlt. Und es gibt immer mehr Rentenbezieher und immer weniger Beitragszahler.

Rentenreform 2014

Kurz vor Redaktionsschluss dieses Buchs hat die Bundesregierung in ihrer Rentenreform das sogenannte Rentenversicherungs-Leistungsverbesserungsgesetz mit Start ab Juli 2014 verabschiedet. Zu den Gewinnern der Reform zählen Eltern und besonders langjährig Versicherte (Rente mit 63).

Rente mit 63 – ein Irrtum

Wer ab Juli 2014 mindestens 45 Beitragsjahre erreicht, kann ohne Abschläge zwei Jahre vor dem regulären Rentenbeginn in Ruhestand gehen. Dabei werden Zeiten des Wehr-/Zivildienstes, Kindererziehungs- und Pflegezeiten, Zeiten des Bezugs von Kurzarbeiter-, Schlechtwetter- und Insolvenzgeld und Kurzzeitarbeitslosigkeit berücksichtigt. Bisher konnte der besonders langjährig Versicherte nur mit einem Abschlag von 0,3 % pro Monat vorzeitig in Rente gehen. Je nach Verdienst konnte der Abschlag, der nun entfällt, bis zu 170 Euro pro Monat betragen. Allerdings gilt der abschlagsfreie Rentenbeginn mit 63 nur für Versicherte die vor 1953 geboren wurden. Für alle weiteren Jahrgänge steigt die Altersgrenze jedes Jahr, analog zur Anhebung der regulären Altersgrenze von 65 auf 67, leicht an. Das heißt, ein Arbeitnehmer des Jahrgangs 1964 kann im Jahr 2029 abschlagsfrei mit 65 Jahren in den Ruhestand gehen, wenn er 45 Beitragsjahre belegen kann. Alle anderen müssen dann bis 67 arbeiten.

»Mütterrente«

Mütter oder Väter, deren Kinder vor 1992 geboren wurden, erhalten ab Juli 2014 ein Jahr Kindererziehungszeit mehr angerechnet (dies entspricht einem Entgeltpunkt = 28,61 Euro im Westen mehr Rente pro Monat). Von Juli an erhalten die Mütter oder Väter somit zwei Beitragsjahre angerechnet. Damit soll vor allem der Erziehungsleistung der Mütter Anerkennung gezollt werden, die damals deutlich weniger Unterstützung durch Kinderbetreuungseinrichtungen als heutige Eltern hatten. Leer gehen allerdings viele Mütter (oder Väter) aus, die zur Vermeidung von Altersarmut staatliche Grundsicherung beziehen. Wenn sie mehr Mütterrente erhalten, sinkt ihr Anspruch auf Grundsicherung. Auch eine Witwenrente kann sich reduzieren, wenn der eigene Rentenanspruch steigt. Leer gehen auch viele Mütter aus, die nie berufstätig oder aber immer verbeamtet oder freiberuflich tätig waren, denn ein Anspruch auf Rente setzt voraus, das fünf Jahre mit Beitragsjahren vorhanden sind. Für diejenigen, die heute schon im Ruhestand sind, wird die Rentenversicherung automatisch die Rente erhöhen, ein Antrag ist nicht nötig. Für Kinder, die nach 1992 geboren sind, bleibt es bei insgesamt drei Rentenentgeltpunkten pro Kind.

Erwerbminderungsrente

Beim Eintritt der Erwerbsminderung in jungen Jahren wird aktuell die Rente so berechnet, als ob noch bis zur Vollendung des 60. Lebensjahres weitergearbeitet worden wäre. Ab 1. Juli 2014 werden Erwerbsgeminderte, die erstmals eine Erwerbsminderungsrente beziehen, so gestellt, als ob sie mit ihrem bisherigen Einkommen bis 62 weitergearbeitet hätten. Dies entspricht etwa einem Rentenaufschlag von 40 Euro im Monat. Erwerbsminderungsrentnern, die bereits heute eine Erwerbsminderungsrente beziehen, bringt diese Aufstockung nichts.

Betriebliche Altersvorsorge

Geringe betriebliche Renten-anwartschaften

Die betriebliche Altersvorsorge kann die Leistungen aus der gesetzlichen Rentenversicherung ergänzen. Dabei handelt es sich zum großen Teil um eine freiwillige Leistung des Arbeitgebers. Allerdings sind die Einrichtung und das Führen eines betrieblichen Versorgungswerks organisatorisch und auch finanziell mit beträchtlichem Aufwand für den Arbeitgeber verbunden. Darum überrascht es nicht, dass diese Versorgungsmodelle in der Minderheit geblieben sind. Bis 2001 kam rund ein Drittel der Arbeitnehmer in den Genuss von betrieblichen Versorgungsleistungen. Wobei festzustellen ist, dass vor allem Führungskräfte in Großkonzernen und Vorstände oder Geschäftsführer in mittelgroßen Unternehmungen betrieblich gut versorgt wurden. Mit der (Riester-)Rentenreform 2001 wurde die jahrzehntelange Stagnation der betrieblichen Altersversorgung überwunden.

Als hierfür entscheidende Maßnahmen sind unter anderem die Einführung eines Arbeitnehmeranspruchs auf Gehaltsumwandlung, die Absenkung der Unverfallbarkeitsfristen sowie der Ausbau der staatlichen Förderung zu nennen. Gehaltsumwandlung bedeutet, dass der Arbeitnehmer auf die Auszahlung von Gehaltsbestandteilen verzichtet, die dann in seine betriebliche Vorsorge eingezahlt werden.

Das bringt mit sich, dass die Anzahl der anspruchsberechtigten Personen von etwa einem Drittel auf 50 Prozent gestiegen ist. Die Aufwertung der betrieblichen Versorgung ist sicherlich richtig. Allerdings werden Arbeitnehmer, die heute 50 Jahre und älter sind, mangels Zeit von diesen Regelungen kaum mehr profitieren können. Die zweite Säule, also die betriebliche Versorgung, ist die schwächste der drei Säulen unserer Altersversorgung.

Und vor dem Hintergrund der aktuellen Rahmenbedingungen wird das in den kommenden Jahren auch so bleiben. Misst man die Anteile der Leistungen aus den drei Säulen in Bezug auf die Summe aller ausbezahlten Alterseinkünfte, werden weniger als 10 Prozent von betrieblichen Versorgungswerken geleistet. Ähnlich hoch bzw. gering ist der Anteil aus privaten Mitteln.

Bedeutung von Durchführungswegen

Betriebliche Vorsorge kann in verschiedenen Durchführungswegen organisiert sein. Die größte Bedeutung kommt dabei den sogenannten Direktzusagen zu. Auf diese entfällt gut die Hälfte der gesamten Deckungsmittel der betrieblichen Vorsorge. Die Pensionskassen verwalten knapp ein Viertel (plus 5 Prozent aus den Pensionsfonds) der Deckungsmittel. Die verbleibenden rund 20 Prozent liegen bei Direktversicherungen und sogenannten Unterstützungskassen.

Die Durchführungswege

Betriebliche Altersversorgung kann innerhalb oder außerhalb des Betriebs organisiert sein. Innerhalb des Betriebs spricht man von unmittelbaren Versorgungszusagen, auch als Direktzusagen oder Pensionszusagen bezeichnet. Diese sind im Arbeitsvertrag, in einer separaten Versorgungsordnung, einer Betriebsvereinbarung oder in einem Tarifvertrag festgehalten.

Außerhalb des Betriebs spricht man von mittelbaren Versorgungszusagen, die durch eine Pensionskasse, eine Unterstützungskasse, eine Direktversicherung oder neu auch durch Pensionsfonds erfolgen. Die Durchführungswege unterscheiden sich vor allem in den Anlagerichtlinien, in der Finanzierung, einer Begrenzung der Höhe der Zuführungen und in ihrer Handhabung bezüglich der Sozialversicherungsbeiträge und Steuern. In Kapitel 6 wird dieser Punkt ausführlich erläutert.

Die schwächste der drei Säulen

Anteile der Leistungen in Bezug auf die Summe der Alterseinkünfte

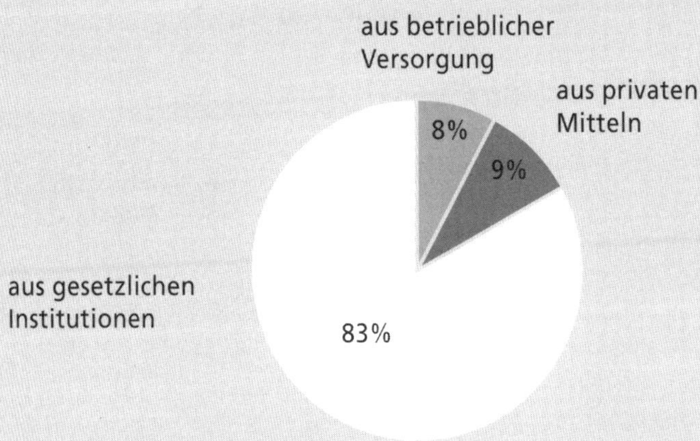

Quelle: Alterssicherungsbericht Bundesregierung 2012

Direktzusage

Bei der Direktzusage wird dem Arbeitnehmer vom Arbeitgeber vertraglich die Zahlung einer Versorgungsleistung zugesagt. Die Finanzierung obliegt entweder dem Arbeitgeber oder erfolgt per Entgeltumwandlung durch den Arbeitnehmer. Der Arbeitgeber hat für die Versorgungszusage nach versicherungsmathematischen Grundsätzen Pensionsrückstellungen zu bilden. Ein Liquiditätsabfluss erfolgt erst in der Leistungsphase. Anlagevorschriften oder eine gesetzliche Aufsicht existieren nicht. Da die Anlageentscheidung frei ist, besteht auch die Möglichkeit, die Mittel in einem unternehmensexternen Investmentfonds anzulegen. Im Insolvenzfall sind die Direktzusagen durch den »Pensionssicherungsverein« (PSV) auf Gegenseitigkeit gesichert.

Deckungsmittel sind einseitig verteilt

Stand 2011: Deckungsmittel insgesamt 500,7 Mrd. €

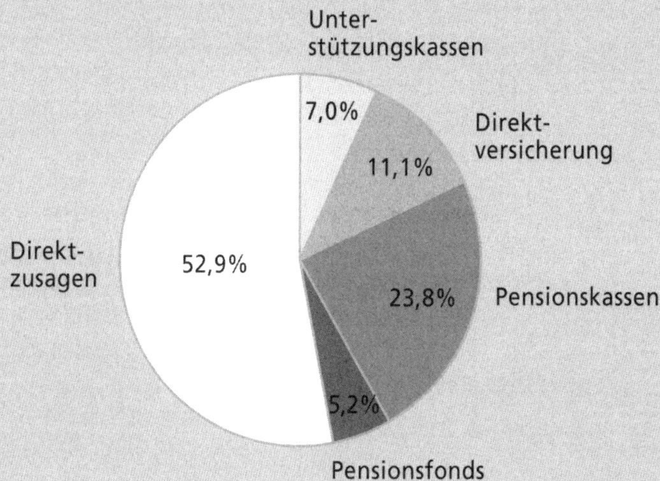

Quelle: Schwind J. (2013)

Pensionskasse

Pensionskassen sind rechtlich selbstständige Altersversorgungseinrichtungen, deren Träger ein oder mehrere Unternehmen sein können. Diese zahlen Beiträge an die Pensionskassen, aus denen die Leistungen für die Arbeitnehmer finanziert werden. Die Versorgungsrisiken werden aus der Unternehmung ausgelagert, wodurch keine bilanziellen Rückstellungen gebildet werden müssen. Die Absicherung von Hinterbliebenen ist möglich, ebenso ein Fortführen bei Ausscheiden aus der Firma. Kapitalauszahlungen sind bis 30 Prozent des Versorgungskapitals erlaubt, die Anlage kann auch in fondsgebundenen Produkten erfolgen.

Durchführungswege der betrieblichen Altersvorsorge im Überblick

	Direktzusage	Unterstützungskasse (U-Kasse)	Pensionskasse (PK)	Direktversicherung (DV)	Pensionsfonds (PF) (seit 2002)
• Träger	Arbeitgeber	U-Kasse[1]	PK[2]	DV[2]	PF[2]
• Rechtsanspruch[3]	ja	nein	ja	ja	ja
• Vermögensansammlung	intern[4]	»extern«[5]	extern	extern	extern
• Anlagebeschränkungen	nein	nein	ja	ja	nein
• Finanzierung	AG[6, 7]	AG[6, 7]	AG[7]/AN[8]	AG[7]/AN[8]	AG[7]/AN[8]
• Beitragsobergrenze	nein	nein[9]	ja	ja	ja

1 Und damit Arbeitgeber
2 Rechtlich selbstständig
3 Auf Arbeitnehmer-Leistungen
4 Effektiv oder nur bilanztechnisch
5 Häufig im Trägerunternehmen
6 Aber Möglichkeit der Gehaltsumwandlung
7 Arbeitgeber
8 Arbeitnehmer
9 Einschränkung durch Leistungshöhen

Direktversicherung

Bei dieser Durchführungsform schließt das Unternehmen als Versicherungsnehmer zugunsten des Arbeitnehmers bei einer Versicherungsgesellschaft eine Direktversicherung ab. Lebensversicherungen unterliegen der staatlichen Versicherungsaufsicht, sodass hier dieselben Anlagebeschränkungen wie bei der Pensionskasse einzuhalten sind. Das Leistungsrisiko liegt bei der Versicherung. Der Arbeitnehmer kann an der Finanzierung beteiligt werden.

Unterstützungskassen

Unterstützungskassen sind rechtlich selbstständige Versorgungseinrichtungen. Träger können ein oder mehrere Unternehmen sein, die durch Dotierungen die Leistungsfähigkeit der Kasse sicherstellen. Über die Höhe und die zeitliche Gestaltung der Einzahlungen kann das Unternehmen selbst entscheiden. Ein Rechtsanspruch auf Leistungen besteht der Unterstützungskasse gegenüber nicht, in der Regel aber gegenüber dem Arbeitgeber. Im Insolvenzfall sind die in Aussicht gestellten Leistungen durch den PSV abgesichert. Unterstützungskassen unterliegen keiner Aufsicht und müssen keine Anlagebeschränkungen erfüllen.

Pensionsfonds

Der Pensionsfonds ist eine rechtlich selbstständige Einrichtung, die seit dem Jahr 2002 gegen Zahlung von Beiträgen eine kapitalgedeckte betriebliche Altersversorgung für den Arbeitgeber durchführt. Ebenso wie Pensionskassen und Direktversicherungen gewährt der Pensionsfonds einen eigenen Anspruch und unterliegt der Versicherungsaufsicht. Aber beim Pensionsfonds bestehen von Gesetzes wegen keine Anlagebeschränkungen. Die Unternehmen haften für die Einlagen ihrer Beschäftigten. Ist der Wert der Anteile beim Renteneintritt geringer als die Summe der Beiträge, so besteht für den Arbeitgeber eine Nachschusspflicht. Daher werden die Unternehmen dem Pensionsfonds klare Vorgaben für die Anlagepolitik machen. Im Insolvenzfall – von Arbeitgeber oder Fonds – tritt der PSV ein.

Pensionssicherungsverein (PSV)

Damit die betriebliche Altersversorgung eines Arbeitnehmers im Konkursfall des Unternehmens nicht gefährdet ist, wurde der Pensionssicherungsverein auf Gegenseitigkeit (PSV) gegründet. Alle Arbeitgeber, die ihre betriebliche Vorsorge durch Direktzusagen, Unterstützungskassen oder Pensionsfonds organisieren, sind gesetzlich zur Mitgliedschaft verpflichtet. Zur Finanzierung der Insolvenzsicherung werden Beiträge im Umlageverfahren erhoben.

Unverfallbarkeit der Leistungen

Damit die Ansprüche aus betrieblichen Vorsorgemodellen bei einem Wechsel des Arbeitgebers nicht verfallen, regelt das Betriebsrentengesetz (BetrAVG) die Unverfallbarkeit der Leistungen. Sofern nichts anderes geregelt wurde, ist das der Fall, wenn der Arbeitnehmer mindestens 25 Jahre alt ist und für ihn mindestens seit fünf Jahren eine Versorgungszusage besteht. Sofern die betrieblichen Vorsorgeansprüche durch Gehaltsumwandlung, also aus dem Geld des Arbeitnehmers, finanziert wurden, sind sie immer sofort unverfallbar.

Anspruchsverpflichtungen

Bis zum Leistungsfall ist keine gesetzliche Anpassung der Rentenzusagen vorgeschrieben. Nach Beginn der Rentenzahlung ist der Arbeitgeber allerdings verpflichtet, alle drei Jahre den inflationsbedingten Kaufkraftverlust der Rente durch eine Erhöhung auszugleichen. Falls sich das Unternehmen in einer schlechten wirtschaftlichen Verfassung befindet, kann die Anpassung verschoben werden. Das Unternehmen kann sich einer Anpassungspflicht außerdem entziehen, wenn es von vornherein eine jährliche Steigerung der ausgezahlten Renten von 1 Prozent zusagt.

Trotz der vielen verschiedenen Durchführungswege und Ausgestaltungsmöglichkeiten konnte sich die betriebliche Altersversorgung bei uns noch nicht wie gewünscht durchsetzen. Im internationalen Vergleich hinken wir deutlich hinterher. Während in kleineren Nachbarländern wie den Niederlanden und der Schweiz bereits bis zu 40 Prozent der Alterseinkommen aus betrieblichen Versorgungsmitteln geleistet werden, schaffen es auch große Volkswirtschaften, wie Großbritannien und die USA, attraktive Modelle einzurichten.

Betriebliche Altersversorgung im internationalen Vergleich

Gemessen am Einkommen von Zwei-Personen-Rentnerhaushalten:
Anteil der betrieblichen Altersversorgung am Alterseinkommen

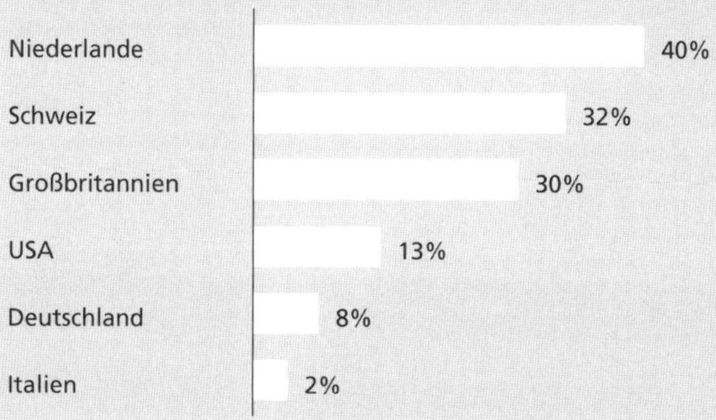

Quelle: Rentensysteme und Altersarmut im internationalen Vergleich, H. Stöger (2011)

Grundsätzlich stellt die betriebliche Altersversorgung eine Art soziale Leistung dar. Effizient wird diese dann, wenn die damit für den Arbeitgeber verbundenen Kosten und Risiken in einem guten Verhältnis zur Wertschätzung der Leistung durch den Arbeitnehmer stehen. Für die Arbeitnehmer kann die zweite Säule interessante steuer- und abgaberechtliche Rahmenbedingungen bieten. Zudem beinhaltet sie meist attraktive Gruppentarife und -konditionen. Diese Aspekte führen dazu, dass die betriebliche Altersvorsorge finanztechnisch grundsätzlich gegenüber der privaten Vorsorge im Vorteil ist.

Anmerkung zur Altersteilzeit

Die Altersteilzeit ist zwar keine klassische Form der betrieblichen Altersvorsorge, aber dennoch betrieblich bedingt. Durch die gesetzliche Grundlage in Verbindung mit freiwilligen Zuschüssen des Arbeitgebers ermöglichen solche Modelle häufig ein vorzeitiges Ausscheiden, was aufgrund des sogenannten steuerfreien Aufstockungsbetrags finanziell sehr attraktiv sein kann. Wer die Möglichkeit hat, Altersteilzeitmodelle in Anspruch zu nehmen, sollte diese auf jeden Fall prüfen.

Private Altersvorsorge

Aufgrund der insgesamt bescheidenen Höhe der Ansprüche aus gesetzlicher und betrieblicher Vorsorge werden diese Leistungen in der Regel nicht für den notwendigen Bedarf ausreichen, der zur Deckung des Lebensunterhaltes im Ruhestand nötig ist. Viele Ruheständler müssen daher auf das private Vermögen zurückgreifen, um die Versorgungslücke zu schließen. Das ist grundsätzlich ein richtiger Gedanke, denn die finanzielle Sicherheit im Ruhestand ist das wichtigste Motiv, warum wir sparen.

Fast die Hälfte des Vermögens in Immobilien

Untersucht man das private Vermögen der Deutschen, so stellt man eine ausgeprägte Immobilienlastigkeit fest. Von einem Bruttogesamtvermögen von rund 11 Billionen Euro sind 6,4 Billionen, also mehr als die Hälfte, in Immobilien und Grundstücken investiert. Hintergründe dafür sind ein ausgeprägtes Sicherheitsbedürfnis, der Wunsch nach einer eigenen Immobilie und die Absicherung gegen hohe Inflationsraten. Für unseren Finanzchef hingegen kann eine stark immobilienlastige Strategie zu Liquiditätsengpässen führen, da sehr viel Kapital gebunden ist, das nicht verzehrt werden kann. Außerdem können Klumpenrisiken entstehen. Als Klumpenrisiko bezeichnet man einzelne Anlagepositionen, die einen größeren Anteil am Gesamtvermögen ausmachen.

Lieber Sparkonto als Wertpapiere ...

Das Geldvermögen macht 44 Prozent des Gesamtvermögens aus. Hierzulande halten die Privatpersonen mehr Geld auf ihren (Spar-)Konten, als sie in Wertpapiere (Investmentfonds, Aktien, Anleihen) investiert haben. Auch unser Finanzchef muss für sich eine Liquiditätsreserve definieren, die auf dem Konto geparkt wird. 20.000 Euro bis 50.000 Euro sollten allerdings ausreichend sein.

Zu wenige Aktien ...

Nur gut 2 Prozent des gesamten Vermögens der privaten Haushalte sind in Aktien investiert. Das ist im internationalen Vergleich sehr wenig. Der mit dem Börsengang der Deutschen Telekom im Jahr 1996 beginnende Aktienboom hat durch die starken Kursrückgänge in den Jahren 2000 bis 2002 und mit der Finanzkrise ab 2007 einen herben Dämpfer erlitten. Mit diesen Erfahrungen wird die Aktienanlage – zu Unrecht – von vielen Leuten grundsätzlich abgelehnt. Und das, obwohl ein Aktienanteil aus Risiko-, Diversifikations- und Renditeüberlegungen eigentlich in jedes Vermögensportfolio gehört.

Bei der Definition der richtigen Aktienquote sollte sich unser Finanzchef an unseren Ausführungen in den Kapiteln 7 und 8 orientieren. Faustregeln wie »Aktienquote = 100 minus Lebensalter«, die für einen 30-Jährigen eine Aktienquote von 70 Prozent und für einen 70-Jährigen von 30 Prozent ergeben würden, helfen dabei nur bedingt weiter.

... zu viele Versicherungen

Nach wie vor erfreut sich die Kapitallebensversicherung einer großen Anhängerschaft. Aktuell macht der Anteil von Lebensversicherungen über 18 Prozent aus – und das trotz des Wegfalls der steuerlichen Privilegien von Kapitallebensversicherungen. Allerdings betrifft das unseren Finanzchef mit größter Wahrscheinlichkeit nicht. Die Weichen für die Kapitalaufbauphase wurden schon früher gestellt. Die Herausforderung besteht darin, diese Gelder, wenn sie fällig werden, richtig in die Anlagestrategie für den Ruhestand einzubetten. Mit welchen Ablaufleistungen der Finanzchef rechnen kann, wird in diesem Kapitel noch genauer untersucht.

Geringer Verschuldungsgrad

Was überrascht, ist die solide Finanzierung der Vermögenswerte. Vom Bruttogesamtvermögen in Höhe von 11 Billionen Euro sind 9,8 Billionen Euro mit Eigenkapital finanziert. Der Verschuldungsgrad ist mit 14 Prozent gering.

Vermögen der privaten Haushalte in Deutschland

Angaben in Mrd. €, gerundet (2013)

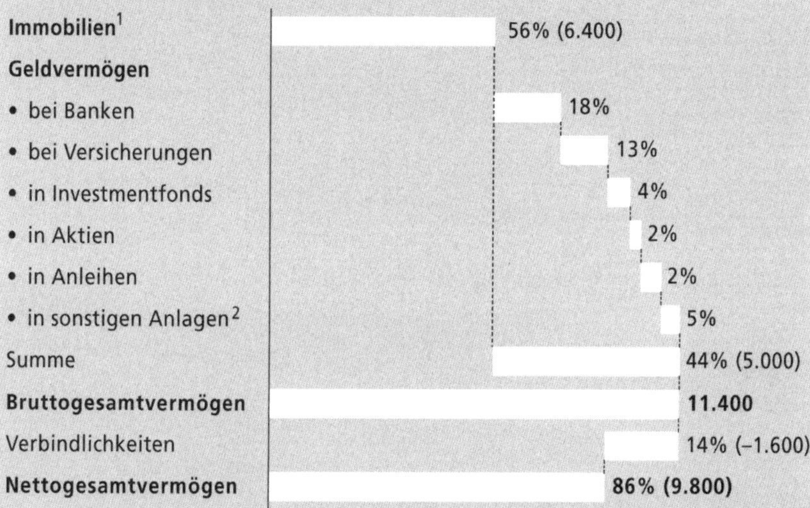

1 inkl. Grundstück
2 z. B. Pensionsrückstellungen und sonstige Beteiligungen

Quelle: Deutsche Bundesbank

Funktionsweise von Kapitallebensversicherungen

Fast jeder Deutsche hat eine oder mehrere Kapitallebensversicherungen abgeschlossen, die zum Zeitpunkt seiner voraussichtlichen Erwerbsaufgabe fällig werden. Diese Versicherungen verbinden die Absicherung der Hinterbliebenen im Todesfall mit einem Sparprozess. Die Ablaufleistung einer Kapitallebensversicherung setzt sich aus den eingezahlten Beiträgen, abzüglich Kosten für Risikoschutz, Verwaltung und Abschlussprovision, sowie einer Verzinsung zusammen.

Funktionsweise der Kapitallebensversicherung

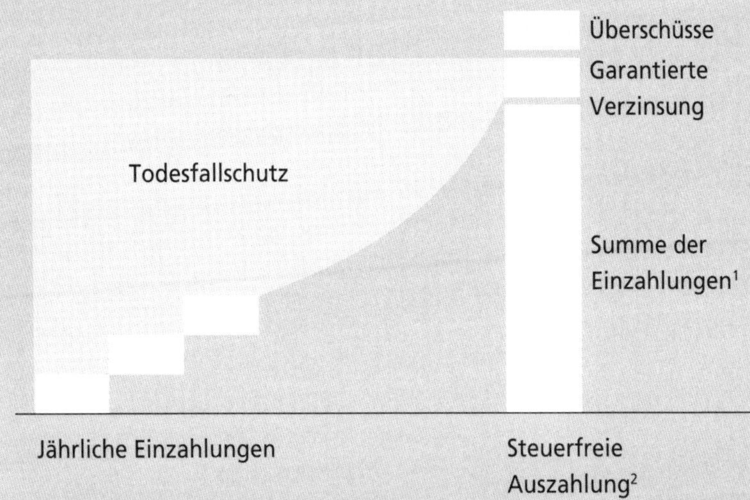

1 Abzüglich der Kosten für Risikoschutz, Verwaltung und Abschlussprovision
2 Steuerfrei, sofern Laufzeit ≥12 Jahre, Beitragsdauer ≥5 Jahre, Todesfallschutz ≥60 % der Beitragssumme, Abschluss vor 2005

Die Verzinsung besteht aus einem garantierten Teil, der gesetzlich festgelegt ist, und aus sogenannten Überschussanteilen. Der garantierte Zins beläuft sich aktuell (März 2014) auf 1,75 Prozent pro Jahr. Die Überschüsse dürfen vertraglich nicht zugesichert werden und sind das Ergebnis einer konservativen Hochrechnung. Das bedeutet, dass Risikokosten (Sterbewahrscheinlichkeit), Verwaltungskosten und Anlagerenditen vorsichtig kalkuliert wurden. Insgesamt entsteht in dem Beispiel eine voraussichtliche Gesamtrendite von 3,5 Prozent pro Jahr. Zu beachten ist, dass sich diese Verzinsung nicht auf den gesamten Beitrag bezieht, sondern nur auf den sogenannten Sparanteil, der nach Abzug von Abschluss-, Verwaltungs- und Risikokosten verbleibt.

Mithilfe der Aufstellung zur Ablaufleistung kann die Höhe der Auszahlungssumme ermittelt, respektive sich ihr angenähert werden. Sie ergibt sich, indem in Abhängigkeit von Beitragsdauer und Laufzeit die jährliche Prämie mit den aufgeführten Kapitalisierungsfaktoren multipliziert wird.

Kapitallebensversicherung: erwartete Ablaufleistung (Kapitalisierungsfaktoren)

Beitragsdauer/ Laufzeit in Jahren	bei garantierter Verzinsung	Inkl. Überschüsse
5 Jahre/12 Jahre	4,7	5,5
12 Jahre/12 Jahre	10,7	11,7
20 Jahre/20 Jahre	19,0	22,5
25 Jahre/25 Jahre	24,9	30,8
30 Jahre/30 Jahre	31,2	40,7
35 Jahre/35 Jahre	38,1	52,2

Lesebeispiel:
Die voraussichtliche Ablaufleistung bei einer Laufzeit von 20 Jahren beträgt bei einem Jahresbeitrag von 1.000 € rund 22.500 €.

Annahme:
- Vermittlerprovision: 4,00 % der Beitragssumme
- Risikoschutz: 10,00 % des Jahresbeitrages
- Verwaltungskosten: 5,00 % des Jahresbeitrages
- Garantierte Verzinsung: 1,75 %
- Verzinsung: (inkl. Überschüsse) 3,50 %

Dabei wird zwischen der garantierten Verzinsung und der Verzinsung inklusive Überschussanteilen unterschieden.

Die Versicherungsgesellschaften sind natürlich daran interessiert, Gelder aus fälligen Kapitallebensversicherungen auch weiterhin zu verwalten. Daher verknüpfen sie die Mitteilung über die Fälligkeit einer Kapitallebensversicherung vielfach mit einem Angebot für eine private Rentenversicherung. Der eingezahlte Kapitalstock wird dabei in eine lebenslange Rente umgewandelt. Wie solche Angebote zu beurteilen sind und welche Alternativen es gibt, wird ausführlich in Kapitel 7 erläutert.

Lebensversicherungsreformgesetz

Die Bundesregierung hat im Juni 2014 ein Reformpaket beschlossen, dass zur Stabilisierung der Lebensversicherungen im Niedrigzinsumfeld beitragen und somit den Verbraucher zukünftig vor Pleiten in der Versicherungsbranche schützen soll. Dazu sollen alle an einer Versicherung Beteiligten einen angemessenen Beitrag leisten: die Versicherer, ihre Eigentümer (Aktionäre), der Versicherungsvertrieb, die Versicherungsaufsicht, aber auch die Versicherten (Neu- und Bestandskunden). Folgende Maßnahmen wurden beschlossen:

Garantiezins

Für Neuverträge wird der Garantiezins am 1. Januar 2015 von bisher 1,75 % auf 1,25 % gesenkt.

Risikoüberschüsse

Die Beteiligung der Versicherungsnehmer an den Risikoüberschüssen der Versicherungen wird von 75 % auf 90% angehoben. Das gilt insbesondere für Überschüsse, die durch Verwendung vorsichtiger Sterbetafeln entstehen.

Ausschüttungen an Aktionäre

Untersagt werden Ausschüttungen an Aktionäre der Versicherungsunternehmen, wenn die Gefahr besteht, dass Garantiezusagen an Kunden nicht erfüllt werden können.

Bewertungsreserven

Um sicherzustellen, dass alle Versicherten auf gerechte Art und Weise an den Bewertungsreserven beteiligt werden, wird zukünftig ein gesetzlich vorgegebenes Verfahren bestimmen, in welchem Umfang die gewährten Garantien an Versicherungskunden ausgezahlt werden dürfen oder zur Finanzierung entstandener Lücken aus aktuellen Kapitalmarktzinsen und Garantiezinsen im Unternehmen verwendet werden.

Weiterhin werden die Handlungsmöglichkeiten der Aufsichtsbehörden gestärkt, um so problematischen Entwicklungen früher und effektiver begegnen zu können. Außerdem wird der Höchstzillmersatz für die bilanzielle Anrechnung von Abschlusskosten von 40 Promille auf 25 Promille gesenkt, um damit Druck auf die Versicherungsunternehmen aufzubauen ihre Abschlusskosten zu senken. Ob jedoch alle Maßnahmen wie geplant bis Januar 2015 umgesetzt werden, ist fraglich (aktuell wird über Übergangsfristen bis 2016 diskutiert).

Riester-, Eichel-, Rürup-Rente: Ein Überblick

»Neue« Sparmöglichkeiten

Wie bereits eingangs in diesem Kapitel erwähnt, hat die Bundesregierung erkannt, dass eine Altersabsicherung, die vorwiegend über die gesetzliche Rente laufen soll, in Zukunft nicht mehr funktionieren kann. Mit dem Altersvermögensgesetz (AVmG) und dem Alterseinkünftegesetz (AltEinkG) wurden Reformen verabschiedet, mit denen die betriebliche und die private Vorsorge gefördert werden. Die »neuen« Sparmöglichkeiten werden umgangssprachlich jeweils nach ihren politischen Mentoren benannt: die Riester-Rente also nach Walter Riester, dem ehemaligen Arbeitsminister, die Eichel-Rente nach Hans Eichel, bis 2005 Finanzminister, und die Rürup-Rente nach Professor Bert Rürup, Vorsitzender der eingesetzten Kommission zur Reform des Altersvorsorgesystems.

Ob geförderte oder nicht geförderte Formen der Altersvorsorge mehr bringen, hängt je nach Durchführungsweg von bis zu fünf Faktoren ab:

- Lebensalter (Anlagezeitraum)
- Einkommenshöhe (Verwendung, Steuerbelastung)
- Vermögenshöhe (Liquiditätsengpässe, Diversifikation)
- Renditeerwartung der geförderten Produkte (Opportunitätskosten)
- Anzahl der Kinder (Zulagenhöhe bei Riester-Förderung)

Grundsätzlich gilt: Je älter der Sparer, umso eher lohnt sich die geförderte Vorsorge. Klingt überraschend, ist aber logisch begründbar. Ausschlaggebend dafür ist vor allem der Anlagehorizont. Bis zur Erwerbsaufgabe wird

Übersicht im Renten-Dschungel

	Riester-Rente	Eichel-Rente	Rürup-Rente
Förderfähig	Pflichtversicherte in der gesetzlichen RV[1]	Arbeitnehmer	Steuerpflichtige
Förderung	Zulagen oder Steuervorteil	Steuervorteil	Steuervorteil
Beitragsvorteil	Zulagen oder Steuerreduktion aufgrund Sonderausgabenabzug[2]	Steuerfreie Beiträge bis zu 4% der BBG[3] zusätzlich 1.800 €[4]	2014: 78 %[5] der Beiträge (max. 20.000 € ledige [40.000 € verheiratete]) als Sonderausgaben anerkannt
Rentenbesteuerung	100 %	100 %	50 %–100 %[6]
Hinterbliebenenversicherung	gegeben	möglich je nach Gestaltung	nur mit Zusatzvertrag
Kapitalauszahlung	bis max. 30 % des angesparten Kapitals	bis zu 30 % des angesparten Kapitals	nur Verrentung möglich

1 Gilt auch für Beamte, Angestellte im öffentl. Dienst, Zeitsoldaten, Künstler in der Künstlersozialkasse und Landwirte
2 Anwendung je nachdem, welcher Betrag höher ausfällt
3 Die jeweils für die gesetzliche Rentenverankerung geltende Beitragsbemessungsgrenze
4 Sofern keine pauschal besteuerte betriebliche Altersversorgung besteht
5 Steigerung des anrechenbaren %-Satzes um 2 Prozentpunkte pro Jahr (2025 = 100 %)
6 Besteuerung identisch zur gesetzlichen RV (2005 zu 50 %, jährliche Steigerung um 2 Prozentpunkte bis 2020, bis 2040 um 1 Prozentpunkt, gültig für jeden neuen Rentenjahrgang, 2014: 68 %)

die Zeit immer kürzer. Teile des Vermögens werden dann zur Deckung der Versorgungslücke eingesetzt. Diese Gelder müssen sicherheitsorientiert angelegt werden und sollten schwankungsanfälligen Anlagen entzogen werden. Dies gilt auch für das freie Sparen.

Damit entfällt der Renditenachteil bei der geförderten Vorsorge, und es überwiegt die Sicherheit, gekoppelt mit den Vorteilen der Förderung. Allerdings ist zu bedenken, dass die Höhe des Sparvolumens im Rahmen von geförderten Angeboten eingeschränkt ist. Insofern werden sie für unseren Finanzchef kurz vor dem Ruhestand nur von geringer Bedeutung sein.

Kapitel 4

Einmalige Kapitalzuflüsse: Steuerliche Optimierungsmöglichkeiten

Einmalige Kapitalzuflüsse bei Erwerbsaufgabe

Einmalzahlungen stehen an

Im Zusammenhang mit der Erwerbsaufgabe kommt es zu einmaligen Kapitalzuflüssen. Abfindungen werden ausbezahlt zur Würdigung persönlicher Leistungen, oder es fließen kapitalisierte Versorgungsansprüche. Ein Unternehmer kann den eigenen Betrieb oder seine Praxis nach langen Schaffensjahren verkaufen. Möglicherweise wurde auch privat vorgesorgt, und Lebensversicherungen werden fällig – rechtzeitig zum Beginn des Ruhestands.

Der Fiskus will partizipieren

Solche Zuflüsse rufen den Fiskus auf den Plan. Der Gesetzgeber zeigt sich hier – auf den ersten Blick – großzügig, indem er diese Zuflüsse steuerlich begünstigt oder sogar steuerfrei stellt. Damit soll abgesichert werden, dass der Kapitalstock groß genug bleibt, um im Ruhestand davon leben zu können.

Progressionsmilderung

Bei Abfindungen und bei Kapitalauszahlungen aus Pensionszusage oder Unterstützungskasse kommt die Fünftel-Regelung zur Anwendung.

Steuerlich begünstigte Ausgaben

Wird der eigene Betrieb verkauft, hat der Steuerpflichtige ein Wahlrecht. Auf seinen Antrag hin wird der Veräußerungsgewinn nach der Fünftel-Regelung oder dem reduzierten durchschnittlichen Steuersatz besteuert. Welche der beiden Varianten vorteilhafter ist, hängt vom Einzelfall ab und wird im weiteren Verlauf dieses Kapitels näher beleuchtet.

Abgesehen davon kann ein Freibetrag von maximal 45.000 Euro in Abzug gebracht werden. Dieser Freibetrag ist abhängig von der Höhe des Veräußerungsgewinns und kann bis auf null abschmelzen. Gewinne aus der Veräußerung wesentlicher Beteiligungen werden nach dem Halbeinkünfte- bzw. Teileinkünfteverfahren besteuert. Es wird ein Freibetrag von bis zu 9.060 Euro gewährt. Die Besteuerung der Kapitalauszahlung von Lebensversicherungen hängt davon ab, ob diese nach altem oder nach neuem Recht abgeschlossen wurden.

Steuerbegünstigt: Was wird wie besteuert?

Entschädigung aus ...	Fünftel-Regel	Ermäßigter durchschnittl. Steuersatz	Teileinkünfteverfahren	Freibeträge
• Abfindungen	●			0 €
• Pensionszusage/ Unterstützungskasse	●			2.496 €[5]
• Gewinn aus Betriebsveräußerung (Gewerbebetrieb)	● oder	●[2]		0 bis 45.000 €[2] (Abschmelzungsprinzip)
• Veräußerungsgewinn wesentlicher Beteiligungen[1]			●[3]	0 bis 9.060 €[2] (Abschmelzungsprinzip)
• Lebensversicherungen			●[4]	Nach altem[2] Recht: Steuerfrei

1 Beteiligung mindestens 1% des Grundkapitals
2 Nur unter bestimmten Voraussetzungen; s. folgende Ausführungen
3 60% des Veräußerungsgewinns steuerpflichtig, 40% steuerfrei
4 50% des Zugewinns steuerpflichtig, 50% steuerfrei
5 2014: Versorgungsfreibetrag (1.920 €) plus Zuschlag 576 €

Fünftel-Regelung und Steuerermäßigungen

Beispielrechnung

Die Fünftel-Regelung ist ein Verfahren zur Progressionsmilderung. Vom Grundsatz her soll sie sicherstellen, dass die einmalige Kapitalzahlung der gleichen Steuerbelastung unterliegt, als wenn das Kapital über mehrere

Fünftel-Regel und Ansatz zur steuerlichen Optimierung

Alle Angaben gemäß aktueller Gesetzeslage, Berechnungen nach Splitting-Tabelle 2014 inkl. Soli ohne Kirchensteuer; Resultate in €, gerundet

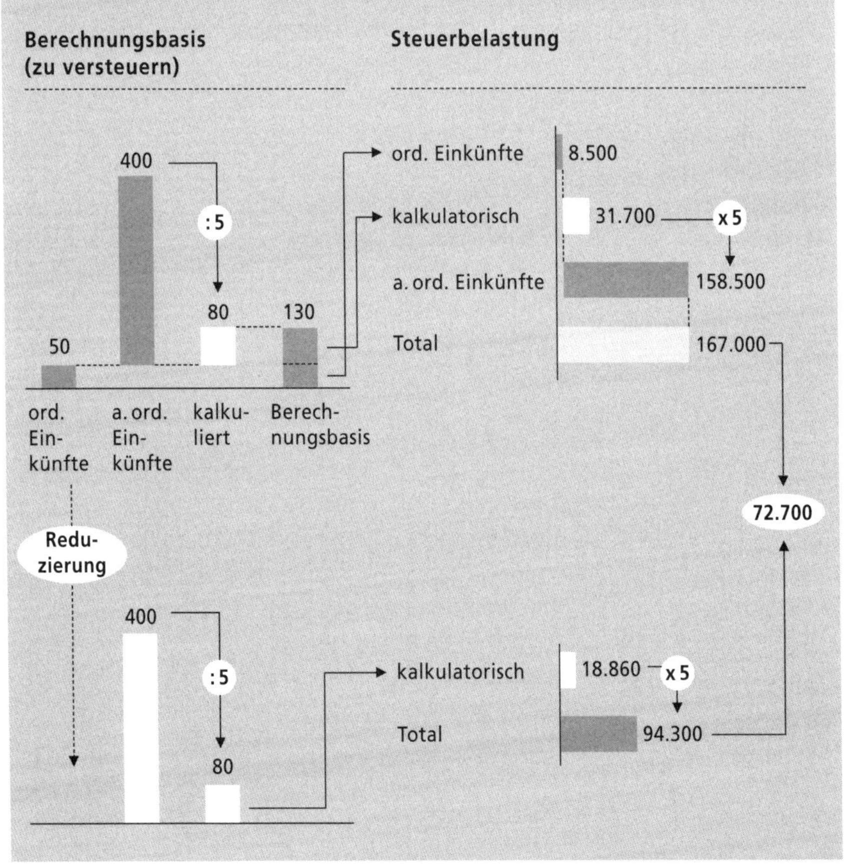

Jahre hinweg verteilt ausbezahlt werden würde. Anhand einer Beispielrechnung sollen die Funktionsweise und die Auswirkung dieser steuerreduzierenden Regelung erläutert werden.

Unser Finanzchef geht in den Ruhestand. Er erhält eine Abfindung in Höhe von 400.000 Euro. Zusätzlich weist er in seinem letzten Berufsjahr ein ordentlich zu versteuerndes Einkommen von 50.000 Euro aus. Die normale Steuerbelastung auf 450.000 Euro beträgt rund 182.000 Euro (Splittingtabelle), also im Durchschnitt 40 Prozent. Die Anwendung der Fünftel-Regelung ändert die Situation wie folgt: Die außerordentlichen Einkünfte werden zu einem Fünftel auf das ordentlich zu versteuernde Einkommen dazugeschlagen, also mit 80.000 Euro. Auf den neuen, theoretischen Einkommensbetrag von 130.000 Euro fallen 40.200 Euro Einkommensteuer an, davon 8.500 Euro auf das ordentliche Einkommen. Die verbleibenden 31.700 Euro werden mit fünf multipliziert (158.500 Euro) und ergeben somit die Steuer für die außerordentlichen Einkünfte. Insgesamt sind also 167.000 Euro an Einkommensteuern fällig, durchschnittlich 37,1 Prozent. Im Vergleich zur normalen Steuerbelastung ergibt sich eine Steuermilderung in Höhe von rund 15.000 Euro oder 8,2 Prozent. Dieser Effekt fällt jedoch überraschend gering aus.

Je höher das ordentlich zu versteuernde Einkommen, desto geringer der Effekt

Je höher das ordentlich zu versteuernde Einkommen ist, desto geringer ist der Effekt durch die Fünftel-Regelung. Liegt das ordentlich zu versteuernde Einkommen bei 106.000 Euro (Anwendung der Splittingtabelle), kommt es durch die Fünftel-Regelung zu keiner Steuerminderung. Sofern im betreffenden Fall die sogenannte Reichensteuer relevant ist, liegt die Grenze bei rund 500.000 Euro. Tendiert das ordentliche Einkommen allerdings gegen null, entsteht der größte Hebel.

Verfügt unser Finanzchef im Jahr der Abfindungszahlung über keine sonstigen zu versteuernden Einkünfte mehr, reduziert sich seine Steuerbelastung entsprechend drastisch, denn der Progressionssprung kommt in vollem Umfang zum Tragen. Die 400.000 Euro werden durch fünf geteilt. Die verbleibenden 80.000 Euro bedeuten eine fiktive Belastung von 18.860 Euro. Dieser Betrag wird wiederum mit fünf multipliziert, wodurch eine Steuer von 94.300 Euro anfällt. Im Vergleich zu obiger Situation bedeutet das eine Steuerreduktion von 72.700 Euro.

Tipp

Vor diesem steuertechnischen Hintergrund ist es daher ratsam, bei Kapitalauszahlungen, bei denen die Fünftel-Regelung zur Anwendung kommt, über steuerreduzierende Maßnahmen nachzudenken. Im hier dargestellten Fall würde eine Reduzierung des ordentlich zu versteuernden Einkommens um 50.000 Euro eine Steuerersparnis von über 72.700 Euro auslösen.

Vorausschauend planen verspricht am meisten Erfolg

Sofern frühzeitig plan- und regelbar, kann bereits eine zeitliche Verschiebung der Abfindung den gewünschten positiven Effekt erzielen. Auch bei der Veräußerung eines Betriebes ist dem Verkaufszeitpunkt entsprechende Bedeutung beizumessen. Falls sich das Zusammentreffen von ordentlichen und außerordentlichen Einkünften nicht vermeiden lässt, sollten Möglichkeiten zur Senkung des ordentlich zu versteuernden Einkommens geprüft werden. Es gibt kaum eine andere Situation, in der eine steuerreduzierende Maßnahme so effektvoll sein kann wie in diesem Fall.

Voraussetzungen für die Anwendung der Fünftel-Regel

Für die Anwendung der Fünftel-Regel müssen grundsätzlich drei Voraussetzungen erfüllt sein: Die Entschädigung muss steuerlich als »außerordentlich« eingestuft werden. Das bedeutet, es darf sich dabei nicht um Leistungen handeln, die aufgrund der Erwerbstätigkeit normalerweise ohnehin angefallen wären. Sofern die Entschädigung auf mehrere Raten aufgeteilt wird, müssen diese grundsätzlich in einem Kalenderjahr gezahlt werden (Ballung). Eine Verteilung der Leistung auf mehrere Jahre würde die Anwendung der Fünftel-Regelung verhindern. Zudem greift das progressionsmildernde Verfahren nur, wenn die Gesamteinnahmen im aktuellen Veranlagungszeitraum höher ausfallen als diejenigen im Jahr davor.

Checkliste zur Anwendung der Fünftel-Regel

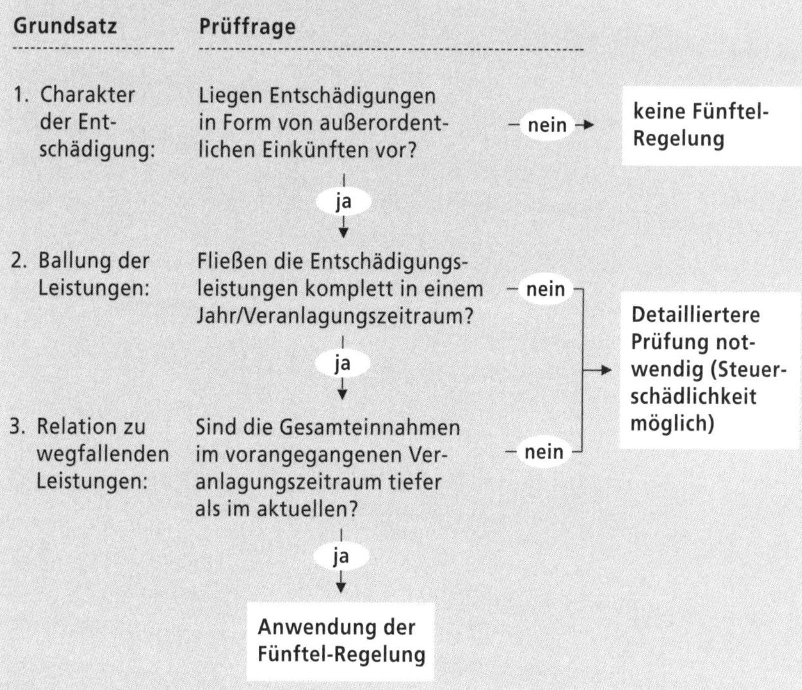

Abfindungen

Bei Abfindungen in vergleichbarer Höhe wie das letzte ordentliche Gehalt kann es geschehen, dass zur Anwendung der Fünftel-Regelung die Verhältnismäßigkeit nicht gegeben ist. Vor diesem Hintergrund haben wir einige Grenzfälle und deren Behandlung in folgender Tabelle dargestellt.

Grenzfälle hinterfragt

Alle Angaben in €

	Vorjahr	Aktuelles Jahr			
	Basis	**Var. 1**	**Var. 2**	**Var. 3**	**Var. 4**
Lohn als Angestellter	90.000	40.000	40.000	45.000	40.000
Gehalt aus neuem Angestelltenverhältnis	–	–	–	45.000	–
Abfindung	–	120.000	40.000	25.000	50.000
Bezogenes Arbeitslosengeld	–	–	–	–	10.000
Total	**90.000**	**160.000**	**80.000**	**115.000**	**100.000**
Differenz zum Vorjahr		+70.000	–10.000	+25.000	+10.000
Anwendung Fünftel-Regelung		ja	nein	ja	ja

Steuerliche Behandlung von Abfindungen

Die folgende Grafik gibt einen Überblick über die Steuerbelastung von Abfindungen und Entschädigungen in Abhängigkeit ihrer Höhe, der sonstigen zu versteuernden Einkünfte und der Veranlagung nach der Grund- oder der Splitting-Tabelle.

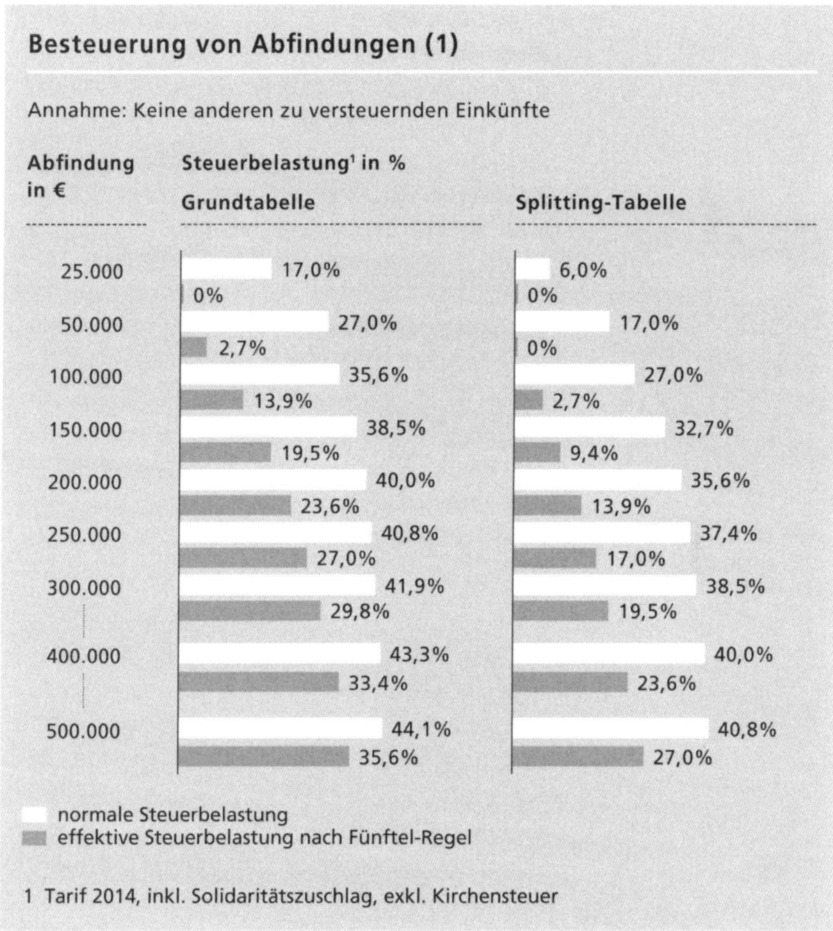

Besteuerung von Abfindungen (2)

Unter Berücksichtigung anderer zu versteuernder Einkünfte

Abfindung in €	Andere zu verst. Eink. in €	Steuerbelastung[1, 2] in % Grundtabelle	Splitting-Tabelle
250.000	0	27,0%	17,0%
250.000	10.000	35,3%	23,7%
250.000	25.000	40,6%	30,8%
250.000	50.000	44,3%	36,9%
250.000	100.000	44,3%	44,2%

effektive Steuerbelastung nach Fünftel-Regel

1 Tarif 2014, inkl. Solidaritätszuschlag, exkl. Kirchensteuer
2 Berücksichtigt wird nur die auf die Abfindung anfallende Steuer (nicht die auf die anderen Einkünfte anfallenden Steuern)

Aufgrund der Mechanik der Fünftel-Regel fällt die Entlastung bei niedrigen Abfindungen sehr groß aus, bei höheren entsprechend gering. Eine Abfindung von 50.000 Euro ist steuerfrei (Splittingtabelle) bzw. wird nur mit 2,7 Prozent (Grundtabelle) belastet. Bei 500.000 Euro Abfindung müssen hingegen bereits 35,6 bzw. 27,0 Prozent an den Fiskus abgeliefert werden. Auf eine Abfindung von 250.000 Euro entfallen 27,0 bzw. 17,0 Prozent an Einkommensteuern. Werden allerdings im selben Kalenderjahr noch zusätzliche Einkünfte erzielt – was in der Regel der Fall ist –, erhöht dies die Steuerbelastung der Abfindung deutlich. Betragen die zusätzlichen Einkünfte nur 25.000 Euro bei 250.000 Euro Abfindungssumme, müssen dann 40,6 bzw. 30,8 Prozent abgeführt werden, bei 100.000 Euro über 44 Prozent.

Abfindung und Arbeitslosengeld

Wird ein Arbeitsverhältnis gegen Zahlung einer Abfindung beendet, bekommt der entlassene Arbeitnehmer häufig im selben Jahr – spätestens nach drei Monaten – Arbeitslosengeld. Das macht die Steuerveranlagung in diesem Jahr dann aber richtig kompliziert, denn die steuerpflichtige Abfindung wird nach der Fünftel-Regelung ermäßigt besteuert, während das steuerfreie Arbeitslosengeld steuererhöhend in den Progressionsvorbehalt einbezogen wird. Die Steuerberechnung erfolgt in zwei Schritten: Erstens für das zu versteuernde Einkommen ohne Abfindung unter Einbeziehung des Arbeitslosengeldes und zweitens für die Abfindung.

Ergebnis: Das Arbeitslosengeld hat keinen Einfluss auf die Besteuerung der Abfindung. Die Steuer auf die übrigen Einkünfte wird jedoch erhöht. Eine Ausnahme von dieser Regel kann der Umstand sein, dass die übrigen Einkünfte negativ sind, beispielsweise aufgrund hoher Sonderausgaben oder außergewöhnlicher Belastungen. In diesem Fall kann das Arbeitslosengeld die Steuer auf die Abfindung erhöhen. Aufgrund ihrer Komplexität und ihres seltenen Eintretens soll diese Ausnahme hier aber nicht weiter erörtert werden.

Optimierungsmöglichkeiten bei Abfindungen

Mit der Analyse der Fünftel-Regel wurde deutlich, dass die Steuer auf die Abfindung dann am geringsten ausfällt, wenn die übrigen Einkünfte möglichst niedrig sind. Es ergeben sich drei Hebel zur steuerlichen Optimierung: Erstens die steuerpflichtigen Einnahmen zu minimieren, zweitens die steuerlich abzugsfähigen Aufwendungen zu maximieren und drittens die steuerlich relevante Abfindungshöhe zu reduzieren.

Verschiebung der Abfindung auf das Folgejahr

Ob eine Abfindung noch im selben Jahr ausgezahlt wird, in dem das Arbeitsverhältnis endet oder erst im darauf folgenden Jahr, kann für die Besteuerung einen gewaltigen Unterschied ausmachen. Denn im Folgejahr sind die übrigen steuerpflichtigen Einnahmen, zum Beispiel aufgrund von Arbeitslosigkeit, häufig deutlich niedriger.

Der Bundesfinanzhof hat entschieden (BFH-Urteil vom 11.11.2009, BStBl. 2010 II S. 746), dass die Abfindung erst mit der tatsächlichen Auszahlung auch steuerlich zufließt und erst in diesem Jahr versteuert werden muss. Dies gilt auch dann, wenn die Abfindung gemäß Betriebsvereinbarung mit Beendigung des Arbeitsverhältnisses fällig und ausgezahlt werden sollte. Es liegt kein Rechtsmissbrauch vor, wenn die Auszahlung einvernehmlich auf das Folgejahr verschoben wird.

Aber Achtung: Wie wir vorher gesehen haben, müssen die Einkünfte im Jahr der Abfindung insgesamt höher als im Vorjahr liegen. Ansonsten kann die steuergünstige Fünftel-Regel nicht angewendet werden. Insofern ist die Verschiebung in der Regel nur dann sinnvoll, wenn die Abfindung ein Vielfaches des Monatseinkommens, besser: Ein Jahreseinkommen, beträgt.

Nutzen von Sonderabschreibungen

Vorwegzuschicken ist, dass eine Investition nur dann getätigt werden sollte, wenn sie sich betriebswirtschaftlich rechnet. Rein steuerlich motivierte Anlagen gehen oft »nach hinten los«. Zahlreiche deutsche Anleger können davon ein »Medienfonds-Lied« singen.

Wer in eine Photovoltaik-Anlage investiert, kann im ersten Jahr 20 Prozent der Nettoinvestition abschreiben – und damit die übrigen Einkünfte im Jahr der Abfindung deutlich reduzieren. Ein sinnvolles Investitionsprojekt in diesem Bereich zu finden und umzusetzen, ist allerdings nicht einfach.

Im Immobilienbereich sind erhöhte Abschreibungen bei Gebäuden in Sanierungsgebieten und bei Baudenkmalen möglich. Bis zu 9 Prozent der Herstellungskosten für Baumaßnahmen können pro Jahr steuerlich abgesetzt werden. Aber auch hier ist Vorsicht geboten. Häufig werden solche Objekte – eben aufgrund der Steuersparpotenziale – überteuert angeboten. Wer in den neunziger Jahren in ostdeutsche Immobilien investiert hat, weiß, wovon wir sprechen.

Gründung eines Unternehmens

Wenn durch die Unternehmensgründung selbst oder den Investitionskostenabzug für die geplante künftige Anschaffung eines abnutzbaren beweglichen Wirtschaftsguts Verluste entstehen, können diese mit positiven Einkünften verrechnet werden. Voraussetzung dafür ist, dass dem Finanzamt die Gewinnerzielungsabsicht plausibel gemacht werden kann. Andernfalls gelten die Investitionen als Liebhaberei und sind nicht verrechenbar.

Abschluss einer Rürup-Versicherung gegen Einmalbetrag

Die Basisrente (»Rürup-Rente«) inklusive ihrer steuerlichen Implikationen wird in den Kapiteln 3 und 6 ausführlich erläutert. Aufgrund der steuerlichen Abzugsfähigkeit der Einzahlungen kann diese Anlageform im Zusammenhang mit einer Abfindung interessant sein.

Wer beispielsweise im Jahr 2014 keinen Arbeitslohn mehr bezieht, kann einen Einmalbetrag von 40.000 Euro einzahlen und davon – als Verheirateter – 31.200 Euro als Sonderausgaben absetzen. Falls noch Arbeitslohn bezogen wird, macht das die Sache meistens uninteressant, denn dann verringert sich der abzugsfähige Anteil durch die Beiträge zur gesetzlichen Rentenversicherung deutlich.

Vervielfältigungsregel

Eine interessante Möglichkeit, die erhaltene Abfindung steuergünstig anzulegen, stellt die Vervielfältigungsregel bei Einzahlung in eine Direktversicherung dar. Einzahlungen in eine Pensionskasse oder eine Direktversicherung, also eine vom Arbeitgeber auf den Arbeitnehmer abgeschlossene Kapitallebens- oder Rentenversicherung, sind steuerlich privilegiert.

Bei Verträgen, die vor 2005 abgeschlossen wurden, unterliegen die Einzahlungen einer Pauschalbesteuerung mit 20 Prozent (zzgl. Solidaritätszuschlag), unabhängig vom persönlichen Steuersatz. Diese Vergünstigung gilt grundsätzlich, allerdings nur für Einzahlungen bis zu einer Höhe von 1.752 Euro pro Jahr. Bei Beendigung des Dienstverhältnisses kann diese Pauschalierungsgrenze aufgrund der sogenannten Vervielfältigungsregel jedoch markant erhöht werden.

Dabei werden die gesamten Beschäftigungsjahre abzüglich der letzten sieben Beitragsjahre mit 1.752 Euro multipliziert. Bei 30 Jahren Betriebszugehörigkeit kommt man so auf 40.296 Euro, die mit 20 Prozent pauschal versteuert werden und deren – spätere – Auszahlung samt Zinsen und Zinseszinsen steuerfrei ist.

»Vervielfältigungsregel« für Beträge aus Anlass der Beendigung des Dienstverhältnisses – bei Altverträgen

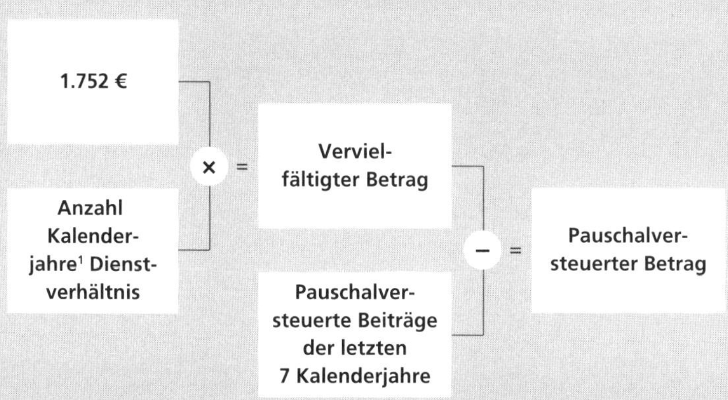

1 Anzahl Kalenderjahre, in denen das Angestelltenverhältnis bestanden hat

Auch wer keinen Altvertrag besitzt, bei dem also eine Direktversicherung ab 2005 abgeschlossen worden ist, kann von der Vervielfältigungsregel profitieren, aber in modifizierter Form. Doch der Reihe nach: Nach neuem Recht besteht für Arbeitnehmer die Möglichkeit, steuerfreie Einzahlungen in eine Pensionskasse, einen Pensionsfonds oder eine Direktversicherung zu leisten. Die Höchstgrenze liegt grundsätzlich bei 4 Prozent der Beitragsbemessungsgrenze der gesetzlichen Rentenversicherung (2014: 71.400 Euro).

Für diejenigen, die keine Direktversicherung nach altem Recht haben, erhöht sich die Grenze um weitere 1.800 Euro. Bei der Vervielfältigungsregel wird die Anzahl der Kalenderjahre des Angestelltenverhältnisses mit 1.800 Euro multipliziert. Dieser Betrag wird um die in den letzten sieben Kalenderjahren eingebrachten gesamten steuerfreien Beträge reduziert. Kalenderjahre vor dem

Jahr 2005 sind dabei nicht zu berücksichtigen. Im Gegensatz zu Altverträgen ist die spätere Auszahlung allerdings steuerpflichtig.

»Vervielfältigungsregel« für Beträge aus Anlass der Beendigung des Dienstverhältnisses – bei Neuverträgen

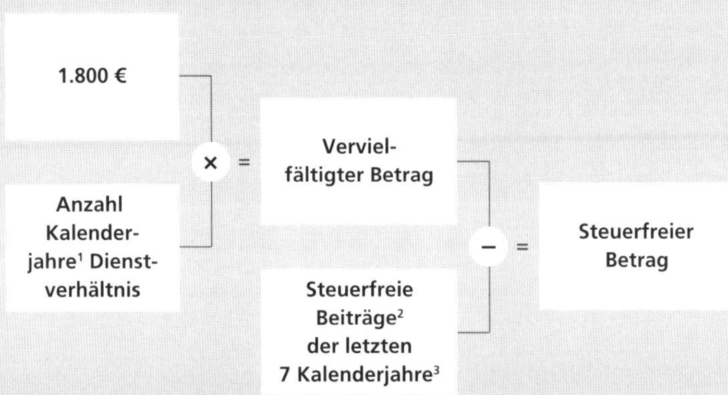

1 Anzahl Kalenderjahre, in denen das Angestelltenverhältnis bestanden hat
2 Steuerfreibeträge im Rahmen der 4 % BBG und des zusätzlichen Freibetrages von 1.800 Euro
3 Kalenderjahre vor 2005 sind dabei nicht zu berücksichtigen

Fazit: Die Vervielfältigungsregel ist insbesondere dann interessant, wenn die Fünftel-Regel nicht genutzt werden kann oder – aufgrund der hohen übrigen Einkünfte – die Abfindung auch trotz Fünftel-Regel einem hohen persönlichen Steuersatz unterliegt.

Verkauf eines Einzelunternehmens/ einer Personengesellschaft

Ermäßigter durchschnittlicher Steuersatz

Bei betrieblichen Veräußerungsgewinnen, also beim Verkauf des eigenen Gewerbebetriebs bzw. der eigenen Personengesellschaft, kann der Steuerpflichtige anstelle der Fünftel-Regelung auch die Besteuerung nach dem ermäßigten durchschnittlichen Steuersatz beantragen.

Dafür müssen allerdings zwei Voraussetzungen erfüllt sein: Der Steuerpflichtige muss mindestens 55 Jahre alt (oder berufsunfähig) sein, und der Veräußerungsgewinn darf 5 Millionen Euro nicht übersteigen. Die Funktionsweise des ermäßigten Steuersatzes, der übrigens nur einmal im Leben in Anspruch genommen werden darf, soll wieder anhand eines Beispiels verdeutlicht werden.

Das ordentlich zu versteuernde Einkommen eines Ehepaares beträgt 50.000 Euro. Außerdem sind im selben Jahr außerordentliche Einkünfte – diesmal aus dem Verkauf einer Praxis – in Höhe von 400.000 Euro angefallen. Die normale Steuerbelastung auf 450.000 Euro würde 182.000 Euro betragen, also eine durchschnittliche Steuerbelastung von 40,4 Prozent. Auf die außerordentlichen Einkünfte wäre nun der ermäßigte durchschnittliche Steuersatz (hier: 22,6 Prozent) anzuwenden. Es gilt daher zu prüfen, ob dieser Satz über dem Eingangssteuersatz von 14,0 Prozent liegt, ansonsten findet letzterer Anwendung. Die auf die außerordentlichen Einkünfte entfallende Steuer liegt also bei 90.500 Euro. Zusammen mit der Steuer von 8.500 Euro auf die ordentlichen Einkünfte ergibt sich eine Gesamtbelastung von 99.000 Euro. Dies bedeutet eine Ersparnis von 83.000 Euro gegenüber der Normalbelastung und von 68.000 Euro im Vergleich zur Fünftel-Regelung.

Ermäßigter durchschnittlicher Steuersatz

Angaben in €, gerundet, Tarif 2014, Splitting-Tabelle, mit Solidaritätszuschlag exkl. Kirchensteuer

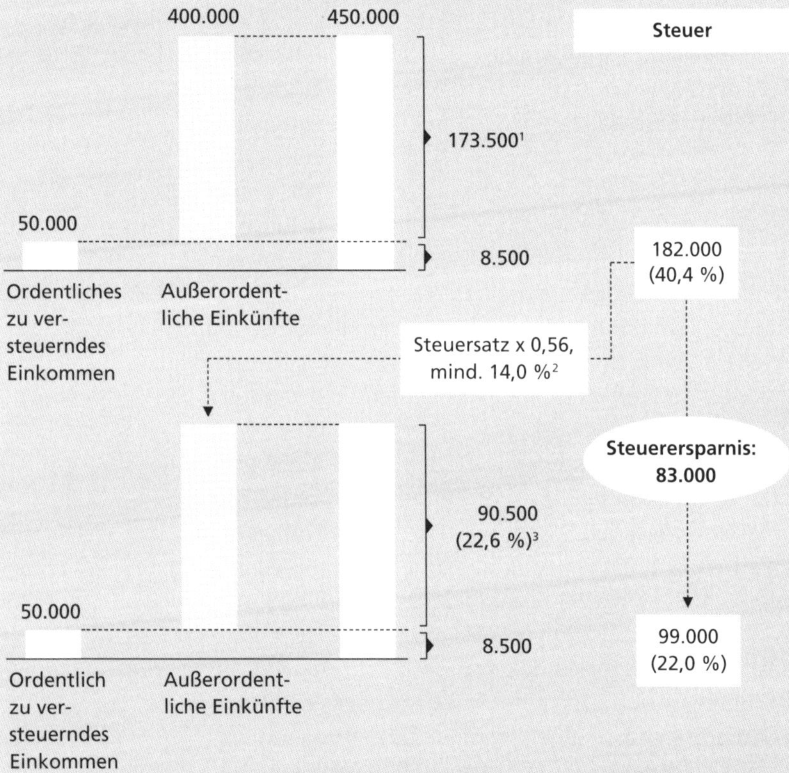

1 Ergibt sich aus 182.000 € (Steuer auf Summe der Einkünfte) minus 8.500 € (Steuer auf ordentlich zu versteuerndes Einkommen)
2 Eingangssteuersatz 2014
3 40,4 % x 0,56 = 22,6 %

Fünftel-Regel oder ermäßigter Steuersatz?

Im dargestellten Beispiel erweist sich die Besteuerung nach dem halben Steuersatz also als deutlich günstiger. Es kann aber auch die Fünftel-Regelung zu einer niedrigeren Steuerbelastung führen. Dies ist dann der Fall, wenn keine ordentlichen Einkünfte im Kalenderjahr anfallen und der Veräußerungsgewinn nach Abzug des Freibetrags unter 355.000 Euro (bei Verheirateten) beträgt. Bei einzeln veranlagten Steuerpflichtigen liegt der »Break-even« bei der Hälfte, also bei 177.500 Euro.

Was ist günstiger: Fünftel-Regelung oder ermäßigter Steuersatz (56 Prozent)?

Betrachtung jeweils ohne sonstiges zu versteuerndes Einkommen; Splitting-Tabelle, inkl. Soli ohne Kirchensteuer

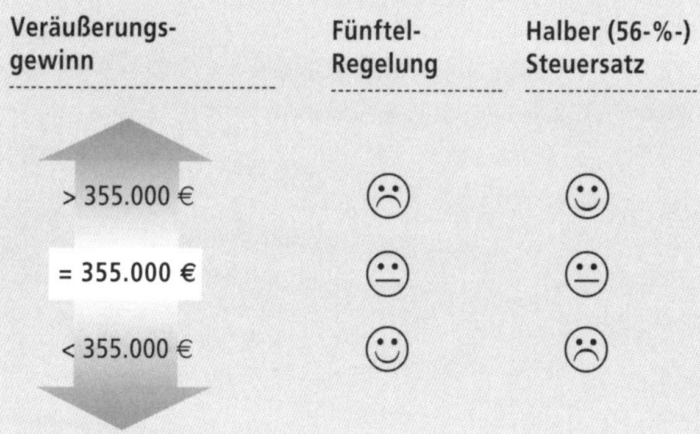

Die Fünftel-Regelung ist immer dann günstiger, wenn sie zu einer Steuerersparnis von über 44 Prozent im Vergleich zur Normalbelastung führt. Ein besonderer Vorteil entsteht bei niedrigen Veräußerungsgewinnen, da die Fünftel-Regelung im Vergleich zum halben Steuersatz keine Mindestbesteuerung kennt. Fällt der Veräußerungsgewinn höher als 355.000 Euro (bzw. 177.500 Euro bei Ledigen) aus, erweist sich der ermäßigte, durchschnittliche Steuersatz als die bessere Variante, da er in diesen Größenordnungen immer zu einer Steuerersparnis von 44 Prozent führt. Der prozentuale Steuerspareffekt der Fünftel-Regelung hingegen nimmt mit steigenden Veräußerungsgewinnen kontinuierlich ab –

bei einer Million Euro beträgt die Ersparnis weniger als 10 Prozentpunkte.

Abschmelzung des Freibetrags

Bei der Veräußerung von Gewerbebetrieben darf unter Umständen ein Freibetrag geltend gemacht werden. Der maximale Betrag von 45.000 Euro greift allerdings nicht immer. Zunächst muss der Steuerpflichtige mindestens 55 Jahre alt oder berufsunfähig sein und darf den Freibetrag noch nicht in Anspruch genommen haben. Weiter gilt das sogenannte Abschmelzungsprinzip – der Freibetrag reduziert sich um den Betrag, um den der Veräußerungsgewinn 136.000 Euro übersteigt.

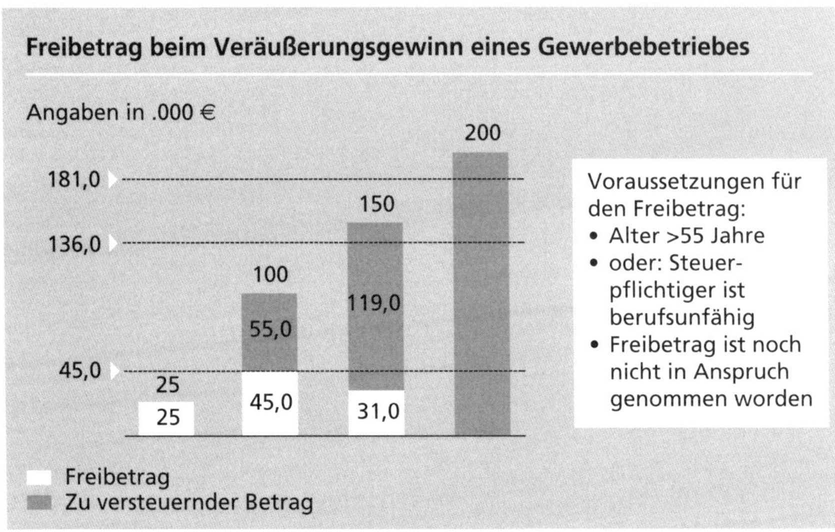

Beträgt der Veräußerungsgewinn 150.000 Euro, also 14.000 Euro über 136.000 Euro, reduziert sich der Freibetrag auf 31.000 Euro (45.000 Euro minus 14.000 Euro). Ab einem Veräußerungsgewinn von 181.000 Euro ist der gesamte Gewinn steuerpflichtig, da der Freibetrag bis auf null abgeschmolzen ist.

Betriebliche Vorsorge – Verrentung oder Einmalzahlung?

Bei Einmalzahlungen aus Pensionszusagen oder Unterstützungskassen ergibt sich ebenfalls die Steuerbelastung aufgrund der Fünftel-Regelung. Ob für den Begünstigten die Auszahlung des angesammelten Guthabens als Einmalzahlung oder in Form einer Rente sinnvoller ist, muss im Einzelfall geprüft werden. Entscheidend sind dabei nicht nur die steuerliche Betrachtungsweise, sondern auch Aspekte wie Flexibilität, Absicherung von Angehörigen, Inflationsausgleich usw.

Verkauf einer wesentlichen Beteiligung

Die Bezeichnung »wesentlich« ist im Lauf der Zeit durch den Gesetzgeber stark relativiert worden. War bis Ende 1998 noch eine Beteiligung an einer Kapitalgesellschaft in Höhe von 25 Prozent erforderlich, um als »wesentlich« zu gelten, wurde diese Grenze ab 1999 auf 10 Prozent und ab 2002 auf 1 Prozent gesenkt.

Der Verkauf einer wesentlichen Beteiligung wird nach dem Teileinkünfteverfahren besteuert: 60 Prozent des Verkaufserlöses sind steuerpflichtig, 40 Prozent bleiben steuerfrei.

Zusätzlich kann bei niedrigeren Veräußerungsgewinnen ein Freibetrag von maximal 9.060 Euro in Abzug gebracht werden. Genau wie bei den betrieblichen Veräußerungsgewinnen gilt auch hier das Abschmelzungsprinzip: Für jeden Euro, den der erzielte Veräußerungsgewinn 36.100 Euro übersteigt, reduziert sich der Freibetrag in gleicher Höhe. Ab einem Veräußerungsgewinn von 45.160 Euro greift also kein Freibetrag mehr.

Steuerprivileg bei Lebensversicherungen

Kapitallebensversicherung

Die Ablaufleistung einer Kapitallebensversicherung ist unter bestimmten Voraussetzungen steuerfrei: Der Vertragsabschluss muss vor dem 1. Januar 2005 erfolgt sein, die Versicherung muss mindestens zwölf Jahre gelaufen und es müssen in mindestens fünf Jahren Beiträge entrichtet worden sein. Außerdem muss der Todesfallschutz mindestens 60 Prozent der Summe der über die gesamte Laufzeit zu entrichtenden Beiträge betragen.

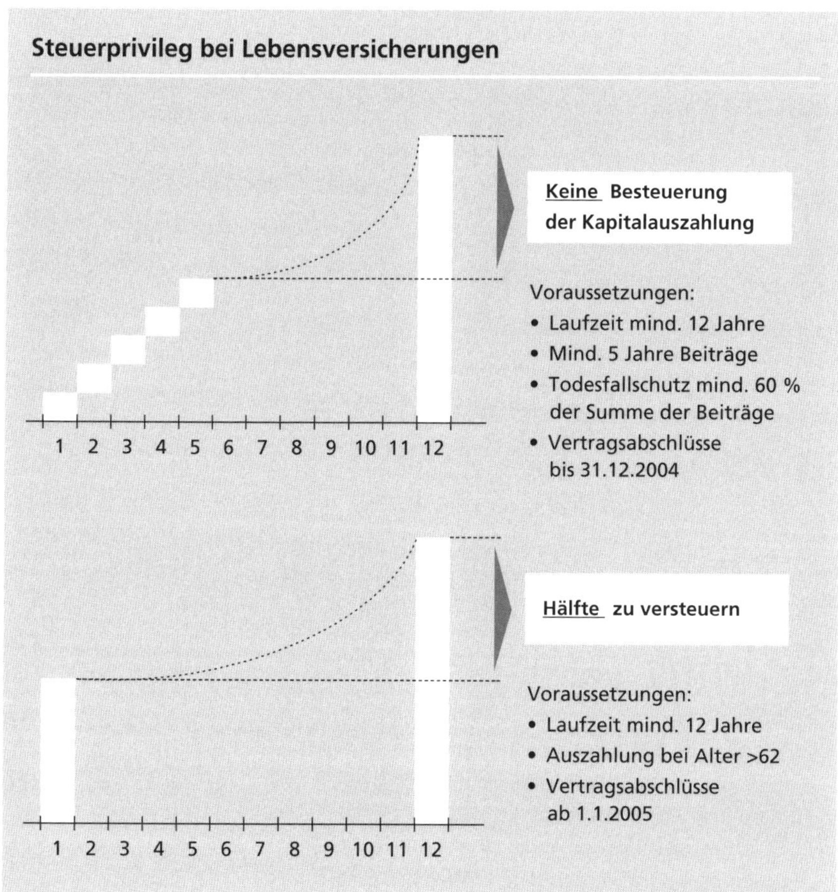

Im Prinzip gelten dieselben Voraussetzungen auch für private Rentenversicherungen mit Kapitalwahlrecht, bei der sich der Versicherte aussuchen kann, ob er sich das angesparte Kapital in Form einer Einmalzahlung oder als laufende Rente auszahlen lässt. Üblicherweise wird bei privaten Rentenversicherungen das Todesfallrisiko nicht mitversichert, was aber nicht steuerschädlich ist.

Für Versicherungsabschlüsse, die nach dem 31. Dezember 2004 erfolgt sind, gelten andere Regeln. Die Differenz zwischen der Einzahlungs- und der Auszahlungssumme unterliegt zur Hälfte der Einkommensteuer im Jahr der Auszahlung. Voraussetzung für diese Behandlung ist, dass die Laufzeit der Versicherung mindestens zwölf Jahre beträgt und die Auszahlung nach Vollendung des 62. Lebensjahres des Versicherungsnehmers erfolgt. Anforderungen an Todesfallschutz oder Beitragsdauer bestehen nicht mehr.

Kapitel 5

Die Kranken- und Pflegeversicherung im Ruhestand: Wie hoch ist die finanzielle Belastung?

Voltaire hat es prophezeit ...

»In der ersten Hälfte unseres Lebens opfern wir unsere Gesundheit, um Geld zu verdienen. In der zweiten Hälfte unseres Lebens opfern wir das Geld, um unsere Gesundheit wiederzuerlangen.« Dies erkannte der französische Philosoph Voltaire bereits vor 250 Jahren.

Rasche Veränderungen

Zugegeben, es ist ungewöhnlich, in einem Finanzratgeber das Thema »Gesundheitswesen« zu behandeln, denn die Wahrscheinlichkeit, dass die Aussagen über das Erscheinungsdatum hinaus noch den tatsächlichen Rahmenbedingungen entsprechen, ist eher gering. Nichtsdestotrotz wollen wir in diesem Kapitel dieses »Risiko« eingehen, da wir von unseren Kunden immer wieder mit diesen Fragen konfrontiert werden. Wir möchten aber ausdrücklich darauf hinweisen, dass die folgenden Ausführungen auf der Gesetzeslage vom Mai 2014 beruhen.

Die Krankenversicherung im Ruhestand

Für Ruheständler existieren grundsätzlich drei verschiedene Arten des Krankenversicherungsschutzes: Die Pflichtversicherung in der Krankenversicherung der Rentner (KVdR), die freiwillige Mitgliedschaft bei einer gesetzlichen Krankenkasse und die private Krankenversicherung. Für den einzelnen Rentner besteht allerdings keine Wahlmöglichkeit. Die meisten sind in der KVdR pflichtversichert. Wer die hierfür notwendigen Voraussetzungen nicht erfüllt, kann sich entweder freiwillig bei einer gesetzlichen Krankenkasse oder – zumindest theoretisch – bei einer privaten Krankenversicherung versichern.

Die »KVdR«

Um versicherungspflichtig in der KVdR zu werden, muss erstens ein gesetzlicher Rentenanspruch (z. B. Deutsche Rentenversicherung, DRV) bestehen und zweitens eine bestimmte Vorversicherungszeit erfüllt sein. Letzteres bedeutet, dass der Rentner seit erstmaliger Aufnahme einer Erwerbstätigkeit bis zum Rentenantrag mindestens neun Zehntel der zweiten Hälfte dieses gesamten Zeitraums Mitglied in einer gesetzlichen Krankenkasse oder familienversichert (und somit nicht privat versichert) war. Wenn jemand beispielsweise 40 Jahre berufstätig war, muss er also zur Aufnahme in die KVdR in den vergangenen 20 Jahren mindestens 18 Jahre gesetzlich krankenversichert gewesen sein.

Durchgeführt wird die Krankenversicherung für Rentner von den gesetzlichen Krankenkassen, wie beispielsweise den Allgemeinen Ortskrankenkassen, den Betriebskrankenkassen oder den Ersatzkassen. Diese prüfen bei Rentenantragstellung auch, ob die erforderliche Vorversicherungszeit vorliegt.

KVdR auch bei der Witwenrente

Auch für die Hinterbliebenenrenten gelten die Vorschriften der KVdR. Für den Eintritt der KVdR-Pflicht ist es ausreichend, wenn *entweder* der Hinterbliebene *oder* der Verstorbene die Vorversicherungszeit erfüllt haben.

Versicherungsbeiträge

Beitragshöhe: DRV-Rente

Für Pflichtversicherte in der KVdR gilt ab 2015 der allgemeine Beitragssatz ihrer Krankenkassen (14,6 Prozent). Von ihrer DRV-Rente wird monatlich der Eigenanteil der Krankenversicherung in Höhe von 7,3 Prozent einbehalten. Den verbleibenden Krankenversicherungsbeitrag (7,3 Prozent) zahlt die Rentenversicherung an die jeweilige Krankenkasse. Den Beitrag für die Pflegeversicherung in Höhe von 2,05 Prozent der Rente (bzw. 2,3 Prozent, sofern der Rentner kinderlos ist) muss der Ruheständler mittlerweile komplett selbst tragen.

Erhält ein Ruheständler beispielsweise eine DRV-Rente in Höhe von 1.500 Euro, so errechnen sich die Krankenkassenbeiträge wie folgt:

Allg. Beitragssatz der Krankenkasse: 14,6 %, maßgeblicher Satz der Pflegeversicherung (PV): 2,05 %.

Monatliche DRV-Rente	1.500 Euro
- Eigenanteil KK (7,3 % von 1.500 Euro)	–110 Euro
- Eigenanteil PV (2,05 % von 1.500 Euro)	–31 Euro
= Auszahlungsbetrag	1.359 Euro

Beitragshöhe: Versorgungsbezüge

Auch Versorgungsbezüge sind beitragspflichtig für die KVdR. Hierzu zählen insbesondere Betriebsrenten, Witwen- oder Waisengeld an Hinterbliebene eines Beamten, Renten aus der Zusatzversorgung des öffentlichen Dienstes (VBL) sowie Renten und Versorgungsbezüge berufsständischer Versorgungswerke (für Apotheker, Ärzte usw.). Seit Januar 2004 ist auf diese Einnahmen statt des halben nun der volle Beitragssatz zu zahlen. In der Regel führen die Zahlstellen der Versorgungsbezüge den Beitrag direkt ab. Hinsichtlich der Pflegeversicherung gelten dieselben Richtlinien wie bei der DRV-Rente.

Beitragshöhe: Einkommen aus unselbstständiger Arbeit

Ebenfalls seit Januar 2004 sind jetzt auch Einmalzahlungen aus der betrieblichen Altersversorgung beitragspflichtig. Klassisches Beispiel hierfür ist die Direktversicherung. Zur Berechnung der auf die Auszahlung entfallenden Kranken- und Pflegeversicherungsbeiträge unterstellt die Krankenkasse 1/120 des Betrags als monatlichen Zahlbetrag. Auf diesen Betrag muss der Empfänger der Kapitalleistung für zehn Jahre jeden Monat den allgemeinen Beitragssatz sowie den Pflegeversicherungssatz zahlen. Beispiel: Bei einer Auszahlung von 72.000 Euro macht das 120 Monatsraten zu 600 Euro. 16,65 Prozent davon sind 100 Euro monatlich. Diese Beitragspflicht läuft zehn Jahre, sodass insgesamt 12.000 Euro zu zahlen sind.

Beitragshöhe: Einkommen aus selbstständiger Arbeit

Neben den Renten und Versorgungsbezügen haben die in der KVdR Pflichtversicherten Beiträge auch von etwaigen Arbeitseinkommen aus selbstständiger Arbeit zu leisten. Auch hier gilt seit Januar 2004 der volle Beitragssatz in der Kranken- und Pflegeversicherung.

Beitragshöhe: Sonstige Einkünfte

Wer in der KVdR pflichtversichert ist, muss auf sonstige Einnahmen wie Zins- oder Mieterträge und private Leibrenten nach aktueller Gesetzeslage keine Beiträge zahlen.

Beitragsbemessungsgrenze (BBG)

Die Beitragsbemessungsgrenze in Höhe von 48.600 Euro pro Jahr, bis zu der Beiträge zur Kranken- und Pflegeversicherung zu leisten sind, gilt selbstverständlich auch für Rentner. Kommen Beiträge aus mehreren Einkommensarten zusammen, gilt eine gesetzlich festgelegte Reihenfolge, nach der zunächst die Beiträge zur DRV-Rente berechnet werden, anschließend die Versorgungsbezüge und danach Arbeitseinkommen aus selbstständiger Tätigkeit. Einen Mindestbeitrag gibt es für die Mitglieder der KVdR nicht.

Freiwillig versicherte Ruheständler

Wer gesetzlich krankenversichert ist, die Voraussetzungen für die Aufnahme in die KVdR aber nicht erfüllt, kann sich bei seiner Krankenkasse freiwillig versichern. Dies betrifft beispielsweise Unternehmer oder Freiberufler, die keine (bzw. bei einer Frühpensionierung noch keine) Rente aus der DRV beziehen.

Auch ein gesetzlich krankenversicherter Rentner, der eigentlich die Voraussetzungen für die KVdR erfüllt, aber nebenbei noch eine *hauptberufliche* selbstständige Tätigkeit ausübt, gilt als freiwillig versicherter Rentner (und nicht als Pflichtmitglied in der KVdR). Eine hauptberufliche selbstständige Tätigkeit wird dann angenommen, wenn diese mindestens 18 Stunden pro Woche ausgeübt wird oder wenn die Einnahmen hieraus die Haupteinnahmequelle zur Bestreitung des Lebensunterhalts darstellen.

Beitragshöhe

Hinsichtlich der Beitragshöhe ist der freiwillig Versicherte im Vergleich zum Pflichtversicherten in der KVdR in doppelter Hinsicht benachteiligt. Erstens: Zur Bemessung der Beiträge werden alle Einnahmen herangezogen. Somit sind auch Mieteinnahmen und Zinsen sowie private Leibrenten voll beitragspflichtig, wobei ebenfalls die Bemessungsgrenze von 48.600 Euro im Jahr greift. Zweitens: Im Gegensatz zu den Pflichtversicherten gibt es eine Mindestbemessung für die Einnahmen in Höhe von 11.060 Euro im Jahr bzw. 23.922 Euro für hauptberuflich selbstständig Tätige. Bei Mieteinnahmen, Zinsen und privaten Leibrenten gilt ein ermäßigter Beitragssatz, der 0,6 Prozentpunkte niedriger ist als der allgemeine Beitragssatz. Bei allen anderen Einnahmen greift der allgemeine Beitragssatz. Im eher seltenen Fall, in dem auch ein freiwillig Versicherter einen Rentenanspruch aus der DRV besitzt, bekommt er vom Rentenversicherungsträger einen Zuschuss von knapp der Hälfte des hierauf entfallenden Krankenkassenbeitrags.

Die folgende Beispielrechnung verdeutlicht den Unterschied zwischen einem pflichtversicherten und einem freiwillig versicherten Ruheständler. Obwohl der pflichtversicherte Rentner insgesamt 15.000 Euro mehr Einnahmen hat, ist sein Beitrag zur Kranken- und Pflegeversicherung um rund 2.000 Euro im Jahr niedriger.

Beispielrechnung zur Beitragshöhe

Krankenkassen- (KK) und Pflegeversicherungsbeiträge (PV) eines gesetzlich versicherten Ruheständlers; allgemeiner Beitragssatz der Krankenkasse: 14,6 %, ermäßigter Beitragssatz: 14,0 %.

Einnahmequelle	Pflichtversichert	Freiwillig versichert
- Gesetzliche Rente	15.000 €	0 €
- Betriebliche Rente	20.000 €	20.000 €
- Mieteinnahmen	12.000 €	12.000 €
- Zinseinnahmen	10.000 €	10.000 €
Einnahmen gesamt	**57.000 €**	**42.000 €**
- Gesetzliche Rente	15.000 €	0 €
- Betriebliche Rente	20.000 €	20.000 €
- Mieteinnahmen	–	12.000 €
- Zinseinnahmen	–	10.000 €
Einnahmen relevant[1]	**35.000 €**	**42.000 €**
Beitragssatz (gesetzl. Rente)	7,3 %	7,3 %
Beitragssatz (betriebl. Rente)	14,6 %	14,6 %
Beitragssatz (Mieten, Zinsen)	–	14,0 %
Eigenbeitrag KV p. a.	**4.015 €**	**6.000 €**
Beitragssatz (mit Kindern)	2,05 %	2,05 %
Eigenbeitrag PV p. a.	**718 €**	**861 €**
Eigenbeitrag gesamt	**4.733 €**	**6.861 €**

1 Maximal 48.600 €, Beitragsbemessungsgrenze für das Jahr 2014

Diese Differenz kann bis zu 7.000 Euro betragen. Dies wäre der Fall, wenn der Pflichtversicherte nur eine geringe DRV-Rente erhält, keinen Anspruch auf eine Betriebsrente hat und in beliebiger Höhe Zins- und Mieterträge vereinnahmt. Er muss dann praktisch keine Beiträge zur Kranken- und Pflegeversicherung leisten, auch wenn er über ein beträchtliches Vermögen verfügt. Hier machen sich die in früheren Jahren gezahlten Rentenversicherungsbeiträge unter dem Strich bezahlt, auch wenn dieses Verfahren vor dem Hintergrund des Solidarprinzips etwas fragwürdig erscheint.

Familienversicherung

Viele nicht mehr erwerbstätige Ehepartner sind familienversichert, verfügen aber aus einer früheren beruflichen Tätigkeit über einen geringfügigen Rentenanspruch. Mit Auszahlung der Rente stellt sich nun die Frage, ob sie weiter familienversichert bleiben können oder ab diesem Zeitpunkt eigene Beiträge zur Kranken- und Pflegeversicherung zu leisten haben. Sie bleiben familienversichert, wenn ihr jährliches Gesamteinkommen 4.740 Euro (bzw. 5.400 Euro für geringfügig Beschäftigte) nicht überschreitet. Zum Gesamteinkommen zählen unter anderem Einnahmen aus einer Beschäftigung oder selbstständigen Tätigkeit, Renten, Vermietung und Verpachtung bzw. aus Kapitalvermögen. Werbungskosten, Absetzungen für Abnutzung (AfA), der Sparerpauschbetrag sowie der Anteil eines Rentenanspruchs, der auf Kindererziehungszeiten basiert, sind in Abzug zu bringen.

Übersteigt das Gesamteinkommen durch die einsetzende Rentenzahlung die genannte Freigrenze, ist im nächsten Schritt zu prüfen, ob der Betroffene die Vorversicherungszeit erfüllt und damit Pflichtmitglied in der KVdR wird oder ob er sich freiwillig versichern muss (mit den aufgezeigten Konsequenzen hinsichtlich der Beitragshöhe).

Freiwillig, pflicht- oder familienversichert?

Aufgrund der besonderen Regelungen zur Familienversicherung sind bei geplanten Vermögensübergängen an den Ehepartner (aus Gründen der Erbschaftsteuerersparnis) auch die Konsequenzen bei den Kranken- und Pflegeversicherungsbeiträgen zu hinterfragen.

Beispielsweise kann die Überschreibung einer Mietwohnung mit 6.000 Euro Mieteinnahmen an die – bisher familienversicherte Ehefrau – zu einer Erhöhung der Beiträge um 1.775 Euro im Jahr führen. Der Betrag ergibt sich aus 16,05 Prozent auf die Mindestbemessung für freiwillig Versicherte von 11.060 Euro, davon 14,0 Prozent ermäßigter Satz auf Mieteinnahmen plus 2,05 Prozent Pflegeversicherung. Dies entspricht rund 30 Prozent (!) der Einnahmen. Ist der Ehepartner zum Zeitpunkt des Vermögensübergangs Pflichtmitglied in der KVdR, erhöhen sich dessen Beiträge hingegen nicht (da Mieteinnahmen dann nicht zur Beitragsbemessung herangezogen werden).

Beispielfälle

Anhand von einigen Beispielen soll im Folgenden noch einmal veranschaulicht werden, wann ein Ruheständler als pflichtversichert oder als freiwillig versichert gilt und in welchen Fällen eine Familienversicherung bestehen bleibt.

Fall 1:

Ein gesetzlich krankenversicherter Unternehmer verkauft mit Alter 55 seinen Betrieb, hat aber erst mit Alter 65 einen Anspruch auf eine DRV-Rente. Konsequenz: Er gilt bis Alter 65 als freiwillig versichert in der gesetzlichen Krankenkasse und wird ab Alter 65 Pflichtmitglied in der KVdR.

Fall 2:

Wie Fall 1, aber ohne Rentenanspruch aus DRV. Konsequenz: Er gilt auch über das Alter 65 hinaus als freiwillig versichertes Mitglied in seiner Krankenkasse und wird somit nicht Mitglied in der KVdR.

Fall 3:

Ein Rentner, der gesetzlich krankenversichert ist, bezieht bereits eine DRV-Rente und ist daneben noch hauptberuflich selbstständig tätig. Konsequenz: Die Mitgliedschaft in der KVdR tritt erst dann ein, wenn die selbstständige Erwerbstätigkeit aufgegeben wird.

Fall 4:

Ein Ehegatte, der über keine Einkünfte verfügt und bisher familienversichert war, bezieht jetzt eine DRV-Rente in Höhe von monatlich 700 Euro. Da die Einnahmengrenze für die Familienversicherung überschritten ist, wird der Ehegatte neu Pflichtmitglied in der KVdR.

Privat versicherte Ruheständler

Für privat Versicherte bringt der Eintritt in den Ruhestand grundsätzlich keine Veränderungen der Beiträge zur Kranken- und Pflegeversicherung mit sich. Da die Versicherung des Krankentagegeldes entfällt (und ab einem Alter von 61 Jahren die vorgeschriebene, im Beitrag enthaltene zusätzliche Altersrückstellung nicht mehr einbehalten wird), reduziert sich der Beitrag zunächst sogar leicht.

Obligatorische Sparrücklagen

Nach Berechnungen des Verbands der privaten Krankenversicherungen fällt bei einem 78-jährigen Mann das Zehnfache (!) an Kosten im Vergleich zu einem 38-Jährigen an. Bedenkt man, dass die Beiträge bei der privaten Krankenversicherung eigentlich verursachergerecht kalkuliert werden, würde dies drastische Beitragserhöhungen der Versicherten im Alter nach sich ziehen.

Die Versicherungsgesellschaften versuchen, diese Entwicklung zu entschärfen, indem sie bei jüngeren Versicherten höhere Beiträge ansetzen, als eigentlich erforderlich wäre. Dadurch werden Rückstellungen gebildet, die zur Finanzierung der exponentiell steigenden Kosten im Alter dienen. Seit Anfang des Jahres 2000 sind diese Altersrückstellungen auch gesetzlich vorgeschrieben. Bis zum 61. Lebensjahr zahlen die Versicherten zusätzlich 10 Prozent ihres Beitrags als Sparrücklage ein. Das ist auch der Grund, warum es für einen gesetzlich Versicherten keinen Sinn mehr ergibt, sich im fortgeschrittenen Alter für eine private Krankenversicherung zu entscheiden. Da er nicht auf Sparrücklagen aus jüngeren Jahren zurückgreifen kann, sind die Beiträge für ihn praktisch nicht bezahlbar.

Private Krankenversicherung: Beiträge und Kosten

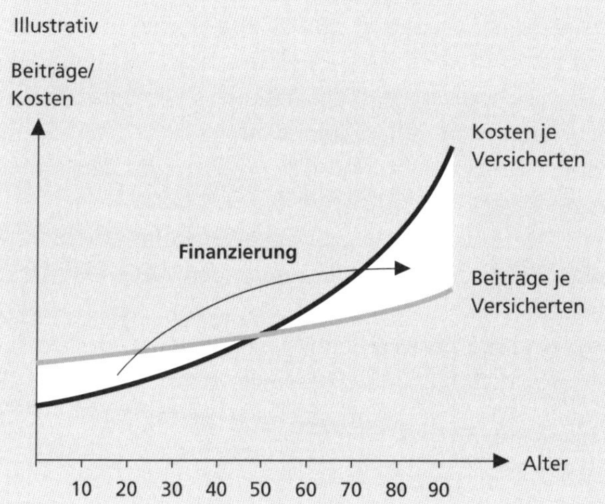

Einmal privat, immer privat

Eine gute Möglichkeit, der steigenden Beitragsbelastung einer privaten Krankenversicherung im Alter zu entgehen, wäre eher der umgekehrte Weg, nämlich zurück in die gesetzliche Versicherung. Denn hier zahlt der Ruheständler, der in die KVdR aufgenommen wird, deutlich weniger Krankenkassenbeiträge als im Erwerbsleben. Ein solcher Wechsel würde allerdings zulasten der Solidargemeinschaft gehen. Daher ist für Personen, die älter als 55 Jahre alt sind, die Rückkehr in die gesetzliche Krankenkasse grundsätzlich ausgeschlossen. Im Übrigen ist auch für jüngere Menschen der Wechsel von der privaten in die gesetzliche Kasse nur in Einzelfällen möglich. Der Abschluss einer privaten Krankenversicherung will also wohl überlegt sein.

Möglichkeiten der Beitragsreduzierung

Der privat versicherte Rentner hat grundsätzlich zwei Möglichkeiten, seine Beiträge zur Krankenversicherung zu reduzieren. Er kann einerseits individuell Änderungen im Versicherungsschutz vornehmen, etwa durch die Vereinbarung eines höheren Selbstbehalts oder das Abspecken der Leistungen. Andererseits kann er innerhalb seiner Versicherung in einen sogenannten Basistarif wechseln. Dieser bietet ein ähnliches Leistungsspektrum wie die gesetzliche Versicherung. Die Beiträge hierfür dürfen nicht höher sein als der Maximalbeitrag für gesetzlich Versicherte (rund 7.096 Euro pro Jahr).

Bei einem solchen Wechsel sollte der Ruheständler aber Folgendes bedenken: Je älter man wird, desto eher muss medizinische Versorgung in Anspruch genommen werden. Und die Lebensqualität wird dann von der Versorgungsqualität bestimmt. Insofern ist ein Abspecken der Krankenversicherung möglicherweise der falsche Weg, um das Ausgabenbudget zu reduzieren.

Hohe Kostensteigerung

Die Kosten im Gesundheitswesen steigen etwa zwei- bis dreimal so schnell wie die allgemeinen Lebenshaltungskosten. Grund dafür ist natürlich der medizinische Fortschritt in Form von neuen diagnostischen Verfahren (z. B. Kernspintomografie) und Behandlungsmethoden, was uns allen zugutekommt. Leider verursachen zu hohe Verwaltungskosten und eine teilweise ineffiziente Organisation des Gesundheitswesens zusätzlich unnötige Kosten.

Zudem lassen der demografische Wandel die – ausbildungsbedingt spätere Aufnahme eines sozialversicherungspflichtigen Berufs bei gleichzeitig steigender Lebenserwartung und damit längeren Rentenbezugszeiten – sowie der sich abzeichnende Fachkräftemangel im Gesundheitssystem weiteren Kostendruck erwarten.

Vorsicht bei der eigenen Finanzplanung

Unabhängig davon, ob gesetzlich oder privat krankenversichert: Auch der Ruheständler wird seinen Anteil an steigenden Gesundheitskosten tragen müssen. Insofern sollte dieser Posten bei der eigenen Finanzplanung sehr konservativ kalkuliert werden. Privat Versicherten empfehlen wir, von einer jährlichen Steigerung der Beiträge von mindestens 5 Prozent auszugehen. Gesetzlich Versicherte sollten zusätzlich einen Reserveposten einplanen für Behandlungskosten, die von der Krankenkasse nicht (vollständig) übernommen werden. Als Größenordnung erachten wir rund 3.000 Euro pro Jahr als sinnvoll.

Pflegeversicherung

Aus unserer Erfahrung bei der Beratung von Ruheständlern wissen wir, dass die Angst vor Pflegebedürftigkeit viele Menschen sehr stark beschäftigt. Zweierlei Befürchtungen kommen hier auf: Einerseits den Alltag nicht mehr allein meistern zu können, andererseits die mit der Pflege einhergehenden Kosten nicht mehr tragen zu können – und damit zum Sozialfall zu werden bzw. den eigenen Kindern auf der Tasche zu liegen.

Zahlen und Fakten der sozialen Pflegeversicherung (ohne PKV)

- 2,5 Mio. Pflegebedürftige bei 69,5 Mio. Versicherten (entspricht 3,6%)
- davon werden 70% ambulant bzw. daheim und 30% in Pflegeeinrichtungen betreut
- 12.400 Pflegeeinrichtungen in Deutschland (inkl. teilstationärer Pflege) mit 661.000 Beschäftigten
- 65% der Pflegebedürftigen sind zwischen 70 und 90 Jahre alt, rund 50% sind älter als 80 Jahre
- rund 60% der Pflegebedürftigen sind Frauen, 35% Männer
- Durchschnittliche Verweildauer im Pflegeheimen ab Alter 65: 2 Jahre
- Durchschnittliche Verweildauer in Wohn-/Altenheimen ab Alter 65: 6 Jahre
- Pflegebedürftige in: Pflegestufe I: 56% Pflegestufe II: 32% Pflegestufe III: 12%
- Leistungsausgaben: Ambulant: 10,4 Mrd. Euro, Stationär: 10,5 Mrd. Euro
- Erwartete Entwicklung der Zahl der Pflegebedürftigen:
  2020 - 2,78 Mio.
  2030 - 3,20 Mio.
  2040 - 3,61 Mio.
  2050 - 4,21 Mio.

(Quelle: Bundesministerium für Gesundheit, per 31.12.2012)

Risiko der Pflegebedürftigkeit

Vor dem 65. Lebensjahr ist das Risiko der Pflegebedürftigkeit noch relativ gering. Nach Berechnungen des Statistischen Bundesamtes nimmt es dann aber stark zu, wobei es bei Frauen deutlich höher als bei Männern ist. Drei von zehn Männern, die das 85. Lebensjahr erreicht haben, werden zum Pflegefall; bei den gleichaltrigen Frauen sind es vier von zehn.

Pflegefallrisiko

Alter	Männer	Frauen
65–69	3,0 %	2,7 %
70–74	4,9 %	4,7 %
75–79	8,9 %	10,5 %
80–84	16,6 %	22,9 %
85–89	28,6 %	41,9 %
90–94	36,9 %	65,2 %

Quelle: Statistisches Bundesamt 2011

Die soziale Pflegeversicherung

Im Jahr 1995 wurde die soziale Pflegeversicherung eingeführt. Jeder, der gesetzlich krankenversichert ist, ist automatisch in der sozialen Pflegeversicherung versichert, und jeder privat Krankenversicherte muss eine private Pflegeversicherung abschließen. Die Ausgaben der sozialen Pflegeversicherung werden durch Beiträge finanziert, die Arbeitnehmer und Arbeitgeber je zur Hälfte entrichten. Rentner müssen den Beitrag allerdings vollständig selbst zahlen.

Der Beitragssatz beträgt für gesetzlich Versicherte 2,05 Prozent. Für Versicherte, die keine Kinder haben oder hatten, wird ein Beitragszuschlag in Höhe von 0,25 Prozent erhoben. Der Beitrag bemisst sich anhand der beitragspflichtigen Bruttoeinnahmen, maximal berechnet von der genannten Beitragsbemessungsgrenze (analog der gesetzlichen Krankenversicherung). Für privat Versicherte ist die Beitragshöhe abhängig vom Eintrittsalter. Der zu zahlende Betrag darf allerdings nicht höher sein als der Höchstbeitrag für gesetzlich Versicherte.

Oberstes Ziel der sozialen Pflegeversicherung ist es, den pflegebedürftigen Menschen weitestgehend ein selbstbestimmtes Leben zu ermöglichen. Allerdings deckt die soziale Pflegeversicherung häufig nicht alle Kosten der Pflege ab; den Rest muss der Pflegebedürftige selbst oder seine Familie tragen. Sie wird deshalb auch als »Teilkasko-Versicherung« oder Kernsicherungssystem bezeichnet.

Als die Pflegeversicherung eingeführt wurde, musste entschieden werden, wer in welchem Umfang Leistungen bekommen kann. Bei der Einstufung wird ein deutlicher Schwerpunkt auf den Bereich der Grundpflege gelegt. Es wird berücksichtigt, welche Hilfen nötig sind, um Körperpflege, Kleiden, Toilettengänge, Nahrungsaufnahme und die dazu nötigen Wege zu bewältigen. Hilfen bei der Freizeitgestaltung, allgemeine Beaufsichtigung und Betreuung, aber auch ärztlich verordnete Maßnahmen der häuslichen Krankenpflege spielen bei der Einstufung kaum eine Rolle.

Leistungen nach Pflegestufen

Wann und wie viel Leistungen ein Pflegebedürftiger aus der Versicherung bekommt, hängt von Grad und Dauer der Hilfebedürftigkeit ab. Hierzu wurden vier Pflegestufen definiert: von eingeschränkter Alltagskompetenz, insbesondere Demenz (Pflegestufe 0) bis zur Schwerstpflegebedürftigkeit (Pflegestufe III). Die folgende Grafik gibt einen Überblick über die jeweiligen Pflegestufen und Leistungen.

Pflegestufen

Pflegestufe 0
Bescheinigung einer „eingeschränkten Alltagskompetenz", insbesondere Demenz

Pflegestufe I
Die *erhebliche Pflegebedürftigkeit* beginnt, wenn täglich durchschnittlich mindestens 90 Minuten lang Hilfe geleistet werden muss **und** davon mindestens 46 Minuten auf mindestens zwei Verrichtungen der Grundpflege entfallen.

Pflegestufe II
Die *Schwerpflegebedürftigkeit* beginnt, wenn täglich durchschnittlich mindestens drei Stunden lang Hilfe geleistet werden muss **und** davon mindestens zwei Stunden auf die Grundpflege entfallen. Die grundpflegerische Hilfe muss täglich zu mindestens drei verschiedenen Zeiten nötig sein. Es muss mehrmals in der Woche hauswirtschaftliche Hilfe notwendig sein.

Pflegestufe III
Die *Schwerstpflegebedürftigkeit* beginnt, wenn täglich durchschnittlich mindestens fünf Stunden lang Hilfe geleistet werden muss **und** davon mindestens vier Stunden auf die Grundpflege entfallen **und** der konkrete Hilfebedarf jederzeit, auch nachts, gegeben ist (rund um die Uhr). Die schlichte Verlagerung von Pflegemaßnahmen in die Nachtstunden (22 Uhr - 6 Uhr) reicht nicht.

Bar- und Sachleistungen, maximal 1.550 Euro monatlich

Die Leistungen der Pflegeversicherung werden in zwei verschiedenen Formen erbracht: Entweder als Barleistung (Pflegegeld) oder als Sachleistung. Barleistungen werden an den Pflegebedürftigen ausgezahlt und dienen der selbstständigen Versorgung mit der erforderlichen Pflege. Sachleistungen sind Höchstbeträge, für die ein zugelassener Pflegedienst beschäftigt werden kann. Hier sind die Leistungen wesentlich höher als bei Barleistungen. Beide Leistungsformen können beliebig kombiniert werden. Insgesamt wird aber nicht mehr als die maximale Sachleistung ausbezahlt, sodass höchstens 1.550 Euro pro Monat zur Verfügung stehen.

Leistungen nach Pflegestufe

in der sozialen Pflegeversicherung; Stand 2014

Art der Pflegeleistung	Pflegestufe 0 (monatlich)	Pflegestufe I (monatlich)	Pflegestufe II (monatlich)	Pflegestufe III (monatlich)
	Erheblicher allg. Betreuungsbedarf	Erheblich Pflegebedürftige	Schwerpflegebedürftige	Schwerstpflegebedürftige
Häusliche Pflege körperliche Bedürftigkeit				
• Pflegegeld[2]	-	235	440	700
• Pflegesachleistung[3]	-	450	1.100	1.550[1]
Häusliche Pflege erheblicher allg. Bedarf				
• Pflegegeld[2]	120	305	525	700
• Pflegesachleistung[3]	225	665	1.250	1.550[1]
Pflege in vollstationären Einrichtungen				
• Pflegeaufwendungen pauschal	-	1.023	1.279	1.550

Erläuterungen:

1 In Härtefällen: 1.918 €

2 Pflegegeld
Übernehmen Angehörige, Nachbarn oder Freunde die Pflege, wird ein Pflegegeld an den Pflegebedürftigen gezahlt. Diesem steht es frei, das Pflegegeld an die Pflegeperson weiterzugeben.

3 Pflegesachleistung
Wenn die tägliche Pflege nicht von freiwilligen Helfern aus dem Familien- oder Bekanntenkreis geleistet werden kann bzw. wenn diese Pflegepersonen entlastet werden sollen, können Sachleistungen beantragt werden. Die Pflegekasse zahlt dann den Einsatz professioneller Pflegedienste. Der Pflegebedürftige kann diese Einsätze flexibel nach seinen Bedürfnissen abrufen.

Wer stellt die Pflegebedürftigkeit fest?

Bevor die Pflegekasse Pflegeleistungen erbringt, muss der Versicherte einen Antrag auf Pflegeleistungen stellen. Der Antrag ist an die Krankenkasse zu richten, bei der der Versicherte krankenversichert ist. Durch den Medizinischen Dienst der Krankenkassen wird festgestellt, ob und in welcher Höhe Pflegeleistungen gezahlt werden. Die Pflegekasse stellt durch Bescheid die Pflegebedürftigkeit fest, dabei erfolgt die Einordnung in eine der vier Pflegestufen.

Kosten der Pflegebedürftigkeit

Die Kosten für Unterbringung im Pflegeheim und vollstationäre Pflege in der höchsten Pflegestufe liegen im Bundesdurchschnitt bei knapp 3.500 Euro pro Monat.

Pflegekosten und Lücken nach gesetzlicher Leistung

Alle Angaben in Euro pro Monat

Pflegestufe	geschätzte reine Pflegekosten	Unterkunft & Verpflegung	Gesamtkosten	Leistungen 2014 Pflegeversicherung	Verbleibender Eigenanteil (gerundet)
Häusliche Pflege durch Pflegekräfte					
Stufe I	1.500	650	2.150	450	1.700
Stufe II	2.500	650	3.150	1.100	2.100
Stufe III	3.500	650	4.150	1.550	2.600
Pflege in vollstationären Einrichtungen					
Stufe I	1.850	650	2.500	1.023	1.500
Stufe II	2.250	650	2.900	1.279	1.600
Stufe III	3.750	650	3.400	1.550	1.850
Betreutes Wohnen ohne Pflegeleistung					
kein Pflegebedarf	3.500	0	3.500	0	3.500
Betreutes Wohnen mit Pflegeleistung					
Pflegestufe I	4.500	0	4.500	450	4.100

Die größten Lücken im Pflegefall entstehen insbesondere bei häuslicher Pflege ab Pflegestufe II sowie beim betreuten Wohnen. In vollstationären Einrichtungen steigen die Kosten bzw. die Lücken überproportional ab Pflegestufe III an. Die Lücken bzw. der Eigenanteil muss aus laufenden Einkünften (Renten, Mieten etc.) geschultert werden. Reichen diese nicht aus, so muss auf das Vermögen zu gegriffen werden.

Quelle: Recherchen Zeitschrift Finanztest 05/2013, teils Schätzung VZ

Wer in Ballungsgebieten lebt und einen gehobenen Standard wünscht, muss mit über 5.000 Euro rechnen. Die durchschnittliche Pflegedauer in der Pflegestufe III beträgt 53 Monate, sodass sich insgesamt die Kosten zwischen 185.000 Euro und 270.000 Euro (gerundet) belaufen können.

Davon trägt die soziale Pflegeversicherung rund 82.000 Euro (53 Monate mal 1.550 Euro). Der Rest muss aus Renteneinnahmen und/oder dem bestehenden Vermögen finanziert werden. Nicht vergessen werden darf dabei, dass neben den Pflegekosten häufig auch die eigenen Haushaltsführungskosten noch zusätzlich anfallen – wenn der andere Ehepartner gesund ist und weiter in den eigenen vier Wänden wohnen bleibt. Werden beide Ehepartner zur selben Zeit pflegebedürftig, verdoppeln sich die Kosten für die Pflege nahezu, die Kosten der eigenen Haushaltsführung fallen dann jedoch weg.

Viele Sozialfälle

24 Prozent der voll stationär gepflegten Menschen sind sozialhilfeabhängig. Das Sozialamt springt ein, wenn das eigene Vermögen aufgebraucht ist, prüft aber, ob Familienangehörige zur Pflegefinanzierung herangezogen werden können.

Müssen Kinder für Ihre Eltern zahlen?

Das Gesetz (§ 1618a BGB) sieht folgendes vor: »Eltern und Kinder sind einander Beistand und Rücksicht schuldig«. Das gilt laut einem aktuellen Urteil des Bundesgerichtshofes von 02/2014 auch, wenn der Kontakt zwischen den Eltern und Kindern abgebrochen ist. Im verhandelten Fall hatte ein zuletzt pflegebedürftiger Vater im Jahre 1972 den Kontakt zu seinem damals 18-jährigen Sohn abgebrochen und in seinem Testament bestimmt, dass er nur den strengsten Pflichtteil erben solle. Laut richterlichem Urteil schulden Eltern ihren Kindern nur bis zur Volljährigkeit besonders intensive elterliche Fürsorge. Danach dürften die Eltern das familiäre Band zu ihren Kindern aber aufkündigen – und zwar ohne den Anspruch auf Unterhalt im Alter zu verlieren.

Allerdings gilt für Kinder folgender Grundsatz: Niemand, der auf Elternunterhalt in Anspruch genommen wird, soll massive Einschränkungen in seinem eigenen Lebensstandard erfahren müssen – und auch dessen Ehepartner und Kinder nicht.

Wie viel muss ein Kind konkret zahlen?

- Alle Einnahmen zählen. Als Einkommen gilt auch mietfreies Wohnen, Wohnvorteil 450 Euro.
- Selbstbehalt für Alleinstehende von 1.600 Euro monatlich bleibt unangetastet (Eheleute 2.880 Euro).
- 5% des Bruttoeinkommens darf für die eigene Altersvorsorge verwendet werden.
- Ratenzahlung für Kredite, die vor der Pflegebedürftigkeit aufgenommen wurden, dürfen abgezogen werden.
- Vom verbleibenden Einkommen müssen 50% für den Elternunterhalt eingesetzt werden.

(Beispiel: Verdienst von 2.000 Euro netto, Beitrag Riester 100 Euro, Kreditrate 100 Euro → Höhe des maximalen Unterhaltes: 100 Euro [(2.000-100-100-1.600)/2])

Welches Vermögen verschont bleibt:

- Notgroschen von mindestens 10.000 Euro
- Selbstbewohnte Immobilie
- Altersvorsorgevermögen i.H.v. 5% des aktuellen Bruttolohns für alle Monate seit Berufsbeginn zzgl. Verzinsung von 4%.

(Beispiel: 50-jähriger Angestellter arbeitet seit dem dreißigsten Lebensjahr und verdient 3.000 Euro brutto. Rechnerisches Altersvorsorgevermögen liegt bei rund 54.000 Euro).

→ Alle übrigen Vermögenswerte müssen für den Elternunterhalt eingesetzt werden.

Gibt es Ausnahmen von der Pflicht zum Elternunterhalt?

Ja. Beispielsweise wenn ein Elternteil seine eigene Unterhaltspflicht »gröblich vernachlässigt« hat oder wenn es »sich vorsätzlich einer schweren Verfehlung gegen den Unterhaltspflichtigen oder einen nahen Angehörigen des Unterhaltspflichtigen schuldig gemacht« hat. Gemeint sind damit beispielsweise Misshandlungen oder versuchter Mord. In solchen Fällen kann die Pflicht zur Unterhaltszahlung an die Eltern eingeschränkt werden oder komplett wegfallen.

Private Pflegezusatzversicherungen

Wer genau das vermeiden will, kann über eine private Pflegezusatzversicherung nachdenken. Dabei ist zwischen der Pflegetagegeld-, der Pflegekosten- sowie der Pflegerentenversicherung zu unterscheiden.

Pflegetagegeldversicherung

Die Pflegetagegeldversicherung ist die gängigste Pflegezusatzversicherung. Hier wird gegen Nachweis der Pflegebedürftigkeit ein vereinbarter fester Geldbetrag für jeden Pflegetag gezahlt, zum Beispiel 100 Euro. Vorab sollte eine mögliche Lücke im Pflegefall, je nach Präferenz (Pflege daheim oder im Pflegeheim, Qualität der Pflege) und persönlicher Einkommens- und Vermögenssituation, bestimmt werden. Diese Lücke lässt sich dann durch 30 teilen, sodass der benötigte Tagesgeldsatz erreicht wird. Nicht selten findet man bei Tagegeldtarifen eine prozentuale Leistungsabstufung. Beispielsweise werden 100 Prozent des versicherten Tagessatzes bei Einstufung in die Pflegestufe III, 70 Prozent bei Pflegestufe II und 30 Prozent bei Pflegestufe I ausgezahlt. Da Pflegeleistungen immer teurer werden, sollten die Leistungen mindestens mit der Inflationsrate steigen. Der Verzicht auf eine Wartezeit in den Pflegepolicen wäre wünschenswert, sollte drei Jahre aber nicht übersteigen. Der große Vorteil der Pflegetagegeldversicherung liegt in der freien Verfügbarkeit der zufließenden Gelder. Denn das Tagegeld wird unabhängig von den tatsächlichen Kosten bei der Pflege überwiesen. Nachteil ist die notwendige Gesundheitsprüfung, die allerdings weniger restriktiv als bei einer Berufsunfähigkeitsversicherung ist. Zudem sollte bei der Wahl des Anbieters darauf geachtet werden, dass der Beitrag zur Police im Pflegefall nicht weiter erhoben wird.

Pflegekostenversicherung

Die Pflegekostenversicherung erstattet diejenigen Pflegekosten, die nach Abzug der Vorleistung aus der sozialen Pflegeversicherung verbleiben. Dabei ist zwischen Tarifen zu unterscheiden, die die Restkosten ganz oder teilweise übernehmen (z. B. zu 80 Prozent). In jedem Fall ist ein Nachweis der Ausgaben erforderlich. Der Vorteil der Pflegekostenversicherung besteht darin, dass durch die Art der Bemessung grundsätzlich auch stark steigende Pflegekosten abgedeckt sind.

Pflegerentenversicherung

Bei der Pflegerentenversicherung zahlt die Versicherung bei Pflegebedürftigkeit je nach Umfang der nötigen Hilfe eine monatliche Rente aus. Diese Versicherungsart kennt viele Vertragsvarianten. Bei manchen Angeboten wird der Sparvorgang – wie bei einer klassischen Rentenversicherung – mit dem Versicherungsschutz vermischt, was eher kritisch zu sehen ist (Intransparenz). Im Vergleich zu Pflegetagegeld- und Pflegekostenversicherung sind die Beiträge hier höher. Doch dafür werden die Versicherten beitragsfrei gestellt, wenn der Pflegefall eintritt. Auch die Anforderungen an Alter und Gesundheit, um die Versicherung überhaupt abschließen zu können, sind im Vergleich zu den anderen Policen geringer.

Geförderte vs. ungeförderte Pflegeversicherung

Da die gesetzliche Pflichtversicherung nicht alle Kosten abdeckt, wurde Anfang 2013 die nach dem Gesundheitsminister Bahr benannte staatliche Förderung für die Pflegeversicherung eingeführt – der »Pflege-Bahr«. Seitdem zahlt der Staat fünf Euro im Monat für alle, die eine private Pflegeversicherung abschließen, sofern sie den gesetzlichen Vorgaben genügt. Die Verbraucherschützer von Stiftung Warentest (April 2013) belegen allerdings, dass die Policen kaum ausreichen, um den Geldbedarf im Pflegefall zu decken und dass die Vertragsbedingungen der geförderten Versicherungen oft schlechter sind als die der ungeförderten Tarife. So ist die geförderte Pflegeversicherung allenfalls eine »Alternative für junge Leute mit einer schweren Krankheit oder für Menschen, die wegen ihres hohen Alters oder einer Erkrankung keinen anderen Vertrag mehr bekommen«. Das klare Fazit: »Allen anderen ist davon abzuraten.«

Fazit und Empfehlung

Welche Zusatzversicherung sich am besten eignet, hängt sehr stark vom Einzelfall ab. Insbesondere auch aufgrund der – je nach Versicherer – sehr unterschiedlichen Vertragsbedingungen. Vielmehr stellt sich die Frage, *ob* eine Zusatzversicherung sinnvoll ist. Nach Erfahrungswerten lohnt sich eine private Pflegezusatzversicherung häufig nur dann, wenn der Antragsteller jünger als 55 Jahre und völlig gesund ist. Denn sonst sind die Beiträge erfahrungsgemäß zu hoch (das betrifft vor allem Pflegetagegeld- und Pflegekostenversicherung). Bei Menschen unter 40 Jahren ist aufgrund des schwer zu kalkulierenden Risikos und der geringen Pflegewahrscheinlichkeit einer Berufsunfähigkeitsversicherung oberste Priorität einzuräumen.

Zudem dürfen die Versicherer die Beiträge erhöhen, wenn sie mehr als ursprünglich kalkuliert für Pflegefälle ausgeben. Weil die Beitragsentwicklung kaum zu überschauen ist, sollten sich gerade junge Menschen sehr genau überlegen, ob sie eine Versicherung abschließen möchten.

Weiterhin muss sichergestellt sein, dass man sich die Beiträge auch nachhaltig leisten kann. Denn wer seine Versicherung kündigen muss, verliert das bis dahin eingezahlte Geld.

Pflegeversicherungspolice – Ja oder Nein?

	Pro Pflegeversicherungpolice	Contra Pflegeversicherungspolice
Harte Faktoren	• Pflegefall kann plötzlich eintreten und erfordert von Anfang an viel Geld • Gesetzliche Pflegeversicherungen trägt nur ein Teil der Kosten • Erhalt des Vermögens für die Erben und Schutz dieser vor etwaigen finanziellen Belastungen • Zustand der Demenz kann lange andauern und zunehmende Kosten verursachen **„Gezielte finanzielle Absicherung"**	• Beiträge für gute Policen sind nicht günstig, Beitragssteigerungen sind sehr wahrscheinlich • Einkommen und Vermögen reichen aus, um den Pflegefall selbst zu schultern • Pflegewahrscheinlichkeit von rund 30% zwar hoch, jedoch erst ab Alter 85 • Pflegedauer ist i.d.R. eher kurz, wenig Kapital notwendig **„Nur bedingtes, schulterbares Risiko"**
Weiche Faktoren	• Keine finanzielle Belastung für Kinder, die für die Eltern „haften" • Gutes Gefühl, abgesichert zu sein • Gewisser „Luxus", sich eine gute bis sehr gute Pflegequalität im Alter leisten zu können **„Absicherung in eigener Hand"**	• Ungewissheit, ob Beiträge nicht hätten gespart und anderweitig besser angelegt werden können • Thema Pflege belastet zu sehr **„Absicherung ist nicht alles"**

Ebenfalls zu prüfen ist, ob im Einzelfall eine Pflegezusatzversicherung überhaupt erforderlich ist. Denn wenn die Renteneinnahmen bzw. das vorhandene Vermögen groß genug sind, kann man sich die Beiträge sparen. Betrachtet man es sachlich, dann ist eine Pflegeversicherung ein schlichter Rentensparplan. Der Privatmann spart über einen gewissen Zeithorizont jährlich in einen Topf ein, um sich anschließend von einer Versicherungsgesellschaft bei Eintritt der Pflegebedürftigkeit unter die Arme greifen zu lassen. Wer allerdings bereit ist, sein Leben selbst in die Hand zu nehmen, der ist auf eine private Pflegeversicherung nicht angewiesen. Für ihn ist die Pflege im Ruhestand ein Bestandteil der Altersvorsorge. Die finanzielle Vorsorge für den Ruhestand besteht dabei aber nicht notwendigerweise aus Versicherungen wie Pflegeversicherung oder Riesterrente, sondern aus heutigem Konsumverzicht und Sparwillen. Aufschlussreich bei der Beantwortung der Frage nach Sicherheit und Unabhängigkeit im Alter ist eine persönliche Finanzplanung, wie sie in Kapitel 2 dargestellt wird. Darin lassen sich die finanziellen Auswirkungen eines Pflegefalls simulieren. Das Ergebnis gibt persönliche Planungssicherheit – und spart möglicherweise unnötige Versicherungskosten.

Fazit

Auch weiche Faktoren berücksichtigen. Selbst wenn sich die Pflegeversicherung rein rechnerisch nicht lohnt, kann ein Abschluss im Einzelfall dennoch sinnvoll sein. Nämlich dann, wenn die Versicherung einen »emotionalen Nutzen« bringt und sich damit die Lebensqualität erhöht.

Kapitel 6

Die Steuern: Auch im Ruhestand ein ständiger Begleiter

Unterschiedliche Steuersituation im Ruhestand

Welche Steuerlast ein Ruheständler zu tragen hat, hängt von mehreren Faktoren ab. Zum einen natürlich, welche Alterseinkünfte er aus der gesetzlichen Rente bezieht, zum anderen aber auch vom Familienstand sowie von sonstigen Einnahmen – etwa aus einer privaten Altersvorsorge, aus Kapitalerträgen oder aus einer möglichen Betriebsrente. Darüber hinaus spielt auch eine Rolle, aus welcher Quelle die Renteneinnahmen stammen. So muss etwa – wie ein Beispiel gleich zeigen wird – ein ehemaliger Freiberufler weniger Steuern zahlen als ein früher leitender Angestellter, obwohl er höhere Einnahmen hat.

Beispielsweise kommt ein verheirateter Angestellter mit einer gesetzlichen Rente von 24.000 Euro, einer Privatrente von 5.000 Euro und Erträgen aus seiner Kapitalanlage von 3.000 Euro kommt auf Einnahmen im Ruhestand von insgesamt 32.000 Euro im Jahr. Dieses relativ geringe Einkommen fällt komplett aus der Besteuerung heraus, sodass dieser Ruheständler seine Rente brutto für netto genießen kann.

Ein früherer leitender Angestellter, der verheiratet ist und in der Summe 72.000 Euro im Jahr an Alterseinkünften bezieht, hat entsprechend 15 Prozent oder 10.500 Euro Steuern zu zahlen. Hingegen muss ein verheirateter ehemaliger Freiberufler, der neben seiner berufsständischen Rente von 48.000 Euro auch noch Alterseinnahmen aus Vermietung in Höhe von 18.000 Euro und Kapitaleinkünfte von 10.000 Euro hat – also im Ruhestand insgesamt 76.000 Euro bezieht – davon nur 9 Prozent an den Fiskus abführen, also rund 6.500 Euro.

Die Höhe der Steuern im Ruhestand kann sehr unterschiedlich sein

Angaben in € p. a.; angenäherte Darstellung

	»Angestellter«	»Leitender Angestellter«	»Leitender Angestellter«	»Freiberufler«
	verheiratet	verheiratet	geschieden	verheiratet
Gesetzl. Rente/ Versorgungswerk	24.000	20.000	12.000	48.000
Betriebsrente	0	40.000	24.000	0
Private Rente	5.000	0	0	0
Mieteinnahmen	0	0	0	18.000
Kapitalerträge	3.000	12.000	8.000	10.000
Summe der Einnahmen	**32.000**	**72.000**	**44.000**	**76.000**
Steuern in € (ger.) in % der Einnahmen	0 0	10.500 15 %	7.000 16 %	6.500 9%

Dieses Beispiel verdeutlicht, wie sehr die Steuerlast im Ruhestand auch von der Art der Einkünfte und deren unterschiedlicher Besteuerung abhängt. Darauf wird im Verlauf dieses Kapitels noch genauer eingegangen.

Zu versteuerndes Einkommen

Einkunftsarten

Bei der Ermittlung des zu versteuernden Einkommens wird zunächst erfasst, wie viel in einer Steuerperiode verdient wurde. Dies geschieht einzeln für die sogenannten Einkunftsarten, wobei zwischen Gewinn- und Überschusseinkunftsarten unterschieden wird.

Gewinneinkunftsarten sind insbesondere »Einkünfte aus Gewerbebetrieb« und »selbstständiger Arbeit«. Der steuerpflichtige Gewinn ergibt sich aus der Jahresbilanz oder, wenn – wie beispielsweise bei Freiberuflern – keine Bilanz erstellt wird, aus der Differenz von Betriebseinnahmen und -ausgaben. Bei den Überschusseinkunftsarten »Einkünfte aus nichtselbstständiger Erwerbstätigkeit«, »Vermietung und Verpachtung« sowie »sonstige Einkünfte« ist der Überschuss der Einnahmen über die Werbungskosten steuerpflichtig. Einen Sonderfall bilden die »Einkünfte aus Kapitalvermögen«, denn seit Einführung der Abgeltungsteuer sind Werbungskosten nicht mehr abzugsfähig.

Werbungskosten

Die Frage, die sich jeder Steuerzahler stellt – egal, ob noch im Berufsleben aktiv oder schon im Ruhestand –, lautet: Wie senke ich die Höhe meines Obolus an den Fiskus? Wichtig ist es daher, alle Aufwendungen, die im Zusammenhang mit der Einkommenserzielung angefallen sind, zu berücksichtigen, um so die Steuerlast zu reduzieren. Diese Aufwendungen laufen unter dem Begriff Werbungskosten. Sie können steuerlich geltend gemacht werden, wenn sie als Voraussetzung oder im Zusammenhang mit der Einkunftserzielungsabsicht entstehen. Beispielsweise sind Schuldzinsen für vermietete Immobilien bei den Einkünften aus Vermietung und Verpachtung abzugsfähige Werbungskosten. Für jede Einkunftsart gibt es in der Steuererklärung einen separaten Erfassungsbogen, auf dem Einkünfte, Werbungskosten und andere spezifische Abzugsmöglichkeiten wie Freibeträge eingetragen werden.

Summierung der Einkünfte

Wenn in einer einzelnen Einkunftsart die Abzüge größer sind als die Einnahmen, entstehen negative Einkünfte. Diese können unter gewissen Voraussetzungen als Verlustabzüge geltend gemacht werden. Beispielsweise kann bei Einkünften aus Vermietung und Verpachtung ein Verlust entstehen, weil die Schuldzinsen und Abschreibungen größer sind als die Mieteinnahmen.

Herleitung des zu versteuernden Einkommens

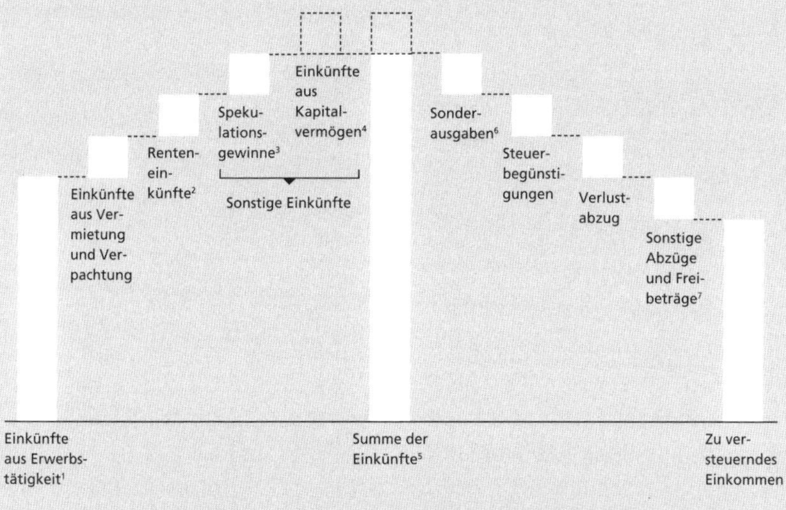

1 Einkünfte aus Land- und Forstwirtschaft, Gewerbebetrieb, selbstständiger und unselbstständiger Arbeit nach Abzug von Versorgungsfreibetrag und Werbungskosten/Arbeitnehmer-Pauschbetrag
2 Siehe späte Ausführungen zur Besteuerung von Renteneinnahmen
3 Nach Verrechnung mit Spekulationsverlusten; offizielle Bezeichnung: private Veräußerungsgeschäfte
4 Nach Abzug von Sparerpauschbetrag; Einbeziehung in das zu versteuernde Einkommen nur im Rahmen der Günstigerprüfung. Sonst pauschaler Satz von 26,38 % inklusive Solidaritätszuschlag
5 Inklusive nachzuversteuernder Betrag, Hinzurechnungsbetrag und ausländische Verluste bei DBA; nach Abzug der jeweiligen Werbungskosten
6 Unterhaltsleistungen, Vorsorgeaufwendungen, Kirchensteuer, Steuerberatungskosten, Sparbeiträge für Riester- oder Rürup-Verträge, Ausbildungskosten u. a.
7 Altersentlastungsbetrag, Freibetrag für Land- und Forstwirte, außergewöhnliche Belastungen, Kinderfreibeträge u. a.

Zählt man die Überschüsse der einzelnen Einkunftsarten zusammen, ergibt das die Summe aller Einkünfte. Davon können die allgemeinen Abzüge wie Sonderausgaben (z. B. Spenden), Freibeträge, Pauschbeträge und Reduzierungen im Rahmen von staatlichen Fördermaßnahmen vorgenommen werden. Hier erscheint auch der Altersentlastungsbetrag für Menschen ab 65 Jahren. Diese einzige wirkliche steuerliche Vergünstigung für Ruheständler wird im folgenden Exkurs genauer erläutert.

Exkurs: Altersentlastungsbetrag

Rentnern und Pensionären, die mindestens 65 Jahre alt sind, gewährt der Gesetzgeber einen zusätzlichen Frei-

Illustration Altersentlastungsbetrag

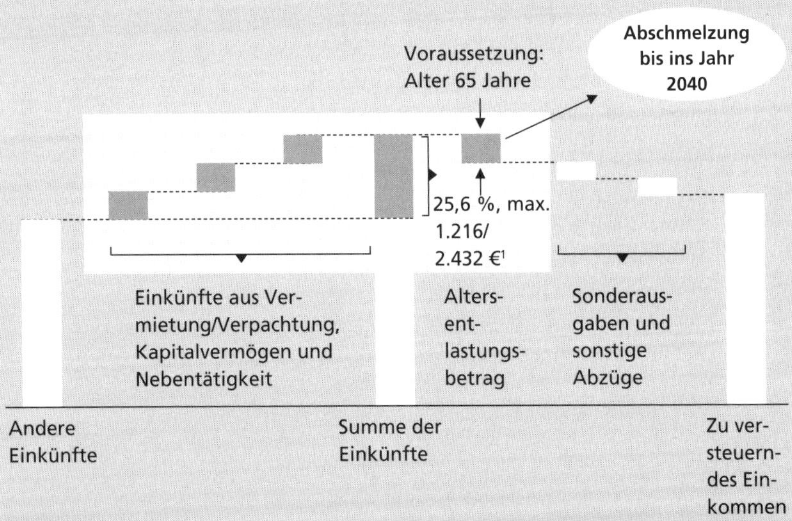

1 Für 2014: 1.216 € für Ledige, 2.432 € für Verheiratete (wobei die Einkünfte jedes Ehegatten –auch bei Zusammenveranlagung – getrennt anzusetzen sind), siehe auch Tabelle „Altersentlastungsbetrag"

betrag, den sogenannten Altersentlastungsbetrag. Dieser reduziert die Summe der Einkünfte aus Vermietung/Verpachtung, Kapitalvermögen und einer ausgeübten Nebentätigkeit und vermindert dadurch die Steuerlast. Steuerhistorisch ist der – 1975 eingeführte – Altersentlastungsbetrag ein Ausgleich für ältere Menschen, die keine Begünstigung auf ihre Altersbezüge erhalten.

Altersentlastungsbetrag

Jahr[1]	Entlastungsbetrag in % der Einkünfte	Entlastungsbetrag Höchstbetrag in €	Jahr[1]	Entlastungsbetrag in % der Einkünfte	Entlastungsbetrag Höchstbetrag in €
2005	40,0 %	1.900	2023	13,6 %	646
2006	38,4 %	1.824	2024	12,8 %	608
2007	36,8 %	1.748	2025	12,0 %	570
2008	35,2 %	1.672	2026	11,2 %	532
2009	33,6 %	1.596	2027	10,4 %	494
2010	32,0 %	1.520	2028	9,6 %	456
2011	30,4 %	1.444	2029	8,8 %	418
2012	28,8 %	1.368	2030	8,0 %	380
2013	27,2 %	1.292	2031	7,2 %	342
2014	25,6 %	1.216	2032	6,4 %	304
2015	24,0 %	1.140	2033	5,6 %	266
2016	22,4 %	1.064	2034	4,8 %	228
2017	20,8 %	988	2035	4,0 %	190
2018	19,2 %	912	2036	3,2 %	152
2019	17,6 %	836	2037	2,4 %	114
2020	16,0 %	760	2038	1,6 %	76
2021	15,2 %	722	2039	0,8 %	38
2022	14,4 %	684	2040	0,0 %	0

1 Kalenderjahr, das auf die Vollendung des 64. Lebensjahres folgt

Abschmelzung bis zum Jahr 2040

Mit der Gleichstellung von Rentnern und Beziehern von Versorgungsbezügen durch das AltEinkG verliert diese Entlastung ihre Rechtfertigung. Wie auch die Besteuerung der Alterseinkünfte angeglichen wird, so wird der Altersentlastungsbetrag stufenweise bis zum Jahr 2040 abgebaut. Im Jahr 2014 dürfen aber noch 25,6 Prozent der Summe der betreffenden Einkünfte oder maximal 1.216 Euro geltend gemacht werden.

Ab einer Summe von 4.750 Euro ist der Altersentlastungsbetrag also voll ausgeschöpft. Für Verheiratete erhöht sich der Freibetrag auf bis zu 2.432 Euro, wenn beide Ehegatten jeweils über eigene Einkünfte in den genannten Einkunftsarten verfügen. Wie in der Tabelle dargestellt, sinkt in den kommenden Jahren dieser Entlastungsbetrag jeweils um 1,6 Prozentpunkte pro Jahr. Ab dem Jahr 2020 wird diese Kürzungsrate auf 0,8 Prozentpunkte halbiert, sodass der Altersentlastungsbetrag mit dem Jahr 2040 gänzlich wegfallen wird. Die anzuwendende Summe wird für jeden Jahrgang neu ermittelt und auf diesem Niveau eingefroren. Maßgebend dafür ist das auf die Vollendung des 64. Lebensjahres folgende Jahr.

Steuersätze

Progressiver Tarif

Zieht man die Abzüge von der Summe der Einkünfte ab, so erhält man das zu versteuernde Einkommen. Darauf wird der entsprechende Einkommensteuerbetrag ermittelt. Der Einkommensteuertarif ist progressiv ausgestaltet. Das bedeutet, dass mit zunehmendem zu versteuerndem Einkommen die prozentualen Steuersätze ansteigen. Während für Verheiratete mit einem zu versteuernden Einkommen von 30.000 Euro nur rund 10 Prozent an Einkommensteuern anfallen, sind es bei 100.000 Euro bereits rund 27 Prozent, die an den Fiskus abzugeben sind. Doch diese progressive Ausgestaltung des Einkommensteuertarifs hat auch etwas Gutes, denn gleichzeitig ist die Wirkung steuerreduzierender Maßnahmen bei einer höheren Steuerbelastung natürlich größer. Wer Steuern sparen will, muss deshalb den Effekt der Progression kennen.

Grenz- und Durchschnittssteuersatz

Wichtig ist der Unterschied zwischen Grenz- und Durchschnittssteuersatz. Der Durchschnittssteuersatz ist der gesamte Steuerbetrag in Prozent des zu versteuernden Einkommens. Der Grenzsteuersatz spiegelt dagegen die zusätzliche Steuerbelastung bei einer Erhöhung des Einkommens wider bzw. die Steuerentlastung, wenn sich das Einkommen reduziert. Wegen des Progressionsverlaufs liegt der Grenzsteuersatz immer höher als der Durchschnittssteuersatz. Bei hohen Einkommen nähert sich allerdings die Durchschnitts- der Grenzsteuerbelastung an.

Für die Steuerplanung ist die Grenzbelastung aber entscheidend: Den Effekt einer Steuersparmaßnahme berechnet man, indem der Betrag, um den das steuerpflichtige Einkommen gesenkt werden kann, mit dem entsprechenden Grenzsteuersatz multipliziert wird. So bringt beispielsweise eine Reduzierung des zu versteuernden Einkommens um

10.000 Euro bei einem Grenzsteuersatz von 40 Prozent eine Steuerersparnis von 4.000 Euro, bei einem Grenzsteuersatz von 25 Prozent aber »nur« 2.500 Euro. Das folgende Beispiel illustriert den Unterschied zwischen Durchschnitts- und Grenzsteuersatz.

Beispiel

Ein lediger Steuerpflichtiger hat in Jahr 1 ein zu versteuerndes Einkommen von 50.000 Euro und in Jahr 2 von 75.000 Euro.

Unterschied zwischen Durchschnitts- und Grenzsteuersatz

	Zu versteuerndes Einkommen in €	Steuerbelastung[1] Betrag in €	Steuersatz[2]	Bemerkungen
1. Jahr	50.000	13.483	27,0 %	Durchschnittssteuersatz auf dem steuerpflichtigen Einkommen von 50.000 €
2. Jahr	75.000	24.540	32,7 %	Durchschnittssteuersatz auf dem steuerpflichtigen Einkommen von 75.000 €
Differenz zwischen 1. und 2. Jahr	+25.000	11.057	44,2 %	Steuersatz auf dem Differenzbetrag von 25.000 € = Grenzsteuersatz[3]

1 Tarif 2013, Grundtabelle, inkl. Solidaritätszuschlag (5,5 %), exkl. Kirchensteuer
2 Steuerbetrag in % des steuerpflichtigen Einkommens
3 In der Regel wird der Grenzsteuersatz auf einem Differenzbetrag von 1.000 € berechnet

Dadurch erhöht sich die Steuerrechnung von 13.483 Euro auf 24.540 Euro. Die Durchschnittssteuerbelastung steigt von 27,0 Prozent auf 32,7 Prozent. Um den Steuereffekt abschließend zu beurteilen, wird die Zunahme des zu versteuernden Einkommens der Differenz der Steuerrechnungen gegenübergestellt: Die Erhöhung des zu versteuernden Einkommens um 25.000 Euro führt zu einer zusätzlichen Steuerbelastung von 11.057 Euro.

Die letzten 25.000 Euro werden also zum Grenzsteuersatz inklusive »Soli« von 44,2 Prozent besteuert (11.057 Euro bezogen auf 25.000 Euro).

Mit der Einführung der Abgeltungsteuer sind diese Überlegungen für Einkünfte aus Kapitalvermögen zwar grundsätzlich nicht mehr relevant, aber für das Gesamtverständnis des Steuertarifs dennoch von Bedeutung.

Steuersätze unterschiedlicher Einkommen

Wie stark sich die Progression auswirkt, zeigt der abgebildete Vergleich der Steuersätze. Zunächst die Durchschnittssteuerbelastung: Bei einem zu versteuernden Einkommen von 20.000 Euro bezahlt ein Lediger 14 Pro-

Vergleich der Steuersätze nach Einkommensklassen

Basis: Tarif 2014, Grundtabelle, inkl. Solidaritätszuschlag (5,5 %), exkl. Kirchensteuer

Steuerpflichtiges Einkommen p. a. in €	Grenzsteuersatz[1]	Durchschnittssteuersatz	Steuerbetrag in €
5.000	0 %	0,0 %	0
10.000	17,2 %	2,7 %	270
15.000	24,7 %	9,4 %	1.417
20.000	27,0 %	13,9 %	2.779
30.000	31,5 %	19,5 %	5.864
50.000	40,7 %	27,0 %	13.483
75.000	42,0 %	32,7 %	24.540
100.000	42,0 %	35,6 %	35.618
150.000	42,0 %	38,5 %	57.773
300.000	45,0 %	41,9 %	125.766

1 Gerechnet auf den letzten 1.000 € des steuerpflichtigen Einkommens

Quelle: Abgabenrechner des Bundesministerium der Finanzen (www.abgabenrechner.de)

Vergleich der Steuersätze nach Einkommensklassen

Basis: Tarif 2014, Splittingtabelle, inkl. Solidaritätszuschlag (5,5 %), exkl. Kirchensteuer

Steuerpflichtiges Einkommen p. a. in €	Grenzsteuersatz[1]	Durchschnittssteuersatz	Steuerbetrag in €
5.000	0 %	0,0 %	0
10.000	0 %	0,0 %	0
15.000	0 %	0,0 %	0
20.000	17,2 %	2,7 %	540
30.000	24,7 %	9,4 %	2.834
50.000	29,2 %	17,0 %	8.522
75.000	35,0 %	22,6 %	16.990
100.000	40,7 %	27,0 %	26.966
150.000	42,0 %	32,7 %	49.081
300.000	42,0 %	38,5 %	115.495

1 Gerechnet auf den letzten 1.000 € des steuerpflichtigen Einkommens

Quelle: Abgabenrechner des Bundesministerium der Finanzen (www.abgabenrechner.de)

zent Einkommensteuer, bei 50.000 Euro bereits 27 Prozent. Den wirklichen Verlauf der Progression verdeutlichen aber erst die Grenzsteuersätze: 27 Prozent bei 20.000 Euro zu versteuerndem Einkommen und über 40 Prozent ab 50.000 Euro. Das Thema Steuern wird also die meisten Ruheständler begleiten.

Grund- und Splitting-Tabelle

Bei der Erhebung der Einkommensteuer kommt es darauf an, ob man allein oder gemeinsam mit dem Ehepartner veranlagt wird. Bei der sogenannten Einzelveranlagung errechnet sich die Steuer anhand der Grundtabelle, bei einer gemeinsamen Veranlagung (Ehegatten-Splitting) anhand der Splitting-Tabelle. Beim Splitting-Verfahren wird das zu versteuernde Einkommen beider Ehegatten zuerst summiert und anschließend halbiert. Die sich für diesen Betrag anhand der Grundtabelle ergebende Steuerschuld wird dann verdoppelt.

Das Ergebnis ist die Steuerschuld gemäß Splitting-Tabelle. Interessant wird diese Veranlagung, wenn die Einkommen beider Ehepartner unterschiedlich hoch sind. In diesem Fall führt das Splitting – aufgrund des Progressionsverlaufs – zu einer niedrigeren Steuerlast.

Fazit

Da sich die Steuergesetzgebung ständig ändert, ist es nötig, sich schon vor dem Ruhestandsbeginn auf dem Laufenden zu halten, um finanziell optimal fürs Rentendasein zu planen. Weiterhin völlig ungeklärt ist allerdings die Frage der Vermögensteuer, die nach wie vor wie ein Damoklesschwert über den künftigen Ruheständlern hängt.

Besteuerung von Renteneinnahmen

Das Alterseinkünftegesetz

Seit dem 1. Januar 2005 regelt das neue Gesetz die Besteuerung der Alterseinkünfte. Es brachte eine grundlegende Reform in Bezug auf die Besteuerung dieser Einnahmen mit sich. Unter anderem wurde die Vorgabe des Bundesverfassungsgerichts umgesetzt, Beamtenpensionen und Renten steuerlich gleich zu behandeln. Außerdem wurden die Rahmenbedingungen für die private und betriebliche Altersvorsorge verändert.

Vor- und nachgelagerte Besteuerung

Grundsätzlich entscheidet die Finanzierung über die spätere Besteuerung einer Leistung. Es ist also zu hinterfragen, ob die Beitragszahlungen – unabhängig, ob sie vom Arbeitnehmer oder vom Arbeitgeber geleistet wurden – bereits eine Steuerbelastung beim Arbeitnehmer ausgelöst haben. Wenn ja, werden die daraus resultierenden Rentenzahlungen steuerlich begünstigt, wenn nein, unterliegen sie voll der Einkommensteuer.

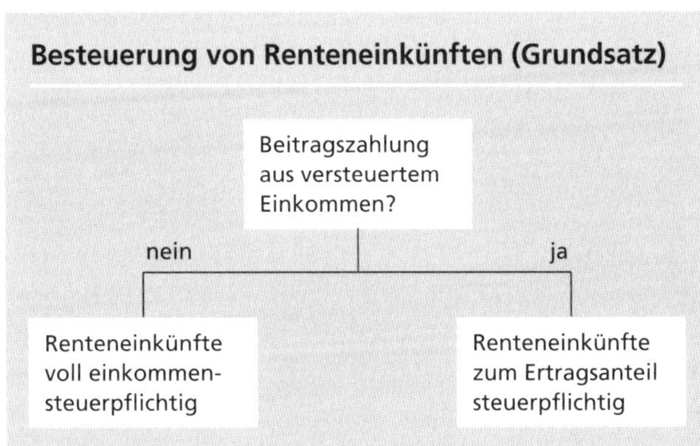

Sukzessive Verschiebung der Besteuerung

Wichtiger Schwerpunkt des Alterseinkünftegesetzes ist der Übergang zur nachgelagerten Besteuerung bei allen Altersbezügen. Das bedeutet, die Bezüge im Rentenalter werden nach und nach steuerpflichtig. Die Höhe der steuerlichen Belastung orientiert sich dabei am Jahr des Rentenbeginns. Im Gegenzug werden die während der Erwerbsphase in die Altersvorsorge eingezahlten Beiträge für jeden Erwerbstätigen über die Jahre allmählich von der Einkommensteuer freigestellt. Damit werden also die Einzahlungen sukzessive weniger belastet, doch dafür erhöht sich der abzuliefernde Obolus bei den Renten.

Gesetzliche Renten

Seit dem Jahr 2005 unterliegen alle gesetzlichen Renten, Leistungen aus berufsständischen Versorgungswerken und die neue Rürup-Rente zu 50 Prozent der Besteuerung. Der Besteuerungsanteil wird für jeden neu hinzukommenden Rentnerjahrgang erhöht, bis er im Jahr 2040 die 100-Prozent-Marke erreicht. Die Erhöhung in den ersten 15 Jahren, also ab dem Jahr 2006 bis zum Jahr 2020, erfolgt in Schritten von jeweils 2 Prozentpunkten. Wer also beispielsweise erstmalig 2014 Rente bezieht, muss diese zu 68 Prozent versteuern. Bei dem neuen Rentnerjahrgang des Jahres 2020 werden schließlich 80 Prozent der Rente bei der Besteuerung zugrunde gelegt. Von 2020 bis 2040 steigt der Besteuerungsanteil langsamer – jährlich um einen Prozentpunkt. Nach Ablauf der 35-jährigen Übergangszeit werden im Jahr 2040 startende Renten und Beamtenpensionen steuerlich gleich behandelt.

Der steuerfreie Anteil wird festgeschrieben

Entscheidendes Kriterium zur Bestimmung der Besteuerung ist zunächst das Jahr, in dem der Rentenbezug beginnt. Ist dies – wie in unserem Beispiel – das Jahr 2014, stellen 68 Prozent der Rente den zu versteuernden Anteil dar. Von besonderer Bedeutung ist hier, dass der als steuerfrei ermittelte Anteil (in diesem Fall 32 Prozent) in Euro für die gesamte Rentenlaufzeit festgeschrieben wird.

Beispiel

Unser 65-jähriger Finanzchef erhält seine erste Rentenzahlung im Juli 2014. Somit entspricht der Besteuerungsanteil 68 Prozent der Rente.

Besteuerungsanteil der Renten aus der »Basis«-Versorgung

Betrifft: gesetzliche Renten, berufsständische Versorgungswerke und die neue Rürup-Rente

Rentenbeginn	Steuerpflichtiger Anteil	Rentenbeginn	Steuerpflichtiger Anteil
2005	50 %	2023	83 %
2006	52 %	2024	84 %
2007	54 %	2025	85 %
2008	56 %	2026	86 %
2009	58 %	2027	87 %
2010	60 %	2028	88 %
2011	62 %	2029	89 %
2012	64 %	2030	90 %
2013	66 %	2031	91 %
2014	68 %	2032	92 %
2015	70 %	2033	93 %
2016	72 %	2034	94 %
2017	74 %	2035	95 %
2018	76 %	2036	96 %
2019	78 %	2037	97 %
2020	80 %	2038	98 %
2021	81 %	2039	99 %
2022	82 %	2040	100 %

Die monatliche Rente beläuft sich auf 1.000 Euro. Die Festschreibung des steuerfreien Betrages in Höhe von 32 Prozent erfolgt im Kalenderjahr, das auf das Jahr der ersten Rentenzahlung folgt. Somit werden auf 12.000 Euro 32 Prozent berechnet, was 3.840 Euro entspricht.

Dieser Betrag kann in Zukunft jedes Jahr von der Rentenleistung abgezogen werden. Dabei ist nicht relevant, ob sich die Rente erhöht oder nicht.

Besteuerungsanteil der »Basis«-Versorgung (Beispiel)

Ausgangslage: 65-jähriger Rentner, erste Rentenzahlung im Juli, Angaben in €

		2014	2015	2016
Rentenhöhe	1.000 €[1]	6.000	12.000	12.120
Steuerfreier Betrag[2]		–1.920	–3.840 →	–3.840
Besteuerungsanteil[3]	68 %	4.080	8.160	8.280
Werbungskosten-Pauschbetrag		–102	–102	–102
Steuerpflichtige sonstige Einkünfte			**8.058**	**8.178**

1 Erhöhung der Rente im Juli 2016 um 1 % auf 1.010 € pro Monat
2 Wird festgeschrieben im ersten Jahr der vollen Rentenzahlung (hier 2015)
3 Maßgebend für den Prozentsatz ist das Jahr des Rentenbeginns

Die Begründung für diese Festschreibung eines Euro-Betrages liegt darin, dass eine jährliche prozentuale Neuberechnung zu einer zu starken Privilegierung in der Übergangsphase geführt hätte – vorausgesetzt, die Renten steigen wirklich.

Keine Doppelbesteuerung

Das Bundesverfassungsgericht hat entschieden, dass es nicht zu einer doppelten Besteuerung kommen darf. Das ist vor allem für selbstständige Ärzte relevant, die ihre Beiträge für die Altersvorsorge aus versteuertem Einkommen zahlen. Wer bis Ende 2004 mindestens 10 Jahre lang mehr als den Höchstbetrag der Angestelltenversicherung in eine Rentenversicherung gezahlt hat, darf deshalb für den übersteigenden Betrag die sogenannte Ertragsanteilsbesteuerung wählen (sogenannte

»Öffnungsklausel«). Dann werden z.B. bei einem Rentenbezug ab 65 Jahren nur 18 Prozent dieses Betrags besteuert, und zwar zum individuellen Steuersatz.

Beispiel

Ein Arzt hat von 1973 bis 2013 Beiträge in ein Versorgungswerk eingezahlt. Diese Beiträge lagen immer oberhalb des Höchstbetrags zur gesetzlichen Rentenversicherung. Am 2. Januar 2014 vollendet er sein 65. Lebensjahr und geht in den Ruhestand. 30 Prozent seiner Rente entfallen auf Beiträge oberhalb des Höchstbetrags zur gesetzlichen Rentenversicherung. Insgesamt erhält der Arzt eine Jahresrente von 40.000 Euro aus dem Versorgungswerk.

Die Rente für 2014 wird steuerlich wie folgt erfasst: 30 Prozent von 40.000 sind 12.000 Euro. Davon entfallen 18 Prozent oder 2.160 Euro auf den Ertragsanteil. Die verbleibenden 28.000 Euro sind zu 68 Prozent, also 19.040 Euro, zu versteuerndes Einkommen. Von der Gesamtrente in Höhe von 40.000 Euro sind damit 21.200 Euro steuerpflichtig.

Besteuerung mit Ertragsanteil immer dann, wenn Beiträge voll versteuert wurden

Die neuen Besteuerungsregeln seit 2005 betreffen also nur ganz bestimmte Zahlungen. Renten, deren Beiträge aus dem voll versteuerten Einkommen finanziert wurden, werden weiterhin mit dem Ertragsanteil versteuert. Hinter dieser Besteuerungsmethode steht die Überlegung, dass die Rente aus einem Teil Substanzverzehr und einem Teil Ertrag besteht. Der Verzehranteil ist steuerfrei, denn er ist der Betrag, den eine Versicherung aus dem angesparten Kapitalstock als Substanzverbrauch entnimmt. Der Zins-oder Ertragsanteil ist steuerpflichtig, denn er entspricht der Rendite, die mit dem vorhandenen Kapitalstock erwirtschaftet werden kann. Der Ertragsanteil bestimmt sich nach dem Alter bei Beginn der Rente und nach einem fiktiv hinterlegten Zinssatz (aktuell 3 Prozent). Mit zunehmendem Alter nimmt der steuerpflichtige Anteil ab, denn je kürzer die Rentenlaufzeit, desto mehr besteht die Rentenzahlung aus Substanzverbrauch.

Beispielrechnung

Für eine private Leibrente, die ab Alter 65 fließt, beträgt der steuerpflichtige Ertragsanteil (siehe Tabelle) 18 Prozent. Von einer Rente von 10.000 Euro sind damit 1.800 Euro steuerpflichtiges Einkommen (18 Prozent aus 10.000 Euro). Die Differenz zur effektiven Rente, 8.200 Euro, ist keine Rendite, sondern der Kapitalanteil, der in seiner Substanz verbraucht wird und deshalb nicht versteuert werden muss.

Höhe des zu versteuernden Ertragsanteils

Betrifft: aus versteuertem Kapital alimentierte Renten (private Leibrenten)

Rentenbeginn[1]	Ertragsanteil	Rentenbeginn[1]	Ertragsanteil
50	30 %	68	16 %
51	29 %	69	15 %
52	29 %	70	15 %
53	28 %	71	14 %
54	27 %	72	13 %
55	26 %	73	13 %
56	26 %	74	12 %
57	25 %	75	11 %
58	24 %	76	10 %
59	23 %	77	10 %
60	22 %	78	9 %
61	22 %	79	9 %
62	21 %	80	8 %
63	20 %	81	7 %
64	19 %	82	7 %
65	**18 %**	83	6 %
66	18 %	84	6 %
67	17 %	85	5 %

1 Bei Beginn der Rente vollendetes Lebensjahr des Rentenberechtigten

Ob die Ertragsanteilbesteuerung für den Anleger ein Vor- oder Nachteil ist, kommt darauf an, wie alt der Anleger wird und wie viel Rente er insgesamt bekommen hat. Erst dann ließe sich – retrospektiv – feststellen, ob der Anleger faktisch überhaupt eine Verzinsung auf sein Kapital bekommen oder ob er nur die Substanz verzehrt hat.

Dennoch sehen viele Anleger die Besteuerung zum Ertragsanteil noch als »echtes« Privileg an. Die Versicherungen werden ihrerseits kaum Anstrengungen unternehmen, diesen Irrtum zu widerlegen. Im Gegenteil wird mit dem vermeintlichen Steuervorteil geworben.

Steuern und Sozialabgaben bei der betrieblichen Vorsorge

DZ: Direktzusage U-Kasse: Unterstützungskasse P-Fonds: Pensionsfonds PK: Pensionskasse DV: Direktversicherung	**Zuflussverschiebung** (DZ, U-Kasse)	**Nachgelagerte Besteuerung** (PK, P-Fonds) Abschluss **vor** 01.01.2005
Steuern auf Einzahlungen	§ 11 EStG steuerfrei	§ 3 Nr. 63 EStG steuerfrei bis 4 % der BBG[1]
Höchstgrenzen	keine (bei UK: Einschränkung durch Leistungsbegrenzung)	ja (Vorgabe der Förderung)
Sozialabgaben		
- ArbG-Beiträge	keine	keine (bis 4 % der BBG)
- ArbN-Beiträge	keine (bei Entgeltumwandlung bis 4 % von BBG)	keine (bei Entgeltumwandlung bis 4 % von BBG)
Bezugsmöglichkeit	Rente/Kapital[6]	Rente/Kapital[6]
Steuern auf		
- Rente	steuerpflichtig[7] (voll)	steuerpflichtig[8] (voll)
- Kapital	steuerpflichtig[7] (Fünftel-Regelung)	steuerpflichtig[8] (Fünftel-Regelung)

1 BBG = Beitragsbemessungsgrenze der gesetzlichen Rentenversicherung; 2014: 71.400 € p. a.
2 Sofern keine Pauschbesteuerung in Anspruch genommen wird
3 4 % vom Einkommen, maximaler Betrag von 2.856 €
4 Sofern Entgeltumwandlung aus Sonderzahlungen (z. B. Weihnachtsgeld)
5 Zusätzlicher Freibetrag von 1.800 € ist nicht sozialversicherungsbefreit

Steuerliche Behandlung von Betriebsrenten

Eine weitere wichtige Säule der finanziellen Altersabsicherung bilden die Betriebsrenten. Allerdings ist das System von der Besteuerung so kompliziert, dass sich sogar Fachleute schwertun, auf diesem Feld den Überblick zu behalten. Die hier abgebildete Grafik mag die steuerliche und abgabenrechtliche Behandlung der Durchführungswege bei der betrieblichen Vorsorge verdeutlichen.

Pauschalbesteuerung (PK, DV)	**Erweiterte nachgelagerte Besteuerung** (PK, DV, P-Fonds)	**Riester-Förderung** (PK, DV, P-Fonds)
Abschluss **vor** 01.01.2005	Abschluss **ab** 01.01.2005	
§ 40b EStG Besteuerung mit 20 % auf max. Beitrag von 1.752 €	§ Nr. 63 EStG, AltEinkG Steuerfrei bis 4 % der BBG, zusätzlicher Freibetrag von 1.800 €[2]	§ 10a, 79 ff. EStG Entgeltumwandl. aus Nettogehalt, Zulage, Sonderausgabenabzug
ja (Vorgabe der Förderung)	ja (Vorgabe der Förderung)	ja (Vorgabe der Förderung)[3]
keine (bis 4 % der BBG) keine[4] (bei Entgeltumwandlung bis 4 % von BBG	keine (bis 4 % der BBG) keine[5] (bei Entgeltumwandlung bis 4 % von BBG	– ja (bei Einzahlung bereits abgezogen)
Rente/Kapital[6]	Rente/Kapital (max. 30 %)[6]	Rente
Ertragsanteil[9] steuerfrei (Mindestlaufzeit: 12 J., Besitzdauer mind. 5 J.)	steuerpflichtig[8] (voll) steuerpflichtig[8] (Fünftel-Regelung)	steuerpflichtig[8] (voll) –

6 Abhängig von der Ausgestaltung der Versorgungsvereinbarung
7 Versorgungsfreibetrag plus Zuschlag (max. 2.496 €) (2014), Arbeitnehmer-pauschbetrag (max. 102 €)
8 Werbungskostenpauschale (102 €), Altersentlastungsbetrag (ab 64. Lebensjahr, max. 1.216 €) (2014)
9 Abhängig vom Rentenbeginnalter

Vereinheitlichung der betrieblichen Versorgung

Die steuerlichen Rahmenbedingungen für die betriebliche Altersversorgung wurden im Zuge des Alterseinkünftegesetzes vereinheitlicht. Dazu wurden die Beiträge für eine Direktversicherung von der Steuer befreit – die Methode der Pauschalbesteuerung ist damit weggefallen. Aus Gründen des Vertrauensschutzes blieb die Möglichkeit der Pauschalbesteuerung für jene Beiträge an Pensionskassen und Direktversicherungen allerdings bestehen, die aufgrund einer Versorgungszusage geleistet werden, die vor Inkrafttreten der Neuregelung (also bis zum 31. Dezember 2004) erteilt wurde.

Für neue Zusagen wurde als Ersatz für den Wegfall der Pauschalbesteuerung der steuerfreie Höchstbetrag von bisher 4 Prozent der Beitragsbemessungsgrenze um den Festbetrag von 1.800 Euro im Jahr erhöht. Die steuerliche Behandlung von Ein- und Auszahlungen der betrieblichen Versorgung ist in der Übersicht zusammengefasst. Daraus wird auch deutlich, wie die Umstellung auf die nachgelagerte Besteuerung konsequent angestrebt wird.

Noch ein Satz zu »Riester«: Riester-Renten sind auch dann voll steuerpflichtig, wenn nicht – wie hier dargestellt – im Rahmen der betrieblichen Vorsorge »geriestert« wird, sondern als privater Vertrag.

Versorgungsfreibetrag

Für im Rahmen der nachgelagerten Besteuerung voll steuerpflichtige betriebliche Renteneinkünfte gewährt der Gesetzgeber den Ruheständlern mit dem sogenannten Versorgungsfreibetrag zumindest eine kleine Vergünstigung. Für das Jahr 2014 wurde dieser auf 25,6 Prozent der Renteneinkünfte (nach Abzug von Werbungskosten) festgelegt, maximal jedoch 2.496 Euro inklusive Zuschlag.

Entwicklung des Versorgungsfreibetrags

Betrifft: Versorgungsbezüge, deklariert als Einkünfte aus unselbstständiger Erwerbstätigkeit, Angaben in €

Entwicklung[1]

			Höchst	Zuschlag[2]
2005	40,0 %		3.000	900
2006	38,4 %	−1,6%	2.880	864
…				
2014	25,6 %		1.920	576
2015	24,0 %		1.800	540
…				
2020	16,0 %		1.200	360
2021	15,2 %	−0,8 %	1.140	342
…				
2039	0,8 %		90	18
2040	0,0 %		0	0

1 Höhe abhängig vom Jahr des ersten Rentenbezugs; im Zeitablauf konstant (festgeschrieben)
2 Zuzüglich Werbungskosten-Pauschbetrag in Höhe von 102 €

Der Abzug in Höhe von 25,6 Prozent greift also nur bis zu einer Rentenhöhe von 7.500 Euro (25,6 Prozent von 7.500 Euro sind 1.920 Euro). Bei höheren Renteneinnahmen nimmt der Versorgungsfreibetrag somit prozentual ab. Zusätzlich wird ein pauschaler Zuschlag von 576 Euro (Jahr 2014) gewährt.

Der Versorgungsfreibetrag wurde ursprünglich zum Ausgleich der Ungleichbehandlung von Renten und Pensionen eingeführt. Da deren Besteuerungen jetzt sukzessive angeglichen werden, werden auch der Versorgungsfreibetrag und der Zuschlag langfristig abgeschafft. In der Übergangszeit bis 2040 nimmt er zunächst jährlich um 1,6 Prozentpunkte ab. Ab dem Jahr 2021 reduziert sich dieser Betrag auf 0,8 Prozentpunkte. Wie bei den gesetzlichen Renten wird auch hier der Betrag zu Beginn der Rentenzahlungen ermittelt und anschließend festgeschrieben.

Erhöhung des Sonderausgabenabzugs

Im Gegenzug zur stärkeren Besteuerung der Renten werden in Zukunft die Aufwendungen zur Altersvorsorge sukzessive bis zu einem Höchstbetrag von 20.000 Euro jährlich steuerfrei gestellt. Als Aufwendungen zur Altersvorsorge gelten Beiträge zu den gesetzlichen Rentenversicherungen, landwirtschaftlichen Alterskassen, zu berufsständischen Versorgungseinrichtungen sowie unter gewissen Voraussetzungen für private Leibrentenversicherungen. Beiträge zur letztgenannten Gattung (»Rürup-Rente«) werden nur dann gefördert, wenn sie nicht vererblich, nicht übertragbar, nicht beleihbar, nicht veräußerbar und nicht kapitalisierbar sind. Das heißt, das Ersparte darf nicht in Form eines Einmalbetrags ausgezahlt werden, sondern die Auszahlung muss als lebenslange Rente erfolgen.

Mit dem Übergang zur nachgelagerten Besteuerung werden die Abzugsmöglichkeiten schrittweise erhöht: seit 2005 zunächst mit 60 Prozent der innerhalb des Höchstbetrages gezahlten Beiträge, einschließlich des steuerfreien Arbeitgeberanteils. Bei Selbstständigen entfällt der Abzug des Arbeitgeberanteils. Der Satz wird jährlich um jeweils 2 Prozentpunkte angehoben, sodass die Aufwendungen im Jahr 2014 zu 78 Prozent und ab 2025 zu 100 Prozent abgezogen werden können. Entsprechend wächst auch das als Sonderausgaben zu berücksichtigende Volumen von zunächst 12.000 Euro (60 Prozent von 20.000 Euro) auf 20.000 Euro (100 Prozent) an.

Besteuerung von Mieteinnahmen

Einkünfte aus Vermietung und Verpachtung

Eine beliebte Art der privaten Altersvorsorge sind Investitionen in Immobilien. Sei es, um später selbst darin zu wohnen, oder aber, um mit der Vermietung der Eigentumswohnung oder des Häuschens ein kleines »Zubrot« zu verdienen. Doch der Fiskus verdient immer mit, denn wer Grundstücke und Gebäude besitzt und diese vermietet oder verpachtet, muss die daraus resultierenden Einnahmen versteuern. Dabei können die Werbungskosten abgezogen werden, vor allem die Schuldzinsen und die Abschreibungen. Auch der Aufwand, der für die Erhaltung der vermieteten Objekte betrieben wird, ist abzugsfähig.

Einkünfte aus Vermietung und Verpachtung (V+V)

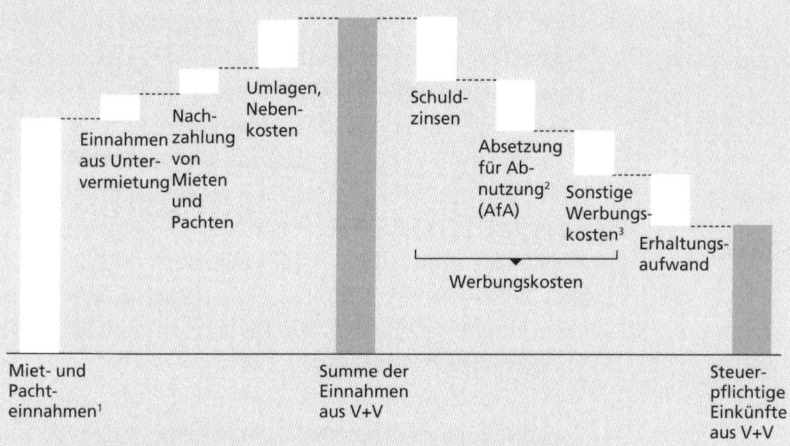

1 Für die Überlassung von Häusern, Wohnungen, Garagen, unbebauten Grundstücken usw.
2 Abhängig von der Anschaffung/Erstellung des Gebäudes nach §7 EStG
3 Z. B. für Betriebskosten/Verwaltungskosten, Versicherungen

Das kann dazu führen, dass die steuerpflichtigen Einkünfte aus Vermietung und Verpachtung negativ werden und als Verlustabzug das übrige zu versteuernde Einkommen reduzieren.

AfA: Absetzung für Abnutzung

Eine Besonderheit bei den Werbungskosten für Einkünfte aus Vermietung und Verpachtung ist die AfA. Diese Abschreibungen entsprechen Annahmen über den Wertverlust eines Objekts und dürfen als abzugsfähige Aufwendungen steuerlich geltend gemacht werden. Die Abschreibungssätze sind im Einkommensteuergesetz detailliert und verbindlich geregelt. Beispielsweise können für ein neu erstelltes Mehrfamilienhaus (Bau- oder Kaufvertrag ab 2006), das zum Privatvermögen gehört, jährlich 2 Prozent der Anschaffungs- oder Herstellungskosten abgeschrieben werden. Bei früheren Anschaffungen oder denkmalgeschützten Gebäuden sind teilweise höhere Abschreibungssätze möglich.

Schuldzinsen

»Fremdkapital bringt steuerliche Vorteile.« Diese Aussage verstehen viele als allgemeingültig. Sie ist es aber nicht! Erstens können Schuldzinsen nur abgezogen werden, wenn eine erkennbare Gewinnerzielungsabsicht, also eine Generierung von zu versteuerndem Einkommen, besteht. Und zweitens ist die Aufnahme von Fremdkapital nur dann ratsam, wenn die mit Fremdkapital getätigten Investitionen netto – also nach Steuern – eine Rendite erzielen, die höher ist als die Nettozinsen für das Fremdkapital.

Das heißt, man muss die Nachsteuerbetrachtung auch bei den Investitionen anwenden, die mit geliehenem Geld finanziert werden. Da im Ruhestand in der Regel das Einkommen und damit auch die Grenzsteuersätze sinken, stellt sich die Frage, ob bestehende Darlehen zurückgeführt oder prolongiert werden sollen. Das folgende Beispiel verdeutlicht diesen wichtigsten Grundsatz.

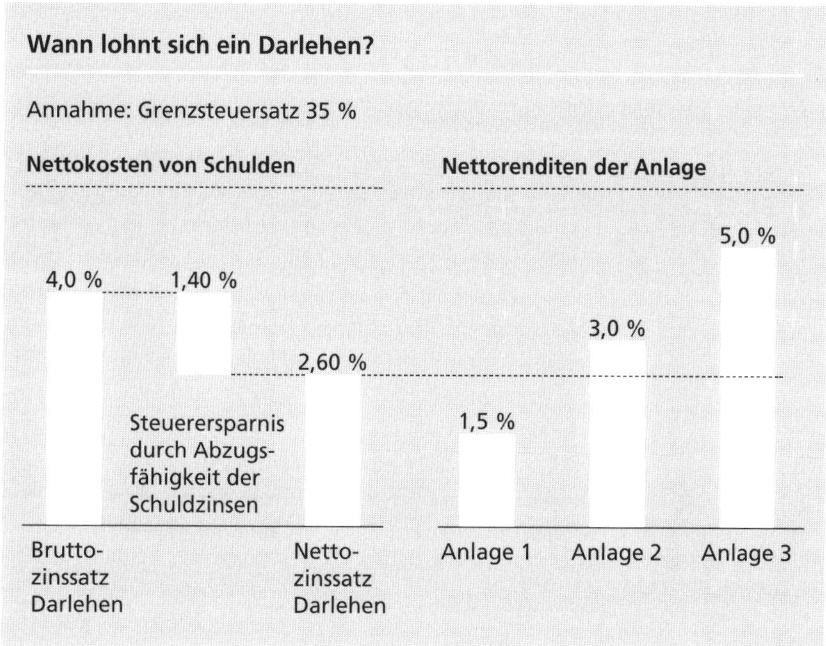

Für ein Darlehen müssen beispielsweise 4 Prozent Zinsen gezahlt werden. Sofern diese steuerlich abzugsfähig sind, entsteht eine Steuerreduzierung in Höhe des Grenzsteuersatzes – bei 35 Prozent also 1,40 Prozentpunkte. Netto nach Steuern muss der Anleger somit nur 2,60 Prozent für das Fremdkapital bezahlen. Diesem Zinssatz muss jetzt die Nettorendite gegenübergestellt werden, die die fremdfinanzierte Investition erwirtschaftet.

Wird zum Beispiel ausschließlich in Tages- und Festgelder investiert, die 2 Prozent bringen, bleiben dem Anleger nach Abzug der Abgeltungsteuer nur rund 1,5 Prozent übrig. Damit verschenkt er jedes Jahr Geld, weil er für das Fremdkapital netto mehr bezahlen muss, als er an Nettorendite erhält. Der Vorteil über die steuerliche

Abzugsfähigkeit der Schuldzinsen ist also in diesem Fall nicht gegeben.

Kann der Anleger mit seinen Anlagen jedoch eine höhere Nettorendite erzielen, dann lohnt sich – rein rechnerisch – die Aufnahme von Fremdkapital. Ein Renditevorteil kann allerdings nur mit höherem Risiko erzielt werden. Darum ist es wichtig, dass die Beurteilung von Schulden nicht nur unter steuerlichen Gesichtspunkten, sondern unter Einbeziehung der möglichen Risiken einer Investition getroffen wird. Details hierzu finden Sie in Kapitel 8.

Fazit

Ob Darlehen auf vermietete Immobilien zurückgeführt werden sollten, bleibt eine Einzelfallentscheidung. Diese ist nicht nur abhängig von der steuerlichen Situation, sondern auch davon, ob genügend flüssige Mittel dafür vorhanden sind.

Ausländische Immobilien

Bei immobilen Werten im Ausland liegt die Steuerhoheit bei dem Land, in dem sich die Anlagen befinden. Die Besteuerung von Mieteinnahmen und Veräußerungsgewinnen erfolgt also nach den Steuergesetzen des jeweiligen Staates. Besteht ein Doppelbesteuerungsabkommen, sind diese Einnahmen in Deutschland nicht mehr zu versteuern. Allerdings werden sie trotzdem zur Bemessung der hierzulande zu zahlenden Steuer herangezogen. Dieser Umstand wird als »steuerfrei unter Progressionsvorbehalt« bezeichnet. Die ausländischen Mieteinnahmen erhöhen zwar nicht das hiesige zu versteuernde Einkommen, aber den Steuersatz darauf.

Besteuerung von Kapitalerträgen

Funktionsweise der Abgeltungsteuer

Mit dem Unternehmensteuerreformgesetz 2008 vom 14. August 2007 (BGBl. I S. 1912) wurde die Abgeltungsteuer zum 1. Januar 2009 als neue Erhebungstechnik für Steuern auf Kapitaleinkünfte eingeführt. Sie ersetzte das frühere Verfahren, nach dem der Steuerpflichtige seine Kapitalerträge in der Einkommensteuererklärung angeben muss.

Vorher hatte die insbesondere von Banken einbehaltene Steuer auf Kapitalerträge (Zinsabschlag und Kapitalertragsteuer) lediglich den Charakter einer Vorauszahlung auf die vom Finanzamt zu ermittelnde Einkommensteuer. Mit der Abgeltungsteuer wurde somit für Kapitalerträge – ähnlich wie bei der Lohnsteuer – ein sogenanntes Quellenabzugsverfahren angewandt. Die Schuldner der Kapitalerträge bzw. die auszahlenden Stellen (z. B. Banken, Finanzdienstleister) behalten die Steuer ein und führen sie direkt an das Finanzamt ab.

Höhe der Abgeltungsteuer

Zinsen, Dividenden, Fondsausschüttungen oder Kurs- und Währungsgewinne werden pauschal mit 25 Prozent zuzüglich Solidaritätszuschlag (ergibt 26,375 Prozent) und gegebenenfalls Kirchensteuer (ergibt 27,82 bzw. 27,99 Prozent, je nach Kirchensteuersatz) besteuert. Die Abgeltungsteuer fällt allerdings nur dann an, wenn der Sparerpauschbetrag von 801 bzw. 1.602 Euro für Verheiratete überschritten wird.

Erhebung der Abgeltungsteuer

Die Abgeltungsteuer wird direkt von den Banken, bei denen die Kapitalanlagen gehalten werden, einbehalten und an das Finanzamt abgeführt. Dies sollte zu einer deutlichen bürokratischen Entlastung führen. Tatsächlich kommen aber viele Anleger nicht herum, ihre Kapitalerträge immer noch in der Steuererklärung zu deklarieren, z.B. bei Depotstellen im Ausland.

Günstigerprüfung

Für die Abgeltungsteuer gilt das sogenannte Veranlagungswahlrecht: Ein Steuerpflichtiger, dessen individueller Steuersatz über 25 Prozent liegt, wird sich für die neue Besteuerung entscheiden, denn er muss seine Kapitaleinkünfte nicht wie bisher mit seinem persönlichen Steuersatz versteuern, sondern nur mit der 25-prozentigen Abgeltungsteuer. Liegt sein Steuersatz allerdings unter 25 Prozent, so kann er das alte Besteuerungsverfahren wählen, das sich am individuellen Steuersatz orientiert. Damit kann sich der Anleger das »zu viel« gezahlte Geld über seine Steuererklärung im Folgejahr zurückholen.

Tipp

Eine Veranlagung kann sich also lohnen, wenn das zu versteuernde Einkommen unter 30.000 Euro (für Verheiratete) bzw. unter 16.000 Euro liegt. Dann beträgt der Grenzsteuersatz rund 25 Prozent – bei niedrigerem Einkommen weniger.

Übergangsregelungen

Da viele Anleger eher langfristig an den Kapitalmärkten investieren und manche Positionen vielleicht schon jahrelang in ihrem Depot haben, wäre es aus Gründen der Steuergerechtigkeit verfehlt gewesen, die neue Besteuerung von Kapitaleinkünften für alle Investoren gleichermaßen auf einen Schlag einzuführen. Daher genießen Anlagen in Aktien, Fonds und festverzinslichen Wertpapieren grundsätzlich einen Bestandsschutz. Das bedeutet, dass Gewinne aus der Veräußerung von Kapitalanlagen, die vor dem 31. Dezember 2008 erworben wurden, auch in Zukunft steuerfrei bleiben.

Der Verkauf einer Aktie oder eines Aktienfonds mit Bestandsschutz will daher wohlüberlegt sein. Die Neuanlage muss – relativ gesehen – eine um mehr als 35 Prozent höhere Rendite abwerfen, damit die Nachsteuerrendite nicht niedriger ausfällt. Natürlich können steuerliche Aspekte nie allein ausschlaggebend für eine Anlageentscheidung sein. Es muss auch immer eine Perspektive des Bestandspapiers vorliegen. Ansonsten empfiehlt sich der Verkauf trotz Verlust des Bestandsschutzes.

Der Verkauf eines »Bestandspapiers« will wohlüberlegt sein

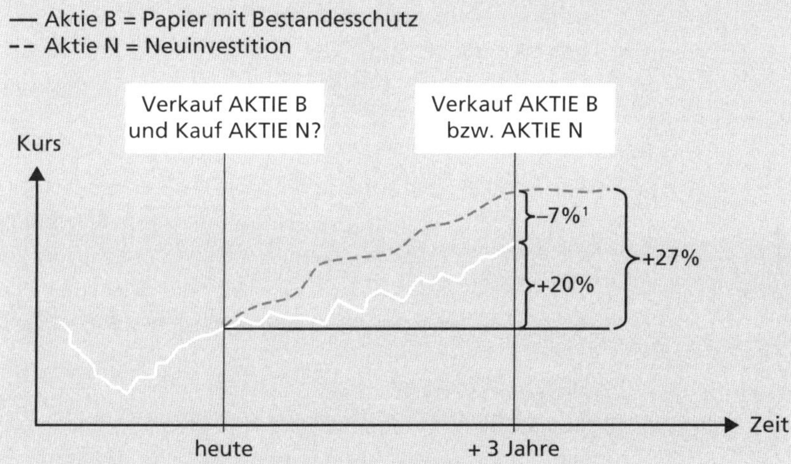

1 zu zahlende Abgeltungsteuer bei Verkauf ist = notwendige Mehrrendite der Neuinvestition (Aktie N), um dieselbe Nachsteuerrendite wie Aktie B zu erreichen

Verlustverrechnungen

Hatte ein Steuerpflichtiger noch Altverluste aus privaten Veräußerungsgeschäften, konnte er diese für eine Übergangszeit bis zum Jahr 2013 mit Gewinnen aus Veräußerung oder Einlösung von Kapitalanlagen verrechnen.

Ab 2014 ermöglicht der Gesetzgeber eine Verrechnung von Altverlusten nur noch mit Gewinnen aus nicht selbstgenutzten Immobilien oder »sonstigen Wirtschaftsgütern« wie etwa Kunstgegenständen oder Gold, die innerhalb der Spekulationsfrist verkauft wurden. Bei Kunstgegenständen und Gold beträgt diese Frist ein Jahr, bei Immobilien zehn Jahre. Nach dieser Frist sind die Gewinne ohnehin steuerfrei.

Unterjährige Verlustverrechnungen

Unterjährig verrechnet die Depotstelle eines Anlegers negative Kapitalerträge (z. B. gezahlte Stückzinsen beim Kauf einer Anleihe) mit positiven Kapitalerträgen. Dadurch werden die steuerpflichtigen Erträge gemindert. Zu beachten ist jedoch, dass Aktienverluste nur mit Aktiengewinnen verrechnet werden. Dagegen können Verluste aus allen anderen Wertpapier- und Termingeschäften auch mit laufenden Erträgen aus Kapitalanlagen wie Zinsen und Dividenden verrechnet werden. Dies gilt auch für Verluste aus dem Verkauf von Aktienfonds.

Die Depotstelle nimmt unterjährig auch eine »nachträgliche Verlustverrechnung« vor. Wird erst ein Gewinn realisiert (und Abgeltungsteuer hierauf bezahlt) und anschließend ein Verlust, so schreibt die Bank die – per Saldo – zu viel entrichtete Abgeltungsteuer wieder gut.

Weist ein Verrechnungstopf am Jahresende einen »Verlustüberhang« auf, so hat der Anleger zwei Möglichkeiten. Entweder er unternimmt nichts, dann überträgt die Bank den Verlust in das nächste Jahr und verrechnet ihn mit zukünftigen Erträgen. Alternativ kann der Anleger eine Verlustbescheinigung bis 15. 12. beantragen, mit der die Verluste im Rahmen der Einkommensteuererklärung mit Erträgen einer anderen Depotstelle verrechnet werden können.

Besonderheiten: ausländische Kapitalerträge

Auch auf ausländische Kapitalerträge fällt grundsätzlich Abgeltungsteuer an. Dies gilt aber nur, wenn die Papiere in einem inländischen Depot gelagert werden. Lässt ein Anleger die Wertpapiere im Ausland verwahren, muss er die erzielten Erträge und Kursgewinne in der Einkommensteuererklärung angeben. Die ausländischen Kapitalerträge werden dann genau wie inländische mit maximal 25 Prozent Kapitalertragsteuer zuzüglich Solidaritätszuschlag sowie eventuell Kirchensteuer versteuert. Ein Teil der im Ausland bezahlten Quellensteuer wird auf die Steuerschuld angerechnet.

Private Veräußerungsgeschäfte

Seit der Einführung der Abgeltungsteuer sind Wertpapiergeschäfte keine privaten Veräußerungsgeschäfte mehr. In diesen Bereich können jetzt noch Verkäufe von Immobilien und Mobilien fallen – sofern sie innerhalb bestimmter Fristen erfolgen.

Freigrenze und Verlustverrechnung

Der Gesetzgeber räumt bei Gewinnen aus Veräußerungsgeschäften eine Freigrenze von 600 Euro ein – liegt der Veräußerungsgewinn (»Spekulationsgewinn«) darüber, ist der komplette Betrag mit dem individuellen Steuersatz zu versteuern. Verluste dürfen nur mit Gewinnen aus privaten Veräußerungsgeschäften verrechnet werden, und zwar durch Ausgleich im selben Jahr sowie durch Rücktrag ins Vorjahr und Vortrag in die Folgejahre.

Veräußerungsgeschäfte mit Immobilien

Beträgt bei Gebäuden, Eigentumswohnungen oder unbebauten Grundstücken der Zeitraum zwischen Anschaffung und Verkauf nicht mehr als zehn Jahre, liegt ein steuerpflichtiges privates Veräußerungsgeschäft (»Spekulationsgeschäft«) vor. Handelt es sich um einen längeren Zeitraum, ist der erzielte Gewinn steuerfrei.

Sofern die Immobilie ausschließlich zu eigenen Wohnzwecken genutzt wird, reduziert sich die Frist. Der Verkauf ist steuerfrei, wenn die Immobilie im Jahr des Verkaufs und in den beiden vorherigen Jahren vollständig selbst genutzt wurde. Nicht erforderlich ist jedoch, dass dieser Zeitraum drei volle Kalenderjahre umfasst.

Spekulationsgewinn bei Immobilien

Der Spekulationsgewinn bei Immobilien ist die Differenz zwischen dem Veräußerungspreis und den Anschaffungs- bzw. Herstellungskosten. Angefallene Nebenkosten wie Grunderwerbsteuer, Notarkosten oder Maklergebühren können in Abzug gebracht werden. Allerdings erhöht sich der (steuerliche) Veräußerungsgewinn um die während der Haltedauer in Anspruch genommenen Abschreibungen (AfA). Es kann also passieren, dass eine Immobilie mit Verlust verkauft wird und zusätzlich noch Steuern auf dieses Geschäft zu zahlen sind.

Steuerrisiko »Gewerblichkeit«

Doch Vorsicht: Verkaufen Sie innerhalb von fünf Jahren mehr als drei Immobilien, geht das Finanzamt von gewerblichem Grundstückshandel aus – und versteuert Gewinne als gewerbliche Einkünfte. Dabei ist es unerheblich, ob die Verkäufe innerhalb oder außerhalb der Zehnjahresfrist stattfinden.

Wichtig zu wissen ist überdies, dass Veräußerungsgewinne bei geschlossenen Fonds innerhalb von zehn Jahren steuerrechtlich ebenfalls zu den privaten Veräußerungsgeschäften gezählt werden, Veräußerungsgewinne bei offenen Immobilienfonds zählen hingegen zu Kapitaleinkünften und unterliegen der Abgeltungsteuer.

Veräußerungsgeschäft mit Mobilien

Auch der Veräußerungsgewinn von Mobilien ist steuerpflichtig, sofern der Zeitraum zwischen Anschaffung und Verkauf nicht mehr als ein Jahr beträgt. In der Praxis dürfte dies vor allem für Wertgegenstände wie Goldbarren, Goldmünzen, Antiquitäten, Schmuck oder Gemälde relevant sein.

Kapitel 7

Die Sicherstellung des Einkommens: Ein Strategievergleich

Mögliche Einkommensquellen

Möglichkeiten zur Schließung der Versorgungslücke

In Kapitel 2 wurde die Finanzplanung ausführlich beschrieben. Eines ihrer Ziele besteht darin herauszufinden, wie hoch der Einkommensbedarf aus dem Vermögen nach der Pensionierung sein wird. In einem nächsten Schritt gilt es nun zu analysieren, mit welcher Strategie diese Versorgungslücke am sinnvollsten geschlossen werden kann. Dabei stehen grundsätzlich fünf mögliche Einkommensquellen zur Verfügung. Diese können danach charakterisiert werden, wie sich die Kapitalentwicklung gestaltet und in welcher Art und Höhe das Einkommen anfällt.

- Vermietete Immobilien zeichnen sich durch einen relativ stabilen Wert aus. Die Bruttomieteinnahmen betragen jährlich zwischen 3 und 7 Prozent des Objektwerts.

- Rentenpapiere erhalten ihren Nominalwert und bringen Zinserträge von 2 bis 6 Prozent pro Jahr.

- Aktien unterliegen hohen Wertschwankungen und schütten Dividenden zwischen 1 und bis zu 4 Prozent pro Jahr aus.

- Bei Leibrenten wird das eingezahlte Kapital sukzessive verzehrt. Die Rentenzahlungen machen 4 bis 6 Prozent des Anfangskapitals aus.

- Beim gezielten Substanzverbrauch nimmt das Kapital laufend ab. Das resultierende Einkommen beträgt beispielsweise bei einer Anlagedauer von zehn Jahren jährlich 11 bis 13 Prozent des Anfangskapitals.

Die Angaben beziehen sich auf Durchschnittswerte, von denen sich im Einzelfall und je nach effektiver Anlage natürlich Abweichungen ergeben können.

Einkommensquellen im Überblick

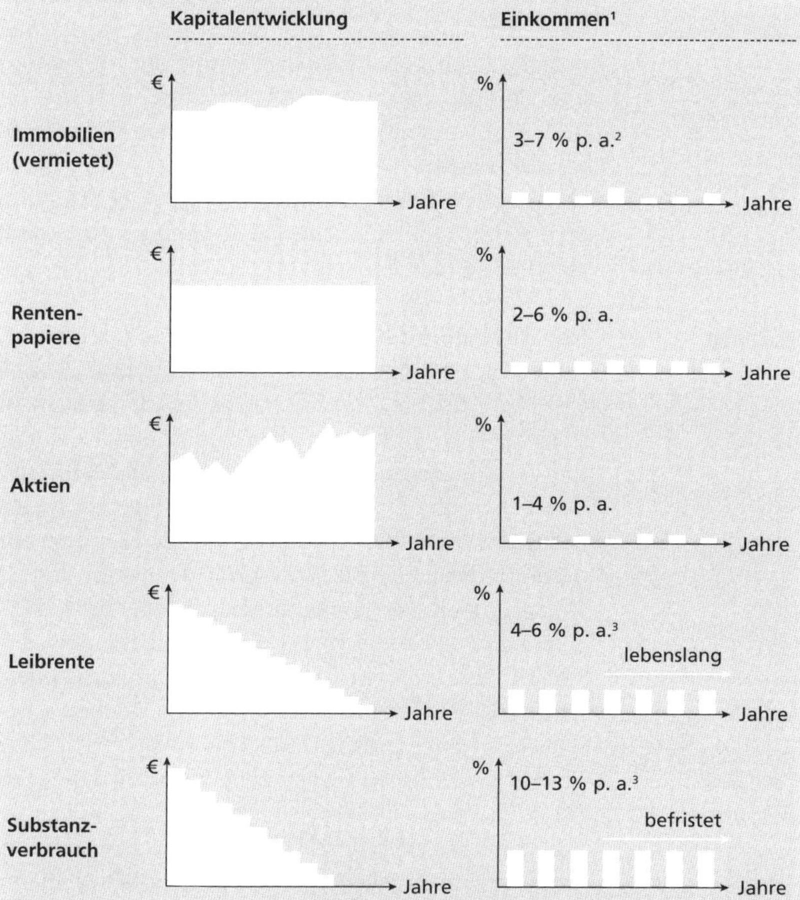

1 Brutto, das heißt vor Steuern, Gebühren und Inflation
2 Bruttorendite = Rohertrag, bezogen auf Gesamtwert der Immobilie
3 Umwandlungssatz, das heißt Zins und Substanzverbrauch (bei Leibrenten lebenslang, bei Substanzverbrauch bestimmte Zeitdauer, z. B. 10 Jahre)

Beurteilung

Möchte unser Finanzchef die oben genannten Einkommensquellen beurteilen und miteinander vergleichen, so muss er eine Reihe von Kriterien hinterfragen.

Referenzwährung

Bezugsgröße für die Beurteilung unterschiedlicher Einkommensquellen ist immer die Währung, in der die Lebenshaltungskosten anfallen, die sogenannte Referenzwährung. Alle anderen Währungen, seien sie noch so vertraut, sind Fremdwährungen. Analysen zu Einkommen, Rentabilität und Sicherheit müssen in jedem Fall in der Referenzwährung gemacht oder in diese umgerechnet werden. Seit der Einführung des Euro ist die Frage nach der Referenzwährung meist geklärt, außer man verbringt einen Teil des Jahres in einem außereuropäischen Land.

Risiko der Anlageform

Jede Anlageform ist durch spezifische Risiken charakterisiert. Die jeweiligen Risiken sind durchaus im Vorfeld einer Investition erkennbar (Ausfallrisiko, Kursschwankungsrisiko) und auch messbar (Bonität anhand von Ratings, Kursschwankungen anhand der Standardabweichung). Insofern kann jeder – abgeleitet aus seinem Anlagehorizont und seiner persönlichen Risikotoleranz – eine individuelle Risikofähigkeit definieren und die Anlageformen bzw. Einkommensquellen entsprechend auswählen und zusammenstellen. Die hierzu notwendigen Hintergrundinformationen haben wir in Kapitel 8 zusammengestellt.

Höhe des Einkommens

Eine der wichtigsten Fragen betrifft natürlich die Höhe des Einkommens. Meist wird dies in Prozent des Anfangskapitals ausgedrückt: 4 Prozent pro Jahr auf 500.000 Euro ergeben zum Beispiel ein Jahreseinkommen von 20.000 Euro.

Frequenz der Einkommenszahlungen

Als Erwerbstätiger müsste man sich diese Frage normalerweise nicht stellen, aber bei der finanziellen Ruhestandsplanung ist es wichtig, sich darüber im Klaren zu sein, in welchem Rhythmus »neues« Einkommen zur Verfügung gestellt werden muss: Soll das Einkommen monatlich, viertel- oder halbjährlich zur Verfügung stehen? Genügt eine Auszahlung pro Jahr? Welche Anlageform kommt für den kurzfristigen Einkommensbedarf infrage? Kann die Frequenz der Zahlung beeinflusst werden?

Flexibilität

Wie flexibel sind die Anlageinstrumente? Kann ich die Anlageform problemlos wechseln oder ist dafür eine gewisse Zeit einzukalkulieren? Sind hohe Kosten damit verbunden? Eine weitere Frage betrifft den Einkommensbedarf, der kurzfristig schwanken kann: Einmal sind mehr, dann wieder weniger Entnahmen nötig. Kann auf solche Veränderungen reagiert werden?

Steuerbelastung

Schließlich bildet die Höhe der Steuern auf einer Einkommensquelle ein wesentliches Kriterium. Dabei müssen effektive und steuerpflichtige Einnahmen nicht identisch sein. Im Immobilienbereich können zum Beispiel Abschreibungen geltend gemacht werden. Bei Wertpapieranlagen sind – seit Einführung der Abgeltungsteuer – die Einnahmen grundsätzlich voll steuerpflichtig.

Nachstehend werden die fünf wichtigsten Einkommensquellen – Immobilien, Rentenpapiere, Aktien, Leibrenten und Substanzverbrauch – näher beschrieben und bewertet.

Vermietete Immobilien als Einkommensquelle

Ziel einer Immobilienanlage ist der langfristige Substanzerhalt. Das bedeutet, dass die Kapitalentwicklung mindestens die Inflation ausgleichen sollte. Das Risiko einer Immobilienanlage zeigt sich im Objekt selbst (Konzept, Qualität) und in der Lage (Region, Standort). Wichtigster Bestimmungsfaktor des Marktwerts (einer vermieteten Immobilie) ist die Höhe der Netto-Mieteinnahmen.

Vermietete Immobilien als Einkommensquelle

Kapitalentwicklung

- Ziel: langfristiger Substanzerhalt (Ausgleich der Inflation)
- Wertentwicklung abhängig von Objekt und Lage
- Wichtiger Bestimmungsfaktor: Entwicklung der Netto-Mieteinnahmen

Einkommen

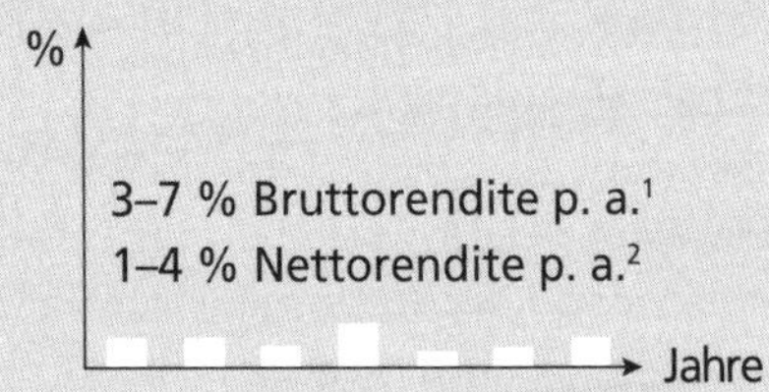

- Schwankende Erträge, je nach Mietauslastung und Mietniveau
- Schwankende Kosten für Bewirtschaftung, Verwaltung und Instandhaltung
- Berücksichtigung von kalkulatorischem Aufwand (Abschreibungen, Rückstellungen)

1 Bruttorendite = Rohertrag, bezogen auf Gesamtwert der Immobilie
2 Nettorendite = Reingewinn nach Steuern, bezogen auf Eigenkapital

Mieteinnahmen

Das Einkommen, das sich mit vermieteten Immobilien erzielen lässt, fließt in Form von Mieteinnahmen. Setzt man die Mieteinnahmen ins Verhältnis zum Gesamtwert des Objekts, erhält man die sogenannte Bruttorendite oder den Rohertrag, der in der Regel 3 bis 7 Prozent pro Jahr brutto ausmacht. Brutto ist jedoch natürlich nicht gleich netto. Zunächst müssen die Kosten für Bewirtschaftung und Instandhaltung abgezogen werden.

Auch Zinsen für Darlehen sowie den kalkulatorischen Aufwand in Form von Abschreibungen und Rückstellungen müssen berücksichtigt werden. Die verbleibenden Erträge sind zu versteuern. Schließlich bleibt bei vermieteten Immobilien eine Nettorendite (bezogen auf das gebundene Eigenkapital) von 1 bis 4 Prozent pro Jahr.

Anleihen als Einkommensquelle

Bei Rentenpapieren bleibt der Nominalwert erhalten. Die zu 100 Prozent emittierte Anleihe wird nach der entsprechenden Laufzeit zu 100 Prozent zurückgezahlt – vorausgesetzt, die Bonität des Schuldners stimmt. Zwar unterliegen auch Anleihen während der Laufzeit Wertschwankungen, verursacht durch Zinsänderungen an den Kapitalmärkten (siehe Kapitel 8). Diese Schwankungen kann ein Anleger, der Rentenpapiere nur zu Einkommenszwecken hält und während der Laufzeit nicht veräußern möchte, jedoch ignorieren, da für ihn nur der Kauf- und der Rückzahlungspreis wichtig sind. Anleihen mit schlechter Schuldnerqualität sind für die Einkommenssicherstellung nicht geeignet.

Regelmäßige Zinsausschüttungen

Als Einkommen erhält der Besitzer von Rentenpapieren regelmäßige Ausschüttungen in Höhe des Zinskupons. Diese sind abhängig vom Marktzinsniveau zum Zeitpunkt der Emission, also der Herausgabe der jeweiligen Anleihe. In einer Tiefzinsphase wie im Frühjahr 2014 bringen erstklassige Papiere weniger als 2 Prozent.

Für eine Ruhestandsplanung ist aber ein längerer Zeithorizont von mindestens zehn Jahren zu betrachten, für den man mit Zinsen von 2 bis 6 Prozent pro Jahr rechnen kann. Nach Abzug der Abgeltungsteuer bleiben davon rund 1,5 bis 4,5 Prozent übrig. Hierbei sind allerdings die Kosten für Kauf, Aufbewahrung und Bewirtschaftung der Anleihen noch nicht berücksichtigt.

Rentenpapiere als Einkommensquelle

Kapitalentwicklung

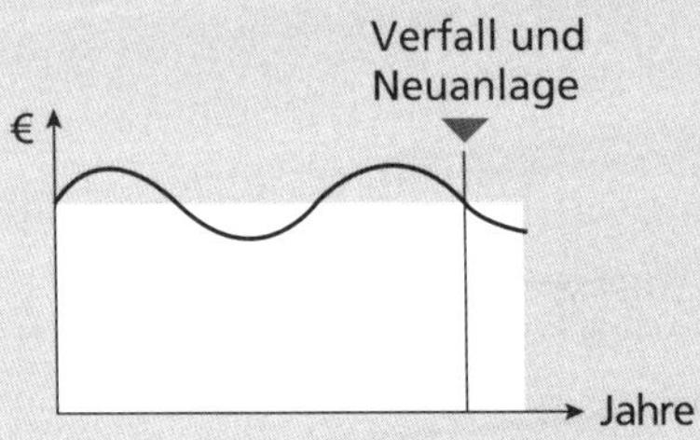

- Ziel: Nominalwerterhalt (Rückzahlung zu 100 % bei Verfall)
- Rückzahlung abhängig von der Bonität des Schuldners
- Wertschwankungen während der Laufzeit, abhängig von Zins- und Bonitätsänderungen

Einkommen

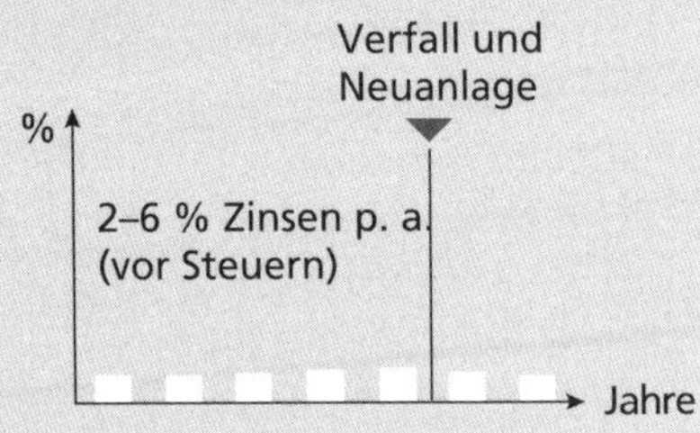

- Konstante Zinszahlungen (Kupon) während gesamter Laufzeit
- Höhe des Zinses abhängig vom Marktzinsniveau zum Emissionszeitpunkt
- Zinseinnahmen voll steuerpflichtig (Sparerpauschbetrag)

Aktien als Einkommensquelle

Das Ziel von Aktienanlagen ist langfristiges Kapitalwachstum. In der ersten Dekade des neuen Jahrtausends mussten Anleger allerdings mit starken Kursschwankungen leben. Letztlich entscheidend für die Wertentwicklung einer Aktie sind die Gewinnerwartungen des Unternehmens. Wächst der Gewinn kontinuierlich, so steigt auch der Kurs der Aktie. Stagniert der Gewinn, so kommt auch der Aktienkurs nicht vom Fleck. Denn der Kurs ist langfristig gesehen immer ein Spiegelbild der Summe aller zukünftigen Gewinne. Weitere Grundsätze, die ein Anleger bei Aktienengagements beachten sollte, sind in Kapitel 8 erläutert.

Aktien als Einkommensquelle

Kapitalentwicklung

- Ziel: Langfristiges Kapitalwachstum, über Inflationsausgleich hinaus
- Wertentwicklung abhängig von den Gewinn-Erwartungen für die Unternehmen und den volkswirtschaftlichen Rahmenbedingungen
- Übliches Kursschwankungsniveau: +/–17 % p. a., in Extremsituationen auch mehr

Einkommen

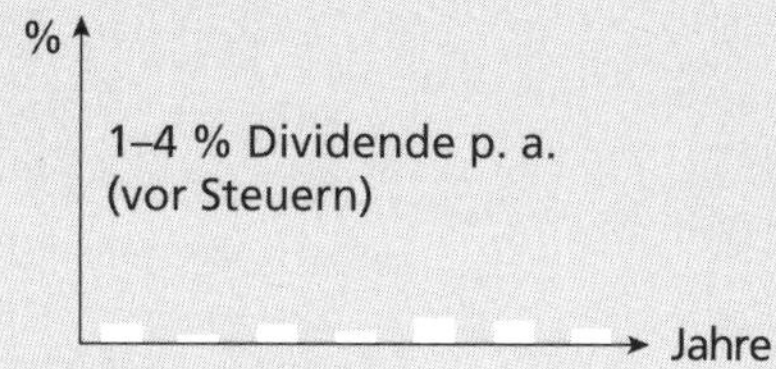

- Dividende nur ein Teil der Gesamtrendite von Aktien
- Höhe abhängig vom Gewinn und der Ausschüttungspolitik der Unternehmen
- Dividenden voll steuerpflichtig (Sparerpauschbetrag)

Ausfall- und Schwankungsrisiko

Das Ausfallrisiko von Aktien kann minimiert werden, indem eine genügende Anzahl von Aktien – oder noch besser ein Aktienfonds – gekauft wird. Das Kursschwankungsrisiko hingegen ist nicht zu vermeiden; kurzfristige Wertschwankungen von 15 bis 20 Prozent pro Jahr sind nicht die Ausnahme, sondern kommen immer wieder vor. Die Flexibilität der Anlageform Aktien ist abhängig von der aktuellen Marktlage: Entwickelt sich der Markt gut, kann man jederzeit aufgelaufene Gewinne realisieren, indem man Aktien verkauft. Bei einer Negativentwicklung des Markts entsteht jedoch beim Verkauf der Aktie ein Verlust.

Einkommen in Form von Dividenden

Als Einkommensquelle sind Dividenden grundsätzlich nicht so gut geeignet wie Zinsen. Denn Letztere sind erstens stabiler und zweitens – im Durchschnitt – höher. Zudem ist die Höhe der Dividende je nach Unternehmen sehr unterschiedlich. Junge Wachstumswerte schütten häufig nicht aus, da sie ihren gesamten Gewinn ins Unternehmen reinvestieren. Hingegen können große, cashflowstarke Unternehmen ihre Aktionäre mit üppigen Dividenden von 4 Prozent und mehr bedienen. In Niedrigzinsphasen – wie während der Abfassung dieses Buchs – sind Dividendenwerte besonders interessant. Die Gewinnausschüttungen von großen internationalen Unternehmen liegen dann teilweise deutlich über den Zinsen der jeweiligen Unternehmensanleihen.

Private Renten als Einkommensquelle

Eine private Rente »kauft« man sich bei einer Lebensversicherungsgesellschaft. Das eingesetzte Kapital wird dabei verzehrt. Die Versicherung verpflichtet sich aber, die Rente bis zum Lebensende zu bezahlen, auch wenn das Kapital bereits aufgebraucht sein sollte. Die Anlage des Geldes wird in vollem Umfang durch eine Art Vermögensverwaltungsauftrag an die Versicherungsgesellschaft delegiert, jedoch ohne spezifische Vorgaben für die Anlagestrategie. Diese formuliert die Versicherungsgesellschaft selbst, in Abhängigkeit von der Gesetzgebung und den Aufsichtsorganen, aber ohne Mitspracherecht des Versicherungsnehmers. Die Anlagestrategien der Lebensversicherungsgesellschaften sind sehr sicherheitsorientiert. Der Großteil der Kapitalen wird in Rentenpapiere angelegt, höchstens 35 Prozent dürfen in Aktien investiert werden. Erfahrungsgemäß investieren die Versicherungsgesellschaften weniger als 10 Prozent ihres Anlagevermögens in Aktien.

Der Umwandlungssatz

Die Rentenhöhe ergibt sich aus der Höhe des eingesetzten Kapitals und aus dem Umwandlungssatz. Beispielsweise bedeutet ein Umwandlungssatz von 5 Prozent, dass ein Kapitalstock von 500.000 Euro eine jährliche Rente von 25.000 Euro bringt. Die Höhe des Umwandlungssatzes ist abhängig von der Art der Rente, vom Alter bei erstmaligem Rentenbezug, von der Verzinsung des (Rest-)Kapitals und von der Berechnungsmethode der jeweiligen Versicherungsgesellschaft. Allgemein gilt: je höher das Alter bei Rentenbeginn, desto höher auch der Umwandlungssatz (weil die Lebenserwartung sinkt und die Rentenzahlung deshalb weniger lang erfolgen muss).

Leibrente als Einkommensquelle

Kapitalentwicklung

- Delegation der Kapitalanlage an eine Lebensversicherungsgesellschaft
- Anlage erfolgt nach hohen Sicherheitskriterien (v. a. Rentenpapiere)
- Kapital wird in Abhängigkeit der Restlebenserwartung systematisch verbraucht

Einkommen

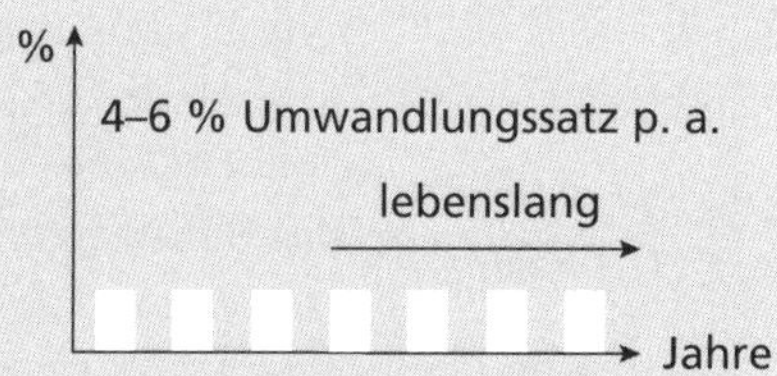

- Lebenslange Auszahlung einer Rente
- Rentenhöhe abhängig vom Alter beim erstmaligen Rentenbezug, von der Höhe des Kapitals und von der Verzinsung des Restkapitals
- Rente zum Ertragsanteil steuerpflichtig (zum Beispiel zu 18 % im Alter 65)

Statistisch haben Frauen eine höhere Lebenserwartung als Männer, weshalb der Umwandlungssatz für Frauen generell niedriger sein müsste. Der Gesetzgeber hat diese Diskriminierung mit der Einführung der sogenannten Unisex-Tarife beseitigt.

Renten sind nur zum sogenannten Ertragsanteil steuerpflichtig. Der Gesetzgeber berücksichtigt also, dass nur ein Teil der Renten aus (steuerpflichtigen) Zinsen und Dividenden besteht, der größere Teil aber (steuerfreien) Substanzverbrauch darstellt. Der steuerpflichtige Ertragsanteil beträgt beispielsweise bei einem 65-jährigen Mann 18 Prozent (die detaillierte Alterstabelle ist in Kapitel 6 dargestellt).

Beispielrechnung

Ein 65-jähriger Mann zahlt einen Einmalbetrag von 500.000 Euro in eine private Rentenversicherung ein. Er erhält dafür eine sofort beginnende jährliche Rente in Höhe von 25.000 Euro mit einer Rentengarantiezeit von 15 Jahren (die Versicherung zahlt die garantierte Rente während der Garantiezeit in jedem Fall aus, auch wenn der ursprüngliche Rentenbezieher vorzeitig stirbt). Der Umwandlungssatz beträgt also 5,0 Prozent. Siehe hierzu auch die folgende Grafik.

Die Gesamtrente setzt sich aus einem garantierten Teil und einem Überschussanteil zusammen. In unserem Beispiel beträgt die Garantie 21.000 Euro im Jahr; die Überschussrente entspricht mit 4.000 Euro nochmals ca. einem Fünftel des garantierten Teils. Bei einer sogenannten dynamischen oder teildynamischen Rente wird der Überschuss jährlich um 1 bis 3 Prozent erhöht und kann so zum Inflationsausgleich beitragen. Die Summe der Überschüsse kann bei dieser Variante allerdings auch nicht höher sein als bei einer konstanten Rente. Die Überschüsse werden lediglich anders über die Zeit verteilt.

Beginnend mit einer sehr tiefen Überschussrente, wird diese sukzessive erhöht und überholt dann nach einigen Jahren die konstante Überschussrente.

Rechenbeispiel sofort beginnende Leibrente

Basis: Durchschnitt von eingeholten Angeboten für einen 65-jährigen Mann bei 10 verschiedenen Lebensversicherungsgesellschaften (Stand 04/2014), Garantiezeit 15 Jahre, Angaben in €

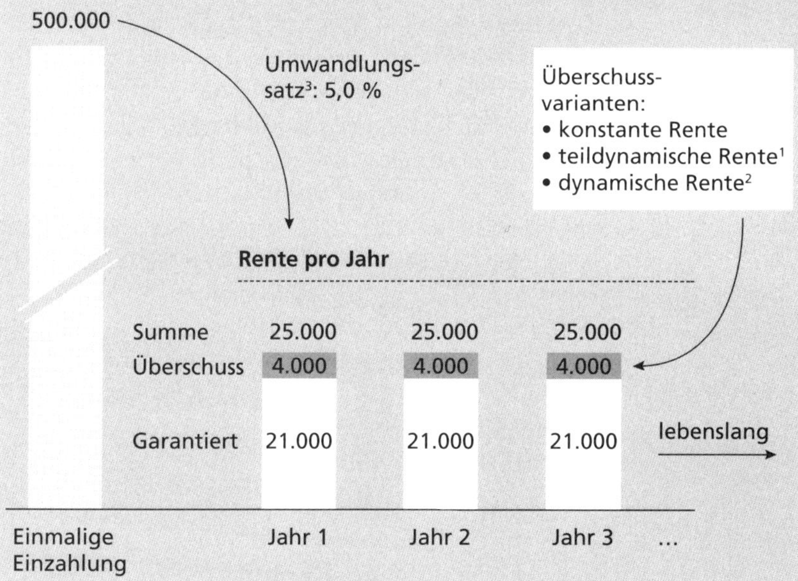

1 Nebst einer konstanten Überschussrente gibt es teilweise eine dynamische Erhöhung
2 Nach dem 1. Jahr wird die Garantierente durch jährlich steigende Überschussrenten erhöht (1 bis 3 % Erhöhung p. a.)
3 Der Umwandlungssatz gibt die Höhe der jährlichen Rente zum eingesetzten Kapitalstock an

Umwandlungssatz ist nicht gleich Rendite

Doch Achtung: Der Umwandlungssatz einer privaten Rente sagt noch nichts über ihre Rentabilität aus. Entscheidend dafür ist vielmehr die Lebenserwartung. Je älter man wird, umso mehr Renten muss die Versicherung auszahlen. Die Investition hat sich für den Anleger dann gelohnt, wenn er älter wird, als er – statistisch gesehen – werden dürfte. Die folgende Rechnung verdeutlicht diesen Zusammenhang:

Der 65-jährige Anleger hat – gemäß Sterbetafel des Statistischen Bundesamts – noch eine Restlebenserwartung von 17,5 Jahren. Bis zu seinem »statistischen Ableben« erhält er rund 370.000 Euro an garantierten Rentenzahlungen, also 25 Prozent weniger als sein eingesetztes Kapital von 500.000 Euro – von einer Verzinsung ganz zu schweigen. Berücksichtigt man noch die zu zahlenden Steuern, so hat der Anleger mit rund 350.000 Euro über 150.000 Euro weniger erhalten, als er eingezahlt hat. Erst wenn der Anleger 95 Jahre alt wird, beginnt sich die Versicherung für ihn zu rentieren. Er hat dann eine Rendite von 1,6 Prozent pro Jahr vor Steuern erreicht. Sofern die Versicherung ihre Überschussversprechungen einhält, kann sich die Rendite auf 2,8 Prozent erhöhen.

Rentabilität einer Sofortrente von der Lebenserwartung abhängig

Basis: 65-jähriger Mann, Einlage: 500.000 €, garantierte Mindestlaufzeit der Rente: 15 Jahre, Steuersatz des Anlegers: 30 %[1], Angaben in €

Laufzeit/ Alter des Versicherten in Jahren	Rentenzahlungen (exkl. Überschüsse) vor St. (4,2 %)[2]	Rentenzahlungen (exkl. Überschüsse) nach St. (4,0 %)[2]	Summe erhaltener Rentenzahlungen vor St.	Summe erhaltener Rentenzahlungen nach St.	Rendite pro Jahr[3] vor St.	Rendite pro Jahr[3] nach St.
15/80	21.000	19.900	315.000	298.000	–5,29 %	–5,87 %
20/85	21.000	19.900	420.000	397.000	–1,61 %	–2,10 %
25/90	21.000	19.900	525.000	497.000	+0,38 %	–0,05 %
30/95	21.000	19.900	630.000	596.000	+1,56 %	+1,17 %

1 Die Rentenzahlungen sind zum sogenannten Ertragsanteil (hier: 18 %) steuerpflichtig
2 Der Umwandlungssatz drückt aus, wie hoch die jährliche Rentenzahlung im Verhältnis zum Basiskapital ausfällt (Basiskapital x Umwandlungssatz = Höhe der Rentenzahlung)
3 Berechnet nach der Methode des internen Zinsfußes (IRR)

Vorsicht beim Angebotsvergleich

Beim Vergleich von Angeboten für Rentenversicherungen ist Vorsicht geboten. Das höchste Angebot ist nicht automatisch auch das beste, denn bei den Überschüssen gibt die Versicherung nur Prognosen ab. Dabei ist zu hinterfragen, ob die angenommenen Überschussanteile realistisch sind. Die Überschüsse entstehen aus sogenannten »Sterbegewinnen« (die Anleger sterben früher als kalkuliert) und aus Anlagegewinnen. Zu Anlagegewinnen kommt es, wenn die Versicherungsgesellschaft mit den Geldern eine Rendite erwirtschaftet, die höher als die gesetzlich garantierte Verzinsung von 1,75 Prozent ist (Stand 2014, 1,25 Prozent in Planung ab 2015). Das ist sicherlich möglich.

Nicht realistisch sind allerdings Renditeannahmen von 6 Prozent und mehr. Denn hierzu müsste die Versicherung eine Bruttorendite von deutlich über 7 Prozent erwirtschaften, da sie noch Aufwendungen für die Verwaltung und Provisionen hat. Eine solche Rendite wäre nur mit einem reinen Aktienportfolio zu erreichen. Die Versicherungen dürfen aber von Gesetzes wegen nicht mehr als 35 Prozent Aktien in ihrem Portfolio halten. Ausländische Versicherer unterliegen diesen Richtlinien nicht. Entsprechend ist der Aktienanteil teilweise auch deutlich höher. Falls diese Versicherer dennoch eine lebenslange Rente garantieren, sollten Höhe und Ausgestaltung genau hinterfragt werden.

Substanzverbrauch als Einkommensquelle

Zugegeben, die Vorstellung, Einkommen durch bewussten Verzehr von Vermögensteilen zu erzielen, dürfte auf den ersten Blick so manchen Finanzplaner widerstreben, denn es kommt natürlich sofort der Gedanke auf: Was mache ich, wenn das Kapital aufgebraucht ist? Dennoch bietet diese Möglichkeit viele Vorteile. Beim Substanzverbrauch konstruiert man sich quasi seine eigene, zeitlich befristete Rente.

Die Überlegungen sind also dieselben, die eine Versicherungsgesellschaft bei einer Leibrente anstellt: Wie lange muss das Kapital ausreichen, und wie hoch ist die interne Verzinsung? Als Anlageformen kommen damit nur konservative Papiere infrage. In der Regel wählt man Papiere mit zeitlich gestaffelten Ablaufzeiten, abgeleitet aus dem Verbrauchsrhythmus. Das Einkommen ist per Definition zeitlich befristet. Die Einkommenshöhe ist abhängig von der gewünschten Verbrauchsdauer und von der Verzinsung des (Rest-)Kapitals.

Substanzverbrauch als Einkommensquelle

Kapitalentwicklung

- Selbst konstruierte, zeitlich befristete »Rente«; verwaltet in Eigenregie
- Zeitlich gestaffelte Anlage in sichere Papiere, abgeleitet aus dem Verbrauchsrhythmus
- Bewusster Verbrauch eines Teilvermögens während einer im Voraus bestimmten Zeitdauer (z. B. 10 Jahre)

Einkommen

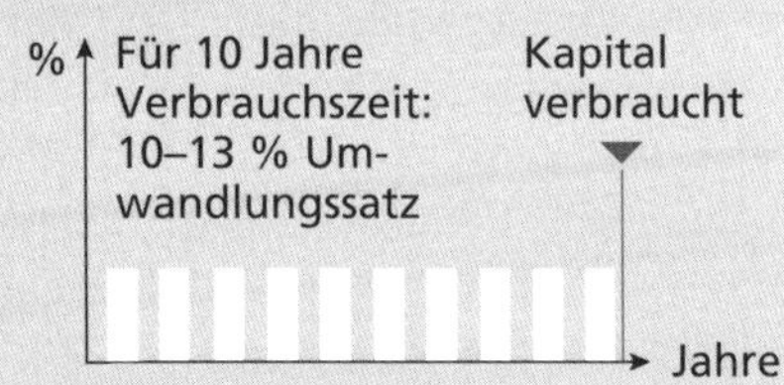

- Zeitlich befristetes Einkommen
- Höhe abhängig von gewünschter Verbrauchsdauer und Verzinsung des Restkapitals
- Ausschüttungen (Zinsen, Dividenden) steuerpflichtig

Hohe Flexibilität und Steuervorteile

Der Vermögensverzehr bietet einige Vorteile: Die Höhe des Einkommens ist kaum abhängig von externen Faktoren wie etwa dem aktuellen Zinsniveau, sondern hauptsächlich von der vorhandenen Substanz. Der Einkommensbedarf kann individuell und situationsabhängig gedeckt werden – keine andere Einkommensquelle bietet so viel Flexibilität. Hinzu kommen steuerliche Vorteile. Denn bei der selbst konstruierten Rente sind lediglich die tatsächlichen Ertragskomponenten steuerpflichtig, also Zinsen und Dividenden, die die eingesetzten Wertpapiere während der Verbrauchsdauer abwerfen.

Beispielrechnung

Es steht ein Kapitalstock von 250.000 Euro zur Verfügung. Dieser soll über zehn Jahre gezielt verbraucht werden. Bei einer durchschnittlichen Verzinsung von 3 Pro-

Beispiel für den Verbrauch eines Kapitalstocks

Basis: Höhe einer jährlichen, vorschüssigen Rente bei Verzehr eines Kapitalstocks von 250.000 € und einer Verzinsung des Restkapitals von 3 % (nach Abgeltungsteuer)

Jahre	Kapital am Anfang des Jahres	Kapitalbezug (»Rente«)	Kapital nach Entnahme	Zins (3 %)	Kapital am Ende des Jahres
1	250.000	–28.454	221.546	6.646	228.192
2	228.192	–28.454	199.738	5.992	205.731
3	205.731	–28.454	177.277	5.318	182.595
4	182.595	–28.454	154.141	4.624	158.765
5	158.765	–28.454	130.311	3.909	134.220
6	134.220	–28.454	105.766	3.173	108.939
7	108.939	–28.454	80.485	2.415	82.900
8	82.900	–28.454	54.446	1.633	56.079
9	56.079	–28.454	27.625	829	28.454
10	28.454	–28.454	0	0	0
	250.000	**284.500**	**0**	**34.540**	**0**

zent (nach Abgeltungsteuer) kann daraus ein durchschnittliches jährliches Einkommen von 28.450 Euro (gerundet) erzielt werden. Dies entspricht einem Umwandlungssatz von 11,38 Prozent. Der durchschnittliche steuerliche Anteil (»Ertragsanteil«) kann ermittelt werden, indem man die Summe der Zinserträge (vor Steuern) während der zehn Jahre ins Verhältnis zu der Summe der Entnahmen setzt. In dem hier dargestellten Beispiel (siehe Grafik) beträgt der steuerpflichtige Anteil unter 17 Prozent (ergibt sich aus 34.540 Euro geteilt durch 0,7345 geteilt durch 284.500 Euro).

Umwandlungssätze

Der gewünschte Substanzverbrauch kann flexibel definiert werden. Je nach Verbrauchsdauer und Anlageerfolg ergeben sich unterschiedliche Umwandlungssätze.

Umwandlungssätze beim Substanzverbrauch (gerundet)

Jährliche »Rente« in Prozent des eingesetzten Kapitals bei unterschiedlicher Verbrauchsdauer (Anzahl Jahre) und unterschiedlicher Anlagerendite[1]

Anzahl Jahre	Durchschnittliche Anlagerendite[2] pro Jahr 1 %	3 %	5 %
5	20,40	21,20	22,00
10	10,45	11,38	12,33
15	7,14	8,13	9,18
20	5,49	6,53	7,64
25	4,50	5,58	6,76
30	3,84	4,95	6,20

Lesebeispiel: Ein Kapital von 100.000 € soll während 10 Jahren verbraucht werden. Das Kapital wird durchschnittlich mit 3 % p. a. verzinst. Wie hoch ist das jährliche Einkommen?
→ 100.000 € x Faktor 11,38 = 11.380 €

1 Annahme: jährlich vorschüssige Entnahme des Einkommens
2 Nach Abgeltungsteuer

Je länger die Verbrauchsdauer, desto geringer ist der Umwandlungssatz, weil das Kapital über eine längere Zeit erhalten bleiben muss. Je höher die Anlagerendite, desto höher der Umwandlungssatz, weil die hohe Rendite den Kapitalverbrauch hinauszögert.

Fazit

Keine der fünf möglichen Einkommensquellen ist für sich allein die optimale Lösung, um den Einkommensbedarf für den Ruhestand zu decken. Wie so oft liegt die Antwort in einer geschickten Kombination der verschiedenen Anlageformen.

Wichtigste Einkommensstrategien

Bei der Kombination der verschiedenen Einkommensquellen sind der Fantasie keine Grenzen gesetzt. Als Grundlage kann man aber auf vier Kombinationen abstellen, die jede für sich als Einkommensstrategie tragfähig ist. Zunächst muss die Frage beantwortet werden, wie der notwendige Einkommensbedarf (Budget), der nach Abzug der Renteneinnahmen verbleibt, sichergestellt werden kann.

Wichtigste Einkommensstrategien

	Einkommens-sicherstellung	Konsequenz für die Vermögensstrategie
»Bauernstrategie«	Bedarf wird aus Mieterträgen gedeckt	Anteil Immobilien wird aus Bedarf abgeleitet; Rest in festverzinsliche Papiere und Liquidität (als Reserve für Instandhaltung/Renovierungen der Immobilien)
»Tante-Emma-Strategie«	Bedarf wird durch eine Leibrente sichergestellt	Kapitalisierter Einkommensbedarf wird in eine Leibrente investiert; Rest in konservative Anlagestrategie
»Etappenstrategie«	Bedarf wird pro Zehnjahresetappe berechnet und aus der Substanz verbraucht	Notwendiger Kapitalstock für erste Zehnjahresetappe in sichere Rentenpapiere, Rest wachstumsorientiert angelegt mit Schwergewicht in Aktien
»Pensionskassen-strategie«	Bedarf wird aus Erträgen, gegebenenfalls Substanzverbrauch, gedeckt	Wertschwankungsreserve, abgeleitet aus Restlebenserwartung, bestimmt Risikostruktur für das Vermögen

Hierbei verfolgt jede Strategie einen eigenen Ansatz. Daraus ergeben sich dann Konsequenzen für die jeweilige Vermögensstrategie.

- Bei der »Bauernstrategie« wird der Einkommensbedarf aus Mieterträgen gedeckt. Entsprechend muss ausreichend Vermögen in Immobilien angelegt werden. Das Kapital, das man nicht zur Einkommenssicherstellung benötigt, wird in festverzinsliche Papiere investiert. Zusätzlich empfiehlt es sich, einen höheren Betrag an Liquidität in Reserve zu haben, falls Investitionen oder Renovierungen bei den Immobilien nötig werden. Aktien kauft der »Bauer« nicht, da ihm die Börse generell zu unsicher ist.

- Die »Tante-Emma-Strategie« investiert so viel Kapital in eine Leibrente, dass der Einkommensbedarf gesichert ist. Auch mit dem restlichen Kapital geht Tante Emma auf Nummer sicher und legt es konservativ an – vor allem in Anleihen. Zusätzlich wird ein kleiner Teil in Aktien investiert.

- Die »Etappenstrategie« stellt den Einkommensbedarf in Zehnjahresetappen durch Substanzverbrauch sicher. Das restliche Kapital wird wachstumsorientiert angelegt. Je nach persönlicher Risikobereitschaft kann hier ein größerer Aktienanteil gewählt werden. Denn der Anleger muss auf diesen Vermögensteil in den nächsten zehn Jahren nicht zugreifen, womit die langfristig ausgerichteten Aktieninvestments genügend Zeit haben, sich positiv zu entwickeln.

- Die »Pensionskassenstrategie« definiert den Spielraum für Wertschwankungen und leitet daraus die Risikofähigkeit und die Anlagestrategie ab. Das Einkommen wird aus Zinsen, Dividenden und Substanzverbrauch sichergestellt.

Nachfolgend werden die Einkommensstrategien ausführlich vorgestellt.

Bauernstrategie

Kapitalisierungsfaktor

Bei der Bauernstrategie wird das für die Einkommenssicherstellung benötigte Kapital mit einem Kapitalisierungsfaktor hergeleitet. Dieser Faktor hängt von der Durchschnittsrendite der vermieteten Immobilien und von der Durchschnittssteuerbelastung ab. Denn die Einnahmen aus vermieteten Immobilien sind steuerpflichtig. Werbungskosten (z. B. Abschreibung) können gegengerechnet werden. Im Durchschnitt – und sofern keine Schuldzinsen mehr zu zahlen sind – bleibt damit ein Drittel bis die Hälfte der Mieteinnahmen steuerfrei.

Beispiel: Eine vermietete Eigentumswohnung in guter Lage kostet inklusive Erwerbsnebenkosten 225.000 Euro. Die jährlichen Mieteinnahmen belaufen sich – nach Abzug der Instandhaltungskosten – auf 9.000 Euro. Die Mietrendite liegt also bei 4 Prozent. Unter der Annahme, dass die Abschreibung 3.400 Euro beträgt und der persönliche Steuersatz bei 30 Prozent liegt, sind 1.700 Euro Steuern zu zahlen (9.000 Euro abzüglich 3.400 Euro ergeben 5.600 Euro – darauf 30 Prozent). Es verbleiben also 7.300 Euro bzw. 3,24 Prozent. Diese 3,24 Prozent entsprechen einem Kapitalisierungsfaktor von 30,8 Prozent. Mit diesem Faktor muss der Einkommensbedarf (nach Steuern) multipliziert werden, damit man auf das nötige Kapital kommt.

Eine weitere Beispielrechnung zeigt, wie die Bauernstrategie konkret funktioniert: Nehmen wir an, das Ausgabenbudget beträgt 6.000 Euro pro Monat, also 72.000 Euro im Jahr. Durch gesetzliche und betriebliche Renten würden 32.000 Euro abgedeckt; es verbleiben also 40.000 Euro, die zu decken sind. Multipliziert mit dem entsprechenden Kapitalisierungsfaktor, hier mit 30,8, ergibt sich ein notwendiger Kapitalstock von 1,232 Millionen Euro, der in vermietete Immobilien investiert wird.

Kapitalisierungsfaktor Bauernstrategie

Kapitalisierungsfaktor zur Herleitung des notwendigen Kapitalstocks für einen bestimmten Einkommensbedarf bei unterschiedlichen Durchschnittssteuerbelastungen und unterschiedlichen Mietrenditen

	Durchschnittssteuerbelastung		
Mietrendite[1]	**20 %**	**30 %**	**40 %**
6%	19,6	21,4	23,7
5%	23,3	25,4	27,6
4%	28,5	30,8	33,1
3%	37,2	39,1	41,3
2%	52,3	53,6	54,9

1 Annahme: 1,5 %-Punkte der Mietrendite sind wegen der AfA steuerfrei

Berechnungsbeispiel für die Bauernstrategie

Ausgabenbudget	
• pro Monat	6.000 €
• pro Jahr	72.000 €
Abzüglich gesetzliche und betriebliche Renten (Annahme)	32.000 € p. a.
Einkommensbedarf aus dem Vermögen	40.000 € p. a.
Kapitalisierungsfaktor (siehe Tabelle)[1]	x 30,8
Notwendiger Kapitalstock, investiert in Immobilien	1.232.000 €
Gesamtvermögen	1.400.000 €
Differenz, investiert in Anleihen	168.000 €

1 Annahme: Mietrendite 4 %, davon ein 1,5 % steuerfrei (wegen AfA) und Durchschnittssteuerbelastung 30 %

In unserem Beispiel beträgt das Gesamtvermögen 1,4 Millionen Euro, sodass 168.000 Euro in festverzinsliche Anlagen fließen bzw. für Renovierungen der Immobilien liquide bleiben. Dieser Posten ist natürlich stark vom Alter und vom Zustand der Immobilien abhängig.

Tante-Emma-Strategie

Die Tante-Emma-Strategie ist eine sicherheitsorientierte Einkommensstrategie, die vor allem von Personen gewählt wird, die (zu) wenig von wirtschaftlichen Zusammenhängen verstehen oder kein Interesse haben, sich mit ihren Vermögensanlagen intensiv zu beschäftigen.

Das Prinzip ist einfach: Der Einkommensbedarf wird durch eine private Leibrente sichergestellt. Der anzuwendende Kapitalisierungsfaktor hat jetzt natürlich etwas mit dem Alter zu tun, denn die Umwandlungssätze von Leibrenten sind umso höher, je älter eine Person ist (weil die Lebenserwartung mit zunehmendem Alter sinkt und die Rentenzahlung deshalb über einen weniger langen Zeitraum erfolgen muss). Bei der Berechnung des Kapitalisierungssatzes hat man wieder die Steuerbelastung zu berücksichtigen, die allerdings nur für den Ertragsanteil der Renten wirksam wird.

Schauen wir uns auch hierzu ein Beispiel an. Analog zum vorherigen Fall unterstellen wir einen Einkommensbedarf von 40.000 Euro im Jahr. Ein 60-jähriger Anleger, dessen Steuersatz bei 30 Prozent liegt, muss 816.000 Euro in eine sofort beginnende, private Rentenversicherung einzahlen, um seine Lücke zu schließen (Kapitalisierungsfaktor 20,4).

Der Rest des vorhandenen Vermögens kann frei angelegt werden.

Kapitalisierungsfaktor Tante-Emma-Strategie[1]

Kapitalisierungsfaktor zur Herleitung des notwendigen Kapitalstocks zur Investition in eine Sofortrente (Leibrente) für die Deckung eines bestimmten Einkommensbedarfs bei unterschiedlichen Durchschnittssteuerbelastungen und unterschiedlichem Abschlussalter

Abschlussalter	Durchschnittssteuerbelastung		
	20 %	30 %	40 %
55 Jahre	21,9	22,5	23,1
60 Jahre	20,0	20,4	21,0
65 Jahre	18,0	18,4	18,7
70 Jahre	15,9	16,1	16,4
75 Jahre	13,7	13,8	14,0

Lesebeispiel: Ein 60-jähriger Mann, Durchschnittssteuerbelastung von 30 % benötigt eine lebenslange Rente von 40.000 € pro Jahr (netto)

Wie hoch ist das einzusetzende Kapital?
→ 40.000 € x Faktor 20,4 = 816.000 €

1 Effektive Werte eines führenden deutschen Onlineanbieters für Lebens- und Rentenversicherungen (Stand 2014)

Etappenstrategie

Die Etappenstrategie unterteilt die zukünftigen Einkommensphasen in Etappen. Diese sollten mindestens zehn Jahre betragen. Für die erste Etappe wird der Einkommensbedarf festgelegt, basierend auf einem soliden Ausgabenbudget (siehe hierzu Kapitel 2). Dieser Einkommensbedarf wird durch gezielten Substanzverbrauch sichergestellt.

Gleichzeitig wird ein zweiter Kapitalteil wachstumsorientiert angelegt, sodass nach Ablauf der Etappe der Substanzverbrauch des ersten Kapitalteils teilweise oder ganz kompensiert wird. Für die zweite Etappe kann nun derselbe Planungsvorgang wiederholt werden.

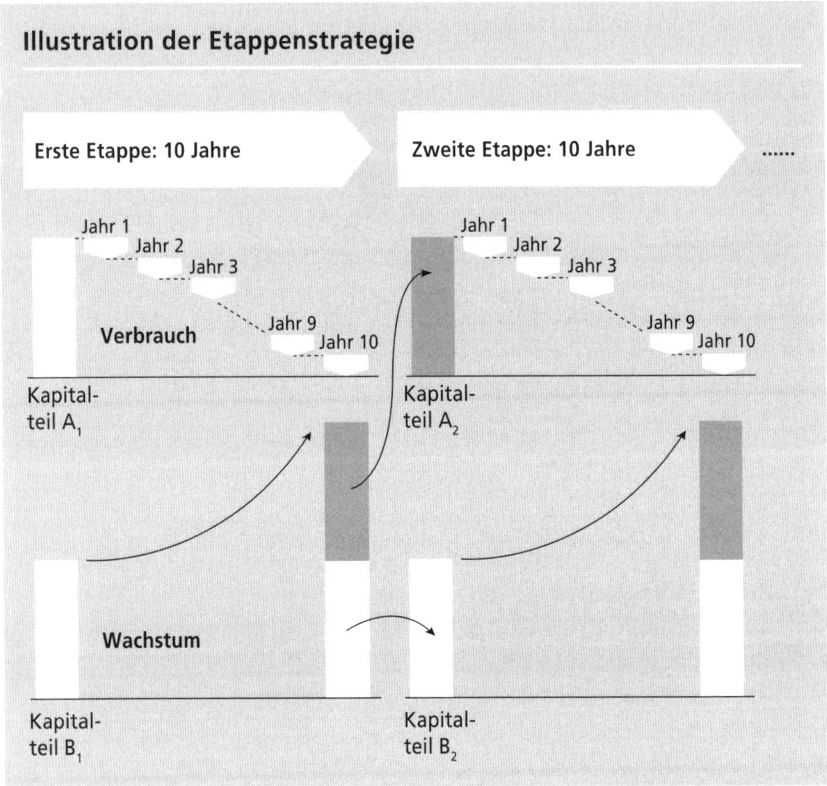

Verbrauchsteil

Das Einkommen wird durch die Bereitstellung eines ausreichenden Kapitalstocks – mit der Absicht, diesen zu verbrauchen – vollständig sichergestellt. Die Angst vor einem Einkommensnotstand – wir erinnern uns an die anfängliche Sorge, das Kapital könnte nicht bis zum Lebensende reichen – wäre damit beseitigt.

Die Anlage des Kapitals im Verbrauchsteil erfolgt vor allem sicherheitsorientiert. Für den Einkommensbedarf der ersten zwei Jahre wählt man liquide Anlageformen wie Kontoguthaben und Festgelder. Für die Jahre danach kauft man im einfachsten Fall erstklassige

Rentenpapiere mit gestaffelten Verfallsterminen, abgestimmt auf den zukünftigen Einkommensbedarf. Rein finanztechnisch ist der Verbrauchsteil eine selbstkonstruierte Rente auf Zeit.

Umwandlungssatz

In einem Rechenbeispiel zu der Einkommensquelle »Substanzverbrauch« wurde bereits an früherer Stelle gezeigt, dass der Umwandlungssatz bei 3 Prozent Rendite 11,38 Prozent beträgt. 100.000 Euro eingesetztes Kapital bringt also 11.380 Euro Einkommen über zehn Jahre. Eine niedrigere Verzinsung bedeutet natürlich entsprechend weniger Einkommen. Beispielsweise führt eine Rendite von nur 2 Prozent pro Jahr zu einem Umwandlungssatz von 10,91 Prozent oder 10.910 Euro Einkommen, und eine höhere Rendite von beispielsweise 5 Prozent generiert einen Umwandlungssatz von 12,33 Prozent oder 12.330 Euro Einkommen.

Wachstumsteil

Der Wachstumsteil soll den Substanzverlust des Verbrauchsteils – zumindest teilweise – kompensieren. Sind die zwei Kapitalteile gleich groß, so müsste der Wachstumsteil 7,2 Prozent (Netto-)Rendite bringen, um sich nach zehn Jahren zu verdoppeln und den Verbrauchsteil vollständig zu kompensieren. Doch das ist sehr ambitioniert gedacht. Beträgt der Verbrauchsanteil dagegen nur ein Drittel des Gesamtkapitals, reichen gut 4 Prozent (Netto-)Rendite, um nach zehn Jahren das ursprüngliche Kapital wieder zur Verfügung zu haben.

Kapitalisierungsfaktor

Der Kapitalisierungsfaktor zur Herleitung des benötigten Kapitalstocks zur Umsetzung der Etappenstrategie kombiniert die beiden Kapitalisierungssätze und Renditen des Verbrauchs- und des Wachstumsteils. Bei 3 Prozent Rendite für den Verbrauchsteil und 5 Prozent Rendite für den Wachstumsteil (jeweils netto, also nach Steuern und Gebühren gerechnet) ergibt sich ein Kapitalisierungsfaktor von 22,8. Für einen Einkommensbedarf von 40.000 Euro pro Jahr muss also ein Kapital von 912.000 Euro zur Verfügung gestellt werden.

Kapitalisierungsfaktor Etappenstrategie

Kapitalisierungsfaktor zur Herleitung des notwendigen Kapitalstocks für einen bestimmten Einkommensbedarf bei unterschiedlichen Renditen für das Kapital im Wachstumsteil und im Verbrauchsteil (Basis: Zehnjahresetappenplanung; Ziel: konstantes nominelles Kapital)

Renditen Verbrauchsteil[1]	**Renditen Wachstumsteil**[1] **3 % p. a.**	**5 % p. a.**	**7 % p. a.**
2 % p. a.	35,8	23,8	18,6
3 % p. a.	34,3	22,8	17,9
4 % p. a.	32,9	21,8	17,1

Lesebeispiel: Der Einkommensbedarf beträgt 40.000 €. Wie hoch ist der notwendige Kapitalstock, wenn die Rendite für den Wachstumsteil 5 % und die Rendite für den Verbrauchsteil 3 % nach Steuern und Gebühren beträgt?
→ 40.000 € x Faktor 22,8 = 912.000 €

1 Langfristige Nettorenditen nach Steuern und Gebühren

Aufteilung des Kapitals

Von den 912.000 Euro Kapitaleinsatz werden 352.000 Euro (oder 39 Prozent des Vermögens) in den Verbrauchsteil investiert. Das bringt während zehn Jahren ein Einkommen von 40.000 Euro – durchschnittlich rund 36.000 Euro Substanzverbrauch und 4.000 Euro Zinsen. Die restlichen 560.000 Euro (61 Prozent des Vermögens) werden in den Wachstumsteil investiert und steigen mit 5 Prozent jährlicher Rendite nach zehn Jahren wieder auf 912.000 Euro. Damit wurde sowohl das benötigte Einkommen sichergestellt als auch das Kapital erhalten.

Selbstverständlich kann das Konzept um eine Inflationskomponente erweitert werden. Eine zusätzliche Verfeinerung besteht darin, dass der Verbrauch nicht linear angenommen, sondern der genauen Höhe des (schwankenden) Einkommensbedarfs angepasst wird. Am Grundprinzip der Etappenstrategie ändern diese Anpassungen jedoch nichts. Es ist sinnvoll, in einer ersten – noch stark konzeptionellen – Phase der Strategieausarbeitung zunächst mit dem Kapitalisierungsfaktor und groben Zahlen zu arbeiten. Danach, in einer Phase der konkreten Umsetzungsplanung, sollten hingegen die »echten« Zahlen verwendet und die Feinjustierung vorgenommen werden.

Herleitung der Wertschwankungsreserve

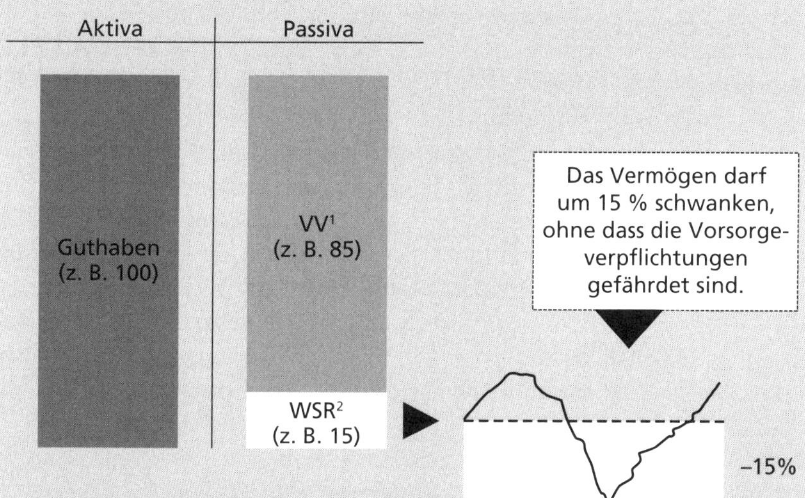

1 VV = Vorsorgeverpflichtungen
2 WSR = Wertschwankungsreserve

Wertschwankungsreserve

Schweizer Pensionskassen stellen die Guthaben ihrer Versicherten den Vorsorge- und Rentenverpflichtungen gegenüber, die sie auf den heutigen Wert diskontiert haben. Die Differenz zwischen den Guthaben und den diskontierten Vorsorgeverpflichtungen heißt Wertschwankungsreserve. Je mehr Reserven die Pensionskasse hat, desto leichter kann sie ihre Vorsorgeverpflichtungen erfüllen.

Beispiel

Liegt das Guthaben einer Pensionskasse bei 100 Einheiten und die Summe der Vorsorgeverpflichtungen bei 85 Einheiten, so errechnet sich eine Schwankungsreserve von 15 Einheiten. Das Vermögen darf also um 15 Prozent schwanken, ohne dass die Vorsorgeverpflichtungen gefährdet sind.

Auch für den Privatanleger sinnvoll

Ganz ähnlich können jene Ruheständler vorgehen, die ihre Ersparnisse selbst anlegen möchten. Alle Vermögenswerte, die für die Sicherung des Einkommens zur Verfügung stehen, bilden die Aktiva in ihrer Bilanz – zum Beispiel Liquidität oder kapitalbildende Versicherungen und andere persönliche Vorsorgeguthaben. Auf der Passivseite stehen die Vorsorgeverpflichtungen: Das ist die Summe aller Einkommen, die sie im Lauf der Jahre beziehen wollen, umgerechnet auf den heutigen Wert. Der Ruheständler muss seine Anlagestrategie so festgelegen, dass negative Kursausschläge die Wertschwankungsreserve nicht überschreiten.

Herleitung der Vorsorgeverpflichtungen

Wie viel Kapital muss bereitgestellt werden, wenn der definierte Einkommensbedarf bis ans Lebensende garantiert werden soll? Diese Frage muss der Ruheständler für sich beantworten, um seine persönlichen Vorsorgeverpflichtungen beziffern zu können. Eine Annäherung an den Faktor »Lebensende« kann mithilfe der statistischen Lebenserwartung vorgenommen werden.

Sicherheitshalber sollte man eine Reserve von fünf Jahren einrechnen. Eine weitere Sicherheitsreserve ergibt sich daraus, dass bewusst keine Verzinsung des Kapitals berücksichtigt wird. So ergibt sich beispielsweise für einen 60-jährigen Mann ein Kapitalisierungsfaktor von 26,3 (Restlebenserwartung von 21,3 Jahren plus eine Reserve von fünf Jahren). Achtung: Der Kapitalisierungsfaktor der Pensionskassen-Strategie ist nicht ohne Weiteres mit den Faktoren der anderen Strategien zu vergleichen. Während dort der Teil des Kapitals, der für die Einkommenssicherstellung erforderlich ist, separiert wird, wird bei der Pensionskassenstrategie das gesamte Kapital eingesetzt. Der Kapitalisierungsfaktor ist hier lediglich ein Hilfsmittel, um die Anlagestrategie zu bestimmen.

Kapitalisierungsfaktor Pensionskassenstrategie

Kapitalisierungsfaktor zur Herleitung des notwendigen Kapitalstocks für einen bestimmten Einkommensbedarf in Abhängigkeit des Alters bei unterstellter Rendite von 0 %

Alter	Männer	Frauen
55	30,4	34,4
60	26,3	30,0
65	22,5	25,7
70	18,9	21,5
75	20,6	17,6

Restlebenserwartung gemäß Sterbetafeln 2009/11 des Statistischen Bundesamtes plus 5 Jahre

Ausgehend vom »Kapitalisierungsfaktor« können nun die Höhe der Vorsorgeverpflichtungen und daraus abgeleitet die Wertschwankungsreserve bestimmt werden. Beispiel: Für den Einkommensbedarf eines 60-jährigen Mannes von 40.000 Euro pro Jahr beträgt der Kapitalisierungsfaktor – wie eben hergeleitet – 26,3. Die persönlichen Vorsorgeverpflichtungen belaufen sich also auf 1,052 Millionen Euro. Das Gesamtvermögen (ex Immobilien), das zur Anlage zur Verfügung steht, beträgt 1,4 Millionen Euro (Annahme).

Berechnungsbeispiel für die Pensionskassenstrategie

Einkommensbedarf	
• pro Monat	6.000 €
• pro Jahr	72.000 €
Abzüglich gesetzliche und betriebliche Renten (Annahme)	32.000 € p. a.
Einkommensbedarf aus dem Vermögen	40.000 € p. a.
Restlebenserwartung plus 5 Jahre[1]	x 26,3
Summe der Vorsorgeverpflichtungen	1.052.000 €
Gesamtvermögen	1.400.000 €
Wertschwankungsreserve[2]	348.000 € (25 %)

1 Beispiel für einen 60-Jährigen: 21,3 Jahre Restlebenserwartung gemäß Sterbetafeln 2009/11 des Statistischen Bundesamtes; unterstellte Rendite: 0 %
2 348.000 € bezogen auf das Gesamtvermögen von 1,4 Mio. €

Somit ergibt sich eine Wertschwankungsreserve in Höhe von 348.000 Euro (1,4 Mio. Euro minus 1,052 Mio. Euro) bzw. 25 Prozent (348.000 Euro im Verhältnis zu 1,4 Mio. Euro).

Ableitung der Anlagestrategie

Die Wertschwankungsreserve bestimmt die Risikofähigkeit eines Anlegers. Logisch, denn je höher die Wertschwankungsreserve ist, umso mehr Risiken dürfen eingegangen werden. Mehr Risiken bedeuten höhere Schwankungen des Vermögenswerts: Die Kurse von Aktien schwanken im statistischen Extremfall um 34 Prozent. Die Ausschläge von Anleihen können bis zu 8 Prozent bzw. 14 Prozent betragen – je nach Schuldnerbonität und Restlaufzeit.

Im vorliegenden Fall dürfte der Ruheständler also maximal 55 Prozent in Aktien und maximal 45 Prozent in offensivere Anleihen investieren, um seine Wertschwankungsreserve nicht überzustrapazieren (55 Prozent mal 34 Prozent plus 45 Prozent mal 14 Prozent ergibt 25 Prozent). Selbstverständlich muss diese Strategie noch mit der persönlichen Risikobereitschaft abgeglichen werden. Denn dass sich ein Anleger bestimmte Schwankungen erlauben dürfte (Risikofähigkeit), heißt noch lange nicht, dass er dazu auch emotional bereit ist. In Kapitel 8 wird das Thema »Risikobereitschaft« ausführlich erläutert; ebenso bietet es Informationen, wie Kursschwankungen von Wertpapieren berechnet und Risiken reduziert werden können.

Berechnung des Einkommens

Aus der Pensionskassenstrategie fließt dem Ruheständler Einkommen in Form von Zinsen und Dividenden zu. Die Differenz zum errechneten Einkommensbedarf wird aus dem Substanzverzehr geschlossen. Ausreichender Spielraum ist hierzu gegeben, denn das Vermögen übersteigt ja die zukünftigen Vorsorgeverpflichtungen. Beziehungsweise: Wenn dies nicht gegeben ist, kommt die Pensionskassenstrategie als Einkommensstrategie nicht infrage.

Beispiel

Führen wir das Beispiel von oben weiter und gehen davon aus, dass sich der Anleger dazu entscheidet, sein Vermögen jeweils hälftig in Aktien und hälftig in Anleihen zu investieren. Ausgehend von dem Gesamtvermögen von 1,4 Millionen Euro würden dann je 700.000 Euro in die beiden Anlageformen investiert. Unterstellen wir weiterhin, dass die Festverzinslichen 3 Prozent nach Steuern bringen und die Dividenden 2 Prozent nach Steuern betragen. Somit würden dem Anleger jährlich 35.000 Euro an Erträgen zufließen. Es verbliebe eine Differenz von 5.000 Euro, um den Einkommensbedarf von 40.000 Euro zu decken. Diese muss aus dem Kapitalstock kommen. In guten Jahren geschieht dies durch die Realisierung von Kursgewinnen bei den Aktien, in schlechten durch Substanzverbrauch.

Entwicklung von Vermögen und Vorsorgeverpflichtungen

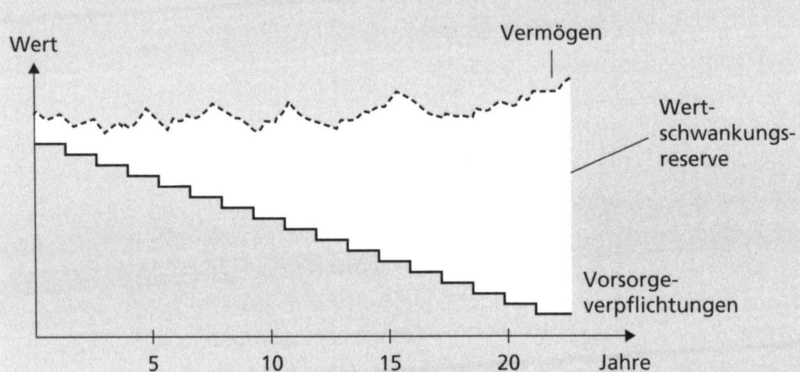

Auf mittlere Sicht wird das Vermögen anwachsen. Gehen wir bei den Aktien von Kursgewinnen (neben der Dividenden) von 5 bis 6 Prozent aus, so macht das knapp 40.000 Euro im Jahr. Selbst wenn diese realisiert werden – und damit Abgeltungsteuer anfällt – übersteigen diese den notwendigen Substanzverzehr von 5.000 Euro um ein Vielfaches.

Gegenüberstellung und Beurteilung

So unterschiedlich die einzelnen Einkommensstrategien sind – sie haben alle dasselbe Ziel: Sie sollen dazu dienen, den Lebensstandard beizubehalten und dafür das nötige Einkommen in einer definierten Höhe sicherzustellen. In den Berechnungsmodellen ist demzufolge die Höhe des Einkommens eine fixe Vorgabe und die Vermögensentwicklung die resultierende Größe. Ein Zahlenvergleich der vier Einkommensstrategien fragt also primär nach der zukünftigen Entwicklung des eingesetzten Vermögens. Dabei ist die Ausgangslage für alle Einkommensstrategien gleich: Das jährlich benötigte Nettoeinkommen beträgt 40.000 Euro und das Gesamtvermögen 1,4 Millionen Euro.

Notwendiger Kapitaleinsatz

Mithilfe der jeweiligen Kapitalisierungsfaktoren kann das Kapital ausgerechnet werden, das für die einzelne Einkommensstrategie gebraucht wird. Die Bauernstrategie benötigt 1,232 Millionen Euro, die Tante-Emma-Strategie 816.000 Euro, die Etappenstrategie 912.000 Euro und die Pensionskassen-Strategie 1,4 Millionen Euro, um den Einkommensbedarf von 40.000 Euro netto zu decken.

Vom Gesamtvermögen können also bei der Bauernstrategie nur noch 168.000 Euro als freier Vermögensteil in festverzinsliche Papiere investiert werden bzw. als Liquiditätsreserve gehalten werden. Bei der Tante-Emma-Strategie ist das erheblich mehr: 584.000 Euro werden in ein defensives Depot investiert. Bei der Etappenstrategie wird rund ein Drittel des Gesamtvermögens (488.000 Euro) nicht für die Einkommenssicherung gebraucht, kann also nach freiem Ermessen angelegt werden, in unserem Beispiel in ein ausgewogenes Wertpapierdepot. Die Pensionskassen-Strategie benötigt per Definition das gesamte Vermögen, das ja durch die Ermittlung der Wertschwankungsreserve und eine entsprechende Anlagestrategie für das Gesamtvermögen ergibt.

Vermögen nach 10 Jahren

Welche der Einkommensstrategien bringt in Zahlen die größten Vorteile? Die Antwort finden wir in der Berechnung und dem Vergleich der unterschiedlichen Vermögensstände nach Ablauf von zehn Jahren:

Bei der Bauernstrategie ist das für die Einkommenssicherstellung notwendige Kapital von 1,232 Millionen Euro nominal erhalten geblieben. Der freie Vermögensteil, Anleihen und Cash, ist von 168.000 Euro auf 215.000 Euro angewachsen. Damit ergibt sich eine Summe von 1,447 Millionen Euro.

Bei der Tante-Emma-Strategie wird die Leibrente in der Vergleichsrechnung mit dem Wert der verbleibenden Rentengarantie angesetzt. Diese läuft dann noch fünf Jahre und ist somit rund 200.000 Euro wert (5 mal 40.000 Euro). Der freie Vermögensteil, investiert im Rahmen einer defensiven Anlagestrategie, ist von 584.000 auf 824.000 Euro angewachsen. Insgesamt sind also bei der Tante-Emma-Strategie nach zehn Jahren 1,024 Millionen Euro an Vermögenswerten vorhanden.

Bei der Etappenstrategie sind Verbrauchs- und Wachstumsteil auf derselben Höhe wie zu Beginn der zehn Jahre. Der freie Vermögensteil ist als ausgewogenes Wertpapierdepot von 488.000 Euro auf 736.000 Euro angewachsen. Es ergibt sich eine Summe von 1,648 Millionen Euro.

Bei der Pensionskassenstrategie konnte aufgrund der komfortablen Wertschwankungsreserve eine ausgewogene bis leicht offensive Anlagestrategie verfolgt werden, mit einem Anteil von 50 Prozent in Aktien oder aktienähnlichen Anlagen. Nach Deckung des Einkom-

Zahlenvergleich der Einkommensstrategien

Am Beispiel eines 60-jährigen Mannes; persönlicher Steuersatz 30 % (bzw. Abgeltungsteuer 26,4 % inkl. Solidarzuschlag)

	Bauern-strategie	**Tante-Emma-Strategie**	**Etappen-strategie**	**Pensions-kassen-strategie**
Einkommens-bedarf[1]	40.000 €	40.000 €	40.000 €	40.000 €
Kapitalisie-rungsfaktor	**30,8**	**20,4**	**22,8**	**26,3**
• Rendite vor Steuern[2]	4,0 %	5,2 %	4,1 %/6,8 %	5,9 %
• Rendite nach Steuern	3,2 %	4,9 %	3,0 %/5,0 %	4,3 %
• Anmerkung	Ein Drittel der Miete steuerfrei (wegen AfA)	Werte sind Umwandlungs-sätze, keine Renditen	Erster Wert für Verbrauchs-, zweiter für Wachstumsteil	Werte beziehen sich auf gesamtes Kapital
Benötigtes Kapital	**1.232.000 €**	**816.000 €**	**912.000 €**	**1.400.000 €**
Gesamtes Vermögen	1.400.000 €	1.400.000 €	1.400.000 €	1.400.000 €
Freier Ver-mögensteil	168.000 €	584.000 €	488.000 €	–
• angelegt in:	Anleihen/ Liquidität	Defensives Depot	Ausgewogenes Depot	–
• Rendite vor Steuern[2]	3,4 %	4,8 %	5,7 %	–
• Rendite nach Steuern	2,5 %	3,5 %	4,2 %	–
Vermögen nach 10 Jahren				
• Kapital für Einkommen	1.232.000 €[3]	200.000 €[4]	912.000 €	1.777.000 €
• Freier Ver-mögensteil	215.000 €	824.000 €	736.000 €	–
Summe	**1.447.000 €**	**1.024.000 €**	**1.648.000 €**	**1.777.000 €**

1 Gesamtes Ausgabenbudget 72.000 €, davon sind 32.000 € mit gesetzlichen und betrieblichen Rente abgedeckt
2 Annahmen
3 Keine über die Anschaffungsnebenkosten hinausgehende Wertsteigerung der Immobilien unterstellt, aber auch keine Wertminderung
4 Wert der verbleibenden Rentengarantie für 5 Jahre (insgesamt 15 Jahre Rentengarantiezeit)

mensbedarfs konnte das Kapital mit durchschnittlich 2,4 Prozent pro Jahr auf rund 1,77 Millionen Euro nach zehn Jahren anwachsen.

Gründe für das Ergebnis

Sieger im Zahlenvergleich ist also die Pensionskassenstrategie, knapp vor der Etappenstrategie, mit einigem Abstand folgt die Bauernstrategie und abgeschlagen auf dem letzten Platz die Tante-Emma-Strategie. Doch was steckt hinter diesen so unterschiedlichen Ergebnissen? Die Pensionskassenstrategie nutzt den Spielraum für eine offensive Anlagestrategie am konsequentesten. Die Etappenstrategie liegt zwar nur an zweiter Stelle, bringt aber mehr Sicherheit mit sich. Die Bauernstrategie, die nur den dritten Platz belegt, hat den Nachteil, dass der Immobilienmarkt sehr heterogen ist und die Vermögensentwicklung stark von den gewählten Objekten und vor allem der Standortlage abhängt. Die Tante-Emma-Strategie verliert, weil sie übertrieben sicher ausgelegt ist, vor allem angesichts der Höhe des vorhandenen Vermögens.

Allerdings muss diese Reihenfolge nicht immer so sein. Je nach persönlicher Ausgangslage, insbesondere des Verhältnisses zwischen Einkommensbedarf und Vermögenshöhe, können die Ergebnisse natürlich auch anders ausfallen.

Vor- und Nachteile der Einkommensstrategien

Doch abgesehen davon lassen sich die Vor- und Nachteile der einzelnen Einkommensstrategien wie folgt zusammenfassen:

Bauernstrategie

Der Vorteil der Bauernstrategie liegt in der Einfachheit des Konzepts. Außerdem bietet die Anlageform Immobilien einen verhältnismäßig hohen Grad an Sicherheit. Einen Nachteil der Bauernstrategie stellt jedoch der hohe Kapitaleinsatz dar. Viele Ruheständler werden nicht über genügend Vermögen verfügen, um die Bauernstrategie eins zu eins umsetzen zu können. Dadurch, dass ein Großteil des Vermögens in Immobilien »eingefroren« ist, wird zudem die Flexibilität eingeschränkt.

Zu bedenken ist bei der Bauernstrategie auch, dass unerwartete Ausgaben für Pflege, Ersatzanschaffungen oder Renovierungen anfallen können, wofür die – ohnehin geringen – Reserven angegriffen werden, wenn das restliche Vermögen in der Immobilie steckt. Und zuletzt: Da der Fokus bei der Bauernstrategie auf Sicherheit liegt, ist die Rendite dieser Einkommensstrategie entsprechend gering.

Tante-Emma-Strategie

Die Vorteile der Tante-Emma-Strategie liegen vor allem in der hohen Sicherheit. Das Einkommen ist durch die private Leibrente lebenslang abgesichert und der erforderliche Kapitaleinsatz ist relativ gering. Die hohe Sicherheit des Konzepts hat ihren Preis: Eine niedrige Rendite und die sukzessive Abnahme des Gesamtvermögens müssen bei diesem Konzept akzeptiert werden. Vor allem bei Vermögen über 500.000 Euro wird es für die Tante-Emma-Strategie in den meisten Fällen zu wenige gute Argumente geben. Für geringere Vermögen und alleinstehende Personen ohne Angehörige oder andere potenzielle Erben kann die Tante-Emma-Strategie aber unter Umständen eine prüfenswerte Alternative darstellen.

Etappenstrategie

Die bestechenden Vorteile der Etappenstrategie sind auf die einfache – zunächst gedankliche, später in der Umsetzung möglicherweise auch physische – Trennung des Vermögens in zwei Teile zurückzuführen. Damit wird das Einkommen mit einem relativ geringen Kapitaleinsatz sichergestellt. Gleichzeitig bietet das Wissen um die Lösung des Einkommensproblems den nötigen Spielraum, das restliche Kapital wachstumsorientiert anzulegen.

Denn bei einer zehnjährigen Anlagedauer des Wachstumsteils, während der kein Einkommen benötigt wird, können bewusst Risiken in Form von Kursschwankungen in Kauf genommen werden, was Aktieninvestments ermöglicht. Das beinhaltet die Chance auf mehr Rendite und führt damit wieder zu mehr Kapital. Außerdem ist die Etappenstrategie in jeder Hinsicht sehr flexibel. Denn Wertpapiere können jederzeit veräußert werden, wenn sich die persönlichen Rahmenbedingungen – oder die Börsenlage – ändern.

Als Nachteil der Etappenstrategie sind die notwendigen Planungsarbeiten zu nennen. Insbesondere der konkrete Umsetzungsplan, bei dem für jedes Jahr der ersten Zehnjahresetappe die einzelnen Einkommens- und Ausgabenpositionen detailliert erfasst und abgeschätzt werden müssen, ist recht anspruchsvoll. Außerdem ist für die Umsetzung ein hohes anlagetechnisches Know-how erforderlich.

Eine professionelle Unterstützung von erfahrenen Beratern kann bei diesem Problem jedoch Abhilfe schaffen. Beispielsweise sind die Berater im VZ VermögensZentrum auf die Erstellung komplexer Einkommenspläne spezialisiert und legen damit die Grundlage für eine reibungslose Umsetzung der Etappenstrategie.

Pensionskassenstrategie

An der Pensionskassenstrategie überzeugt die gezielte Ausschöpfung der maximalen Risikofähigkeit. Erkenntnisse aus der aktuellen finanzwissenschaftlichen Lehre werden konsequent in die Praxis umgesetzt. Dennoch kann diese Einkommensstrategie nicht jedem Anleger empfohlen werden. Vielmehr ist sie nur für sehr erfahrene Investoren geeignet, denen Begriffe wie »Risikomanagement«, »moderne Anlageinstrumente« und »laufende Überwachung« geläufig sind.

Vor- und Nachteile der verschiedenen Einkommensstrategien

	Vorteile	Nachteile
Bauern-strategie	• Hohe Sicherheit • Gewisser Schutz vor Inflation	• Großer Kapitaleinsatz erforderlich • Geringe Flexibilität, da Kapital gebunden • Nicht ausgeschöpftes Potenzial für das Vermögenswachstum
Tante-Emma-Strategie	• Hohe Sicherheit • Lebenslang garantiertes Einkommen • Geringer Kapitaleinsatz	• Vollständiger Verbrauch des Kapitals zur Sicherstellung des Einkommens • Tiefe Rendite • Nachteile für potenzielle Erben
Etappen-strategie	• Individuell ausgestaltbar • Hohe Flexibilität in der Einkommenssicherstellung bei gleichzeitigem Kapitalerhalt • Relativ geringer Kapitaleinsatz	• Anspruchsvolle Planung • Hohes anlagetechnisches Know-how erforderlich
Pensions-kassen-strategie	• Maximale Risikofähigkeit wird gezielt ausgeschöpft • Konsequente Umsetzung der aktuellen finanzwissenschaftlichen Erkenntnisse • Langfristig höchste Rendite	• Nur für erfahrene Anleger oder mit professioneller Hilfe • Großer Kapitaleinsatz erforderlich

Weiterer Nachteil: Es ist ein verhältnismäßig großer Kapitaleinsatz erforderlich, um das Einkommen sicherzustellen und gleichzeitig die Anlagestrategie optimal umsetzen zu können. Deswegen sollte auch hier die Zusammenarbeit mit einem unabhängigen Vermögensberater in Erwägung gezogen werden.

Fazit

Berücksichtigt man sowohl die quantitativen als auch die qualitativen Vor- und Nachteile der einzelnen Einkommensstrategien, so hat die Etappenstrategie am ehesten die Nase vorn. Für viele Lebenslagen und Bedürfnisse bietet diese Strategie überzeugende und umsetzbare Lösungen.

Letztlich sollte unser Finanzchef seine Entscheidung allerdings von seiner persönlichen Situation abhängig machen. Dabei sind folgende Kriterien entscheidend: Höhe des Bedarfs im Verhältnis zum verfügbaren Vermögen, familiäre Verhältnisse und Erbschaftsplanung, anlagetechnisches Wissen sowie Erfahrung, die persönliche Risikobereitschaft und nicht zuletzt die steuerliche Gesamtkonstellation.

Sonderfall: Verzehr der eigengenutzten Immobilie

Für viele Ruheständler stellt die eigene Immobilie den größten Vermögenswert dar. Bei über 65-jährigen Eigenheimbesitzern macht sie gemäß Angaben des Forschungsinstituts ZEW im Schnitt über 80 Prozent des Gesamtvermögens aus. Das bedeutet im Umkehrschluss, dass nur ein relativ kleiner Teil des Vermögens liquide ist.

Immobilienverkauf erwünscht

Sofern das Haus abbezahlt ist, kann der Ruheständler mietfrei wohnen, wodurch das Ausgabenbudget entlastet wird. Andererseits ist in der Immobilie häufig viel Kapital gebunden, das nicht verzehrt werden kann. Zudem scheidet aus emotionalen Gründen ein Verkauf der Immobilie häufig aus (»einen alten Baum verpflanzt man nicht«).

Viele ältere Menschen suchen also nach einer Lösung, wie sie im eigenen Haus wohnen bleiben und gleichzeitig einen Teil des in der Immobilie gebundenen Kapitals flüssig machen können. Sei es für notwendige Investitionen wie Umbaumaßnahmen bzw. Renovierungen oder einfach für einen höheren Lebensstandard.

Angebotene Lösungen

Kreditaufnahme

Der einfachste Weg bestünde darin, ein klassisches Hypothekendarlehen von der Hausbank aufzunehmen. Hier spielen allerdings die Banken häufig nicht mit, da sie aufgrund des Alters des Kreditnehmers befürchten, das Haus später zwangsversteigern zu müssen.

Alternativ kommen zwei andere Ansätze zum Immobilienverzehr in Betracht: erstens der Verkauf mit Einräumung eines lebenslangen Wohnrechts und zweitens die sogenannte Umkehrhypothek.

Verkauf mit Nießbrauch

Das eigene Haus wird unter dem Vorbehalt des lebenslangen Nießbrauchs an eine Bank, Versicherung oder auch eine Privatperson verkauft. Der Ruheständler kann dadurch weiterhin in seinem Haus wohnen bleiben oder es später vermieten (und die Mieterträge vereinnahmen). Der Verkaufspreis ergibt sich als Verkehrswert abzüglich des Wertes dieses Nießbrauchrechts.

Verkauf der Immobilie mit lebenslangem Nießbrauch

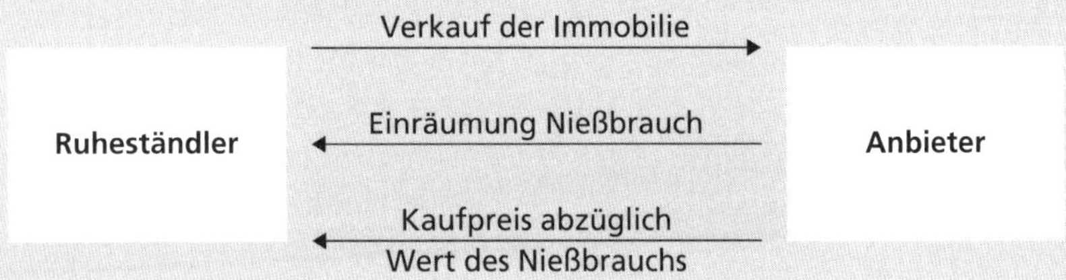

Voraussetzungen:

- Mindestalter – liegt je nach Anbieter zw. 60. und 65. Lebensjahr
- kein Erbbaurecht
- evtl. Grundschulden/Hypotheken müssen mit dem Auszahlungsbetrag abgelöst werden

Vorteile:

- alleiniges vollumfängliches Nutzungsrecht bleibt erhalten, das heißt man bleibt wirtschaftlicher Besitzer der Immobilie und kann diese selber nutzen oder vermieten

- Auszahlbetrag steht steuerfrei in voller Höhe zur Verfügung und kann zum Beispiel in eine private Rentenversicherung eingezahlt werden
- keine laufenden Zins- und Tilgungszahlungen

Nachteile:

- Immobilie kann nicht mehr verkauft werden, d. h. Flexibilität geht verloren
- fehlende Konkurrenz an Anbietern dürfte zu ungünstigen Bedingungen für den Immobilienbesitzer führen

Umkehrhypothek

Bei der Umkehrhypothek wird auf eine schuldenfreie Immobilie ein – grundbuchlich gesichertes – Darlehen aufgenommen. Der Darlehensbetrag ist frei verwendbar. Tilgung und Darlehenskosten kumulieren sich auf, sodass diese erst bei Verkauf oder Ableben anstehen. Es besteht also keine laufende Zahlungsverpflichtung; der Zinssatz ist für die gesamte Laufzeit fixiert. Wenn der Eigentümer der Immobilie sehr lange lebt, kann das Darlehen den Wert der Immobilie übersteigen. Dieses Verschuldungsrisiko trägt allein die Bank; das bedeutet, der Darlehensnehmer haftet nicht mit seinem übrigen Vermögen. Allerdings lässt sich die Bank dieses Risiko natürlich abgelten.

Voraussetzungen:

- Mindestalter – liegt je nach Anbieter zw. 60. und 65. Lebensjahr
- schuldenfreie Immobilie

Vorteile:

- Ruheständler bleibt Eigentümer der Immobilie

- Auszahlbetrag steuerfrei, zudem steht dieser in voller Höhe zur Verfügung und kann zum Beispiel in eine private Rentenversicherung eingezahlt werden
- keine laufenden Zins- und Tilgungszahlungen – diese laufen rein rechnerisch »nur« auf dem Papier auf

Nachteile:

- hohe Kosten, auch für Rückversicherung des Anbieters gegen Langlebigkeitsrisiko
- fehlende Konkurrenz an Anbietern dürfte zu ungünstigen Bedingungen für den Immobilienbesitzer führen

Die umgekehrte Hypothek

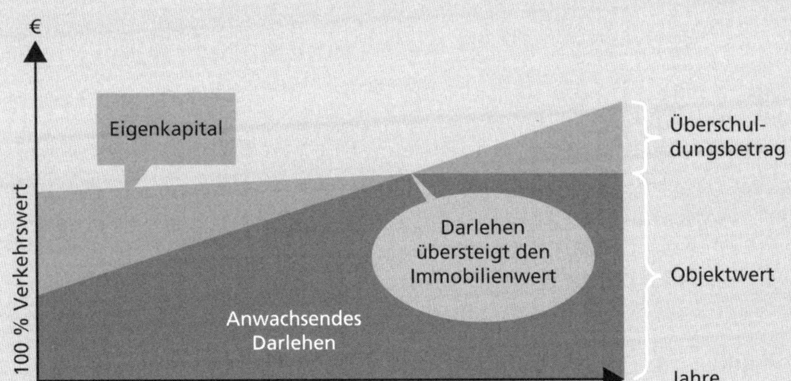

Schematische Darstellung der Darlehensentwicklung

Vergleich der Varianten

Vergleicht man die beiden Alternativen ist gerade die hohe Flexibilität bei der umgekehrten Hypothek als positiv zu bewerten. So kann die Immobilie jederzeit verkauft werden. In diesem Fall endet das Darlehen, und der aktuelle Saldo ist zurückzuzahlen. Auch die späteren Erben können flexibel agieren. Sie können das Darlehen ablösen und die Immobilie nutzen oder diese veräußern. Bei der Variante »Verkauf mit Nießbrauch« bleibt den Erben von der Immobilie selbst nichts mehr übrig. Auch nicht, wenn der Erblasser – salopp formuliert – relativ schnell das Zeitliche segnet. Dafür ist in dieser Variante der Auszahlungsbetrag höher.

Fazit

Wer partout aus seinem Haus nicht ausziehen will und auf sein Erbe wenig Wert legt, für den stellen die Verrentungskonzepte der eigenen Immobilie sicherlich eine innovative Lösung dar. Denn der Ruheständler bleibt in den eigenen vier Wänden und bekommt zusätzlich etwas Geld an die Hand. Diese Lösung hat aber auch ihren Preis. Die Anbieter solcher Konzepte müssen hohe Sicherheitszuschläge mit einkalkulieren, was die Höhe der Auszahlung schmälert. Die Versuche Immobilienverrentung flächendeckend auf dem deutschen Markt anzubieten und zu etablieren, sind nach unseren Kenntnissen bisher gescheitert (Frühjahr 2014). Unabhängig davon wird sich in vielen Fällen derjenige günstiger stellen, der beispielsweise sein Haus rechtzeitig in eine kleinere, günstigere Wohnung tauscht. Ob er diese Wohnung dann kauft oder mietet – es wird auf jeden Fall Geld frei, das verzehrt werden kann. Möglicherweise kann der Ruheständler mit diesem Schritt auch aus der Not eine Tugend machen. Denn häufig entspricht das Eigenheim längst nicht mehr den Bedürfnissen oder der physischen Konstitution: zu viel Fläche ist zu putzen, zu viele Treppen sind zu gehen und zu viel Garten muss gepflegt werden.

Kapitel 8

Risiken und Renditen: Vermögensanlagen optimal gewichten

Lehren aus der Vergangenheit

Neue Situation

»Es gibt tausend Möglichkeiten, sein Geld auszugeben, aber nur zwei, Geld zu verdienen: Entweder wir arbeiten für Geld oder Geld arbeitet für uns!« So lautet ein Bonmot des Finanziers Bernard Baruch.

Mit Eintritt in den Ruhestand ist die Entscheidung gefallen. Wir wollen (oder dürfen) nicht mehr arbeiten. Das vorhandene Vermögen soll jetzt unseren Lebensunterhalt sichern. Umso mehr müssen wir die mit den Vermögensanlagen einhergehenden Risiken im Griff haben.

Bekannte und unbekannte Risiken

Das ist einfacher gesagt als getan. Denn »im Griff« haben wir nur die Risiken, die wir kennen. Wirklich gefährlich sind allerdings die Risiken, die wir heute nicht kennen und mit denen wir deswegen nicht rechnen. Der überraschende Zusammenbruch der Investmentbank Lehman Brothers im Jahr 2008 mit seinen weitreichenden Konsequenzen war hierfür ein »gutes« Beispiel. Ein anderes Beispiel sind Staatsanleihen einiger EU-Länder, die heute nicht mehr ohne Weiteres als »sicher« eingestuft werden können. Auch dies war von wenigen Jahren noch undenkbar. Ein weiteres Beispiel sind die Probleme offener Immobilienfonds – diese Anlagekategorie galt über Jahrzehnte als sehr sicher. Jetzt haben sie vielen Anlegern hohe Verluste beschert.

Streuen, streuen, streuen ...

Da weder Sie noch wir die Zukunft kennen, müssen wir unsere Anlagen möglichst breit diversifizieren. Nur so sind wir gegen Unwägbarkeiten einigermaßen gerüstet. Die »klassische deutsche Vermögensstruktur« mit der eigenen Immobilie, einer Lebensversicherung, Sparbriefen und vier deutschen Blue Chips (große Aktiengesellschaften) reicht nicht mehr aus. Zusätzlich sind Unternehmensanleihen, Anleihen und Aktien aus den sogenannten Schwellenländern, deutsche Staatsanleihen und gegebenenfalls etwas Gold Pflicht. Wie stark die einzelnen Anlagesegmente gewichtet werden, hängt natürlich stark von der persönlichen Zukunftserwartung und Risikobereitschaft ab.

... und flexibel bleiben

Die Welt dreht sich zwar nicht schneller, aber sie verändert sich schneller. Um hierauf reagieren zu können, sollte mindestens ein Drittel der Vermögensstruktur manövrierbar bleiben, also auf Tagesgeldkonten liegen und in täglich veräußerbaren Wertpapieren investiert sein. Insbesondere für den Ruheständler, der auf sein Vermögen zugreifen können muss, kann ein zu hoher Anteil an nicht liquiden Immobilien, Beteiligungen etc. zum echten Problem werden.

Das »magische« Dreieck

Bei dem Thema »Vermögensmanagement« dreht sich letztlich alles um die elementaren Eckwerte Risiko, Rendite und Liquidität.

Drei Eckwerte

Risiko bedeutet, dass das Vermögen in seiner Höhe schwanken, also zunehmen, abnehmen oder sogar gänzlich verloren gehen kann. Rendite meint den Nettozuwachs an Vermögen. Liquidität heißt, dass gewisse Vermögensteile jederzeit ohne Verlust »flüssig gemacht« werden können.

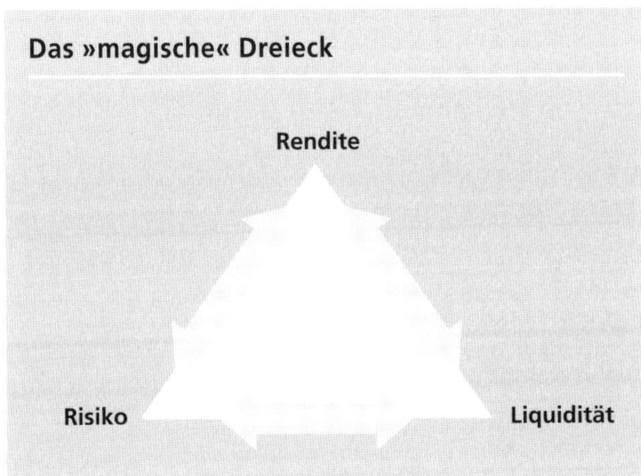

Klassischer Zielkonflikt

Betrachtet man diese drei Größen genauer, stößt man auf einen klassischen Zielkonflikt. Deshalb nennt man das Spannungsverhältnis zwischen diesen drei Größen das »magische« Dreieck. Denn keine der drei Komponenten kann verbessert werden, ohne dass es einen minimierenden Einfluss auf die anderen zwei hätte. Wer beispielsweise eine Rendite oberhalb der risikolosen (Geldmarkt-)Zinsen erzielen will, muss dafür bestimmte Risiken in Form von Kursschwankungen in Kauf nehmen. Dabei gilt grundsätzlich: je höher das Risiko, umso höher die Renditeerwartung.

Der Ausweg aus dem Dilemma

Leider gibt es kein Produkt, das dem natürlichen Bedürfnis des Anlegers nach hoher Rendite, geringem Risiko und hoher Liquidität gerecht wird. Versprechungen von Anlage»beratern«, die in diese Richtung gehen, haben entweder einen Haken oder sind unseriös. Insofern muss das Vermögen in einzelne Teile zerlegt werden. Für jeden Teil wird dann eine Zielsetzung definiert und die Anlagestrategie entsprechend ausgerichtet.

Beispielhafte Ausrichtung im »magischen« Dreieck

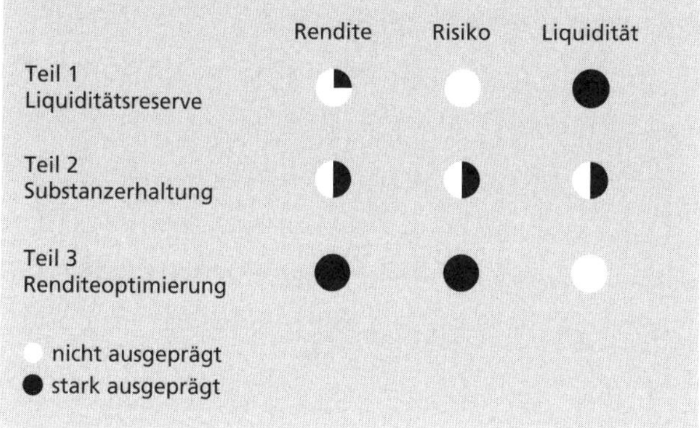

Prioritäten im Ruhestand

Im Ruhestand kommt dem Vermögen eine neue Bedeutung zu. Während im Erwerbsleben das Wachstum im Vordergrund stand, geht es nun vor allem um die Sicherstellung der notwendigen Entnahmen und um die (reale) Erhaltung der Substanz. Für den Vermögensteil, der die Liquidität sichert, wird dabei bewusst eine geringe Rendite in Kauf genommen. Für den Teil, der für die langfristige Substanzerhaltung des Vermögens verantwortlich ist, stehen Renditeerwartung und Risiko in einem ausgeglichenen Verhältnis. Ein dritter, kleinerer Teil des Vermögens optimiert die Rendite. Höheres Risiko und mangelnde Liquidität werden bewusst in Kauf genommen.

Keine Rendite ohne Risiko

Ausfallrisiko

Aufgrund der veränderten Zielsetzungen kommt dem Risikomanagement im Ruhestand eine überragende Bedeutung zu. Die beiden wichtigsten Risiken sind das Ausfallrisiko und das Wertschwankungsrisiko. Ersteres bezeichnet den Totalverlust des investierten Kapitals. Dieser kann zum Beispiel eintreten, wenn eine Institution, in die man investiert hat, bankrott wird (z. B. Arcandor). Oder wenn man einem Anlagebetrüger auf den Leim geht, der großartige Renditen verspricht (hier trifft der Satz »Gier frisst Hirn« zu). Auch die Gläubiger von GM-Anleihen oder früher Argentinien-Anleihen werden zukünftig nicht nur die Verzinsung, sondern auch die Risiken ihrer Investments genauer unter die Lupe nehmen.

Wertschwankungsrisiko

Das Wertschwankungsrisiko beschreibt Buchverluste, falls der Marktwert einer Anlage vorübergehend unter den Einstandspreis fällt. Der wichtigste Grundsatz im Umgang mit diesen Risiken lautet Diversifikation (Streuung). Dabei geht es einfach darum, »nicht alle Eier in einen Korb zu legen« oder »nicht alles auf ein Pferd zu setzen«. Dies betrifft sowohl die Gesamtvermögensebene, also die Aufteilung auf Immobilien, liquide Mittel, Anleihen, Aktien sowie Rohstoffe, Währungen und Edelmetalle als auch die Auswahl und die Gewichtung der einzelnen Titel an sich.

Opportunitätsrisiko

Das sogenannte Opportunitätsrisiko spielt bei Privatanlegern noch eine eher untergeordnete Rolle. Es beschreibt die Möglichkeit, dass eine erzielte Rendite nicht marktgerecht ist. Beispielsweise ist eine Rendite im Aktienbereich von plus 10 Prozent innerhalb eines Jahrs nicht per se gut. Entscheidend ist, wie sich im selben Zeitraum der Gesamtmarkt entwickelt hat. Konnten die bekannten Aktienindizes – wie beispielsweise im Jahr

Arten von Risiken bei Vermögensanlagen

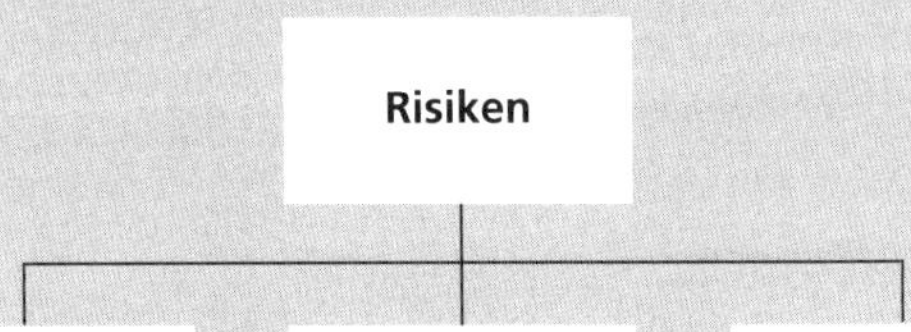

	Ausfallrisiko	Wertschwankungsrisiko	Opportunitätsrisiko
Risikobegriff	Totalverlust des eingesetzten Kapitals	(Befristete) Buchverluste auf den Anlagen	Nichterzielen einer marktgerechten Rendite
Risikomanagement	• Breit diversifizieren • Anlagekategorie und Vertragspartner analysieren	• Breit diversifizieren • Investitionsobjekte bewerten	• Benchmark definieren (Vergleichsmaßstäbe) • Performance überwachen und vergleichen

2012 – durchschnittlich 15 Prozent zulegen, dann sind dem Anleger Opportunitätskosten in Höhe von 5 Prozentpunkten entstanden. Schnitten die Aktienmärkte wie im Jahr 2011 hingegen negativ ab, stellt bereits eine geringfügig positive Rendite einen großen Erfolg dar.

Entscheidend ist also, die Entwicklung des eigenen Vermögens regelmäßig sogenannten Benchmarks (Vergleichsmaßstäben) gegenüberzustellen, beispielsweise dem MSCI World Index bei internationalen Aktien. Benchmarks existieren auch für Anleihen und seit kurzer Zeit sogar für Immobilien. Je näher das eigene Portfolio an solchen Benchmarks ausgerichtet ist, umso geringer ist das Opportunitätsrisiko. Je niedriger dieses ist, desto kleiner die Chance, besser als der Vergleichsindex abzuschneiden.

Das kann in schlechten Börsenzeiten auch negative Vorzeichen fürs eigene Depot bedeuten. Hier setzen sogenannte Absolute-Return-Konzepte an. Unabhängig von der Entwicklung der Benchmarks bei Aktien, Anleihen und Immobilien steht hier die Vermeidung von Verlusten im Vordergrund. Unter Marketinggesichtspunkten sicherlich eine brillante Idee. Doch mit einem solchen Konzept eine Rendite zu erzielen, die nachhaltig über dem Geldmarktsatz liegt, hat sich in der Praxis als äußerst schwierig herausgestellt.

Volatilität

Zurück zum Wertschwankungsrisiko. Dieses zeigt an, welche Kurs- bzw. Renditeschwankungen für das Erzielen einer langfristigen Durchschnittsrendite in Kauf zu nehmen sind. Um dieses Risiko zu beziffern, bedient man sich einer statistischen Größe: der Standardabweichung (häufig auch als Volatilität bezeichnet). Etwas vereinfacht ausgedrückt gibt sie an, wie groß die Bandbreite ist, in der die Werte – während einer bestimmten Periode – um deren Mittelwert schwanken.

Die Volatilität berücksichtigt aber nur 68 Prozent aller Werte. Um auch Extremausschläge mit einzubeziehen, ist die Standardabweichung zu verdoppeln. Eine hohe Standardabweichung (z. B. 25 Prozent bei Aktien) bedeutet, dass die Kurse stark nach oben und unten ausgeschlagen haben. Eine geringe Standardabweichung hingegen zeigt, dass die Kursschwankungen moderat ausgefallen sind und die Kurse sich relativ gleichmäßig entwickelt haben. Im Übrigen: Wertschwankungen treten nicht nur bei Aktien, sondern auch bei allen anderen Anlageformen wie Immobilien, Anleihen und Rohstoffen auf.

Risiko gemessen als Wertschwankung (Beispiel)

Rendite 5 %, Volatilität 10 %

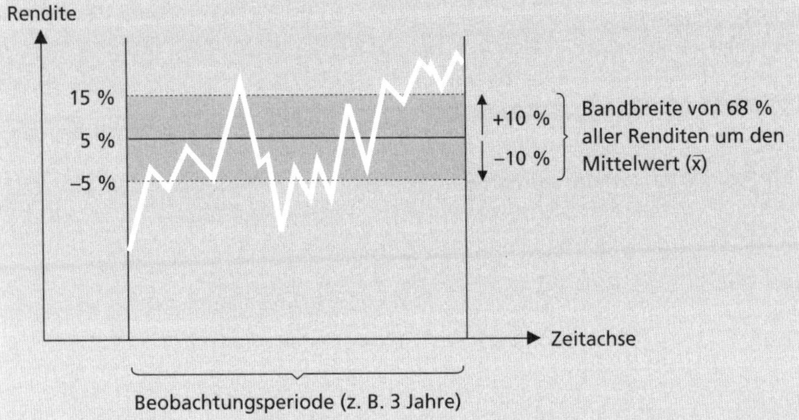

Beispiel

Im dargestellten Beispiel wird von einer durchschnittlichen Jahresrendite von 5 Prozent und einer Volatilität von 10 Prozent ausgegangen. Diese Werte sind so zu interpretieren, dass mit einer Wahrscheinlichkeit von 68 Prozent die Jahresrenditen zwischen minus 5 Prozent und plus 15 Prozent schwanken (5 % – 10 % = minus 5 %; 5 % + 10 % = 15 %). Um die Bandbreite auf 95 Prozent aller Fälle auszuweiten, wird die Volatilität verdoppelt. Als schlechtester Wert ergibt sich dann minus 15 Prozent (5 % – 2 × 10 %), als bester Wert plus 25 Prozent (5 %+ 2 × 10 %).

Korrelation

Die Zielsetzung muss sein, die Schwankungen eines Portfolios (also das Risiko) zu reduzieren, ohne damit die Renditeerwartung zu schmälern. Dies funktioniert, indem verschiedene Anlagen kombiniert werden, deren Wertentwicklungen nicht gleichförmig verlaufen, sondern unabhängig voneinander oder sogar entgegengesetzt. Auch hierfür gibt es eine mathematische Kennzahl, die sogenannte Korrelation. Je niedriger die Korrelation zwischen zwei Anlagen ist, umso niedriger ist die Schwankung des Portfolios im Verhältnis zu den Schwankungen der einzelnen Anlagen. Dies ist darauf zurückzuführen, dass sich die Schwankungen der Einzelanlagen teilweise neutralisieren.

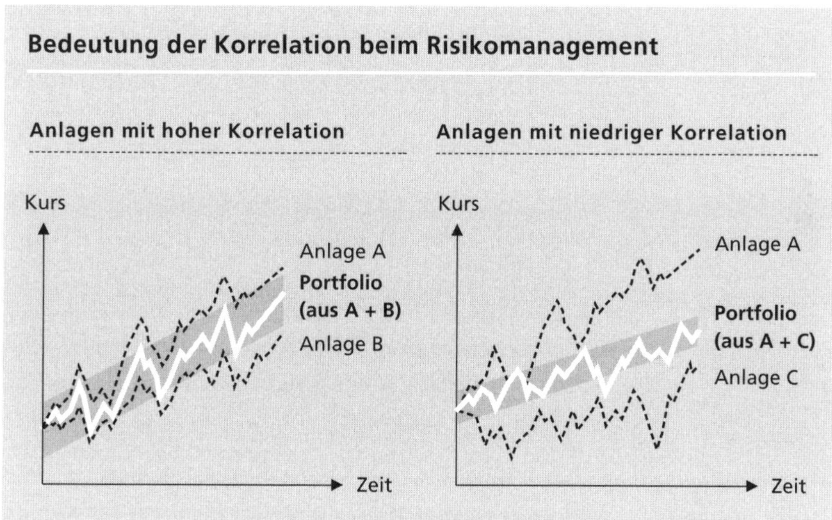

Beispiel

Ein einfaches Beispiel verdeutlicht diesen Effekt. Die Volatilität von internationalen Aktien liegt bei rund 17 Prozent, die von Gold bei rund 20 Prozent. Der Gleichlauf dieser beiden Anlageformen ist sehr gering. Werden also beide Anlageformen kombiniert (z. B. 75 Prozent Aktien, 25 Prozent Gold), ergibt sich für das entstehende Portfolio (mit der entsprechenden Rechenformel) eine Volatilität von 14 Prozent – und somit ein niedrigeres Risiko.

Weniger Risiko durch Aktien

Ebenfalls zu spannenden Ergebnissen führt die Kombination von Aktien und Anleihen (hier am Beispiel des deutschen Aktienindexes DAX und des deutschen Anleihenindexes REXP). Dass die Beimischung von Anleihen in ein Aktiendepot zu einem niedrigeren Risiko führt, ist noch keine große Überraschung. Denn der DAX hat eine Volatilität von 20 Prozent und der REXP von 4 Prozent. Interessant ist vielmehr die Tatsache, dass auch die Beimischung von Aktien zu einem Anleihendepot das Risiko reduziert. Ein Portfolio, das aus 90 Prozent REXP und 10 Prozent DAX besteht, weist nur eine Volatilität von etwas über 3 Prozent auf, besitzt also eine niedrigere Standardabweichung als der Anleihenindex! Hintergrund für dieses Ergebnis ist die langfristig negative Korrelation zwischen DAX und REXP (die bei minus 0,5 liegt).

Fazit

Eine breite Streuung des Vermögens führt – rechnerisch nachweisbar – zu geringeren Risiken. Der Effekt der Risikoreduktion fällt dabei umso größer aus, je niedriger die Korrelationen zwischen den einzelnen Vermögensbestandteilen sind. In der praktischen Umsetzung ist es wichtig, die Korrelationen regelmäßig zu überprüfen, da diese – leider – nicht konstant bleiben.

Was heißt eigentlich »Rendite«?

Risiken im Rahmen der Anlagestrategie können also reduziert, aber nicht eliminiert werden. Wie bei den Ausführungen zum »magischen« Dreieck bereits deutlich wurde, zahlen sich die Risiken in Form einer höheren Renditeerwartung aus. Doch was ist eigentlich eine Rendite?

Der Begriff »Rendite« umschreibt eine prozentuale Größe. Dabei werden Ausschüttungen (Zinsen, Dividenden usw.) und Wertveränderungen (Kursgewinne/-verluste, Währungsgewinne/-verluste) ins Verhältnis zum eingebrachten Kapital gesetzt. Bei der Berechnung sind auch nicht realisierte Gewinne und Verluste zu berücksichtigen. Diese stehen zwar nur auf dem Papier, sind aber im Sinne einer korrekten buchhalterischen Stichtagsbetrachtung ebenfalls zu erfassen. Um die Nettorendite (vor Steuern) zu ermitteln, sind ferner alle angefallenen Kosten (Provisionen, Depotführung, Vermögensverwaltung usw.) in Abzug zu bringen. Zur besseren Vergleichbarkeit werden die Renditen meistens auf Jahresbasis umgerechnet.

Berechnung der Nettorendite

Vermögensentwicklung
Basis: keine Zu- und Abflüsse

Vermögenswert am 1.1. Vermögenswert am 31.12.

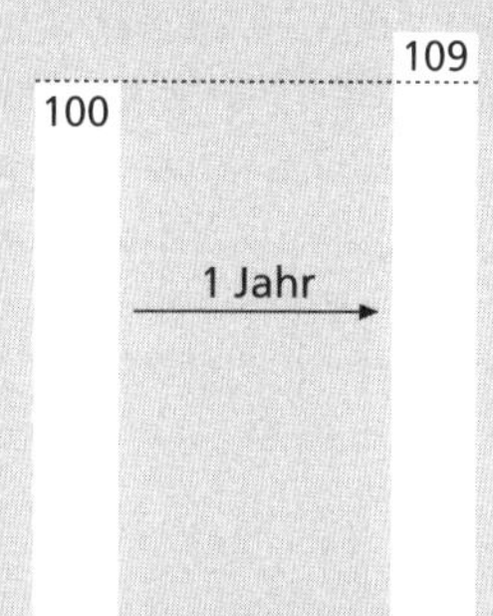

Herleitung der Nettorendite[1]

+ Zinsen
+ Dividenden

= **Ausschüttungen**
+/– realisierte Kursgewinne/-verluste
+/– realisierte Währungsgewinne/-verluste

= **Ausschüttungen und realisierte Gewinne/Verluste**
+/– nicht realisierte Kursgewinne/-verluste
+/– nicht realisierte Währungsgewinne/-verluste

= **Bruttorendite**
– Gebühren

= **Nettorendite (vor Steuern) = Performance**

1 Ohne Berücksichtigung der Abgeltungsteuer

Herleitung der Realrendite

Die Nettorendite vor Steuern ist allerdings erst die halbe Wahrheit. Entscheidend ist die sogenannte Realrendite, die den tatsächlichen Vermögenszuwachs ausdrückt. Zur Ermittlung dieser müssen von der berechneten Nettorendite noch die Steuern und die Inflation abgezogen werden. Bei Anleihen bleibt dem Anleger unter dem Strich dann oft nichts mehr übrig. Immobilien und Aktien bieten als Sachwertanlagen grundsätzlich Schutz vor einer (steigenden) Geldentwertung.

Das Wunder: Zinseszinseffekt

Viele Anleger sind der Ansicht, dass ein geringer Renditeunterschied nicht allzu bedeutend ist. Auf einen kurzen Zeithorizont bezogen, mag das stimmen. Über eine längere Anlagedauer kommt es aufgrund des Zinseszinseffektes jedoch zu erstaunlichen Unterschieden. 100.000 Euro, die über 15 Jahre zu 2 Prozent angelegt werden können, wachsen um insgesamt 35.000 Euro. Bei einer Anlage zu 4 Prozent ergibt sich hingegen ein Zuwachs von 80.000 Euro. Der Gesamtertrag ist also 130 Prozent höher, obwohl die jährliche Verzinsung nur doppelt so hoch ist.

Weniger Verlust braucht viel Gewinn

Bei derartigen Hochrechnungen darf aber eins nicht vergessen werden: Ein bestimmter prozentualer Verlust kann nicht mit demselben prozentualen Gewinn wettgemacht werden – es braucht einen (viel) höheren Gewinn. Beispielsweise muss nach einer negativen Rendite von minus 30 Prozent anschließend ein Gewinn von 43 Prozent gemacht werden, um den Verlust auszugleichen. Dabei gilt: Je höher der Verlust ist, umso stärker kommt dieser Effekt zum Tragen. Für 50 Prozent Verlust sind bereits 100 Prozent Gewinn notwendig. Und wer vor Jahren am Neuen Markt 80 Prozent seines Kapitals verspielt hat, muss sogar auf eine Rendite von 400 Prozent hoffen, um seinen Einstandswert wieder zu erreichen. Das kann eine Weile dauern. Und diese Zeit hat ein Ruheständler in der Regel nicht mehr.

Wie viel Prozent Gewinn machen wie viel Prozent Verlust wieder wett?

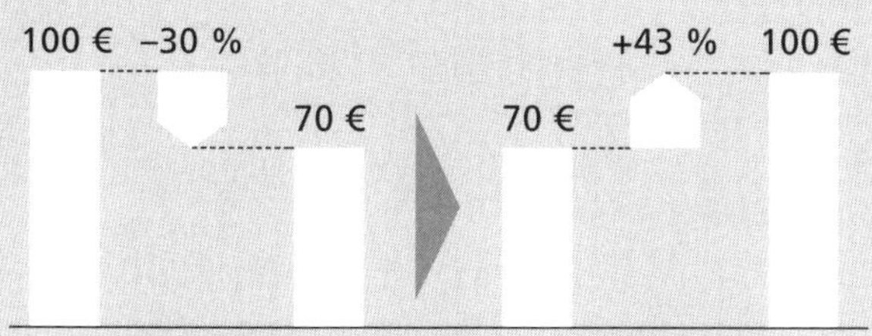

−30 %	+43 %
−40 %	+67 %
−50 %	+100 %
−60 %	+150 %
−70 %	+233 %
−80 %	+400 %
−90 %	+900 %

Die wichtigsten Anlageformen

Anleihen

Wenn sich der Anleger für den Kauf von Anleihen entscheidet, schlüpft er in die Rolle des Gläubigers (Bank): Er verleiht sein Geld. Der Emittent der Anleihe ist sein Schuldner und verpflichtet sich, regelmäßig Zinsen zu zahlen. Die Zinsen sind der Preis für die Leihgabe des Geldes. Am Ende der Laufzeit wird das Kapital zurückbezahlt.

Realzins negativ

Von einem ausgezeichneten Schuldner (beispielsweise dem Bund) erhält man Anfang 2014 unter 2 Prozent Zinsen für eine Anleihe mit zehnjähriger Restlaufzeit. Vor 14 Jahren lag der Zinskupon einer vergleichbaren Bundesanleihe bei über 5 Prozent. Abzüglich der Inflation von 1,5 Prozent ergab sich eine Realverzinsung von über 3,5 Prozent (vor Steuern). Seitdem ist die Inflation mehr oder weniger gleich geblieben, der Zins aber kontinuierlich gefallen. Ergebnis: Seit 2011 rentieren die 10-jährigen Deutschen Staatsanleihen immer wieder unterhalb der Inflationsrate. Dieses Phänomen – auch »negative Realverzinsung« genannt – bedeutet für den Sparer, dass er jedes Jahr garantiert Geld verliert. Anders gesagt: es findet eine Enteignung der Kapitalgeber/Sparer zugunsten des Deutschen Staates bzw., eine Entschuldung Deutschlands auf breiter Ebene statt. Dieses Phänomen ist gegenwärtig nicht nur in Deutschland, sondern in Industrieländern auf der ganzen Welt zu beobachten. Daher sind Bankeinlagen und Staatsanleihen mit guter Bonität kein probates Mittel um sein Kapital langfristig »real« zu erhalten. Ob dies nur eine zeitlich begrenzte Sondersituation darstellt (Stand Mitte 2014), oder aufgrund der teils enormen Verschuldung der Industrieländer sich für diese zu einem probaten Mittel ihrer Schuldentilgung etabliert, wird die Zukunft zeigen.

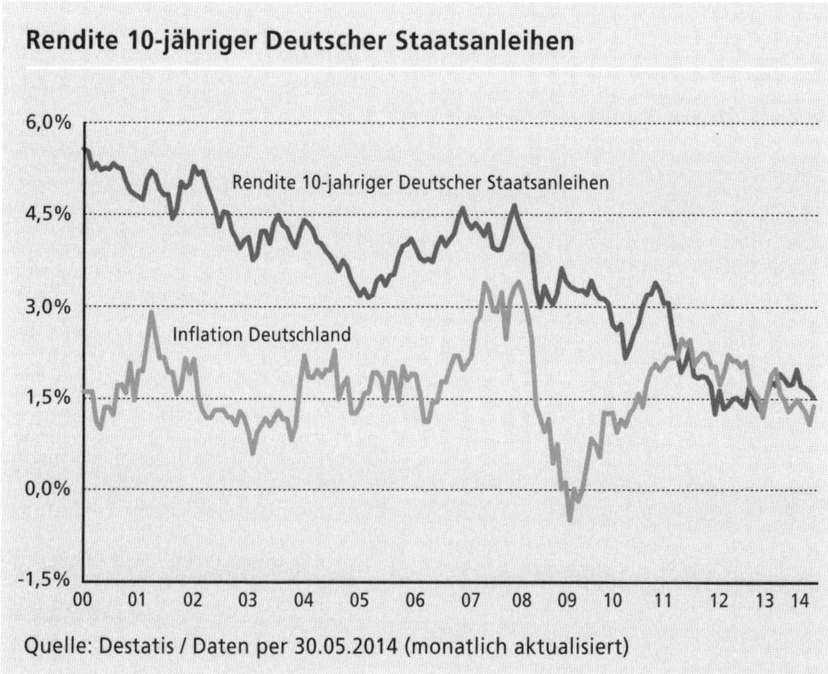

Kursbeeinflussende Faktoren

Auch bei Anleihen entstehen vorübergehende Kursgewinne oder -verluste. Grund für die Kursveränderungen können sowohl wertpapierspezifische als auch marktspezifische Faktoren sein. Ausgabe und Rückzahlungspreis, Zinskupon, Restlaufzeit und Schuldnerbonität sind wertpapierbedingt. Marktbedingte Faktoren sind der aktuelle Marktzinssatz und das ökonomische Umfeld, insbesondere die Zinserwartungen.

Umgekehrt besteht die gleiche Wechselwirkung. Wenn das Marktzinsniveau steigt, sinken die Anleihenkurse. Dabei gilt: Je länger die Restlaufzeit, desto heftiger die Kursausschläge bei Zinsänderungen. Diese Kursbewegungen sind normalerweise nur vorübergehend. Wenn die Zahlungsfähigkeit des Schuldners nicht beeinträchtigt ist, erfolgt die Rückzahlung der Papiere zum Nominalwert. Dieser entspricht in der Regel dem Ausgabepreis.

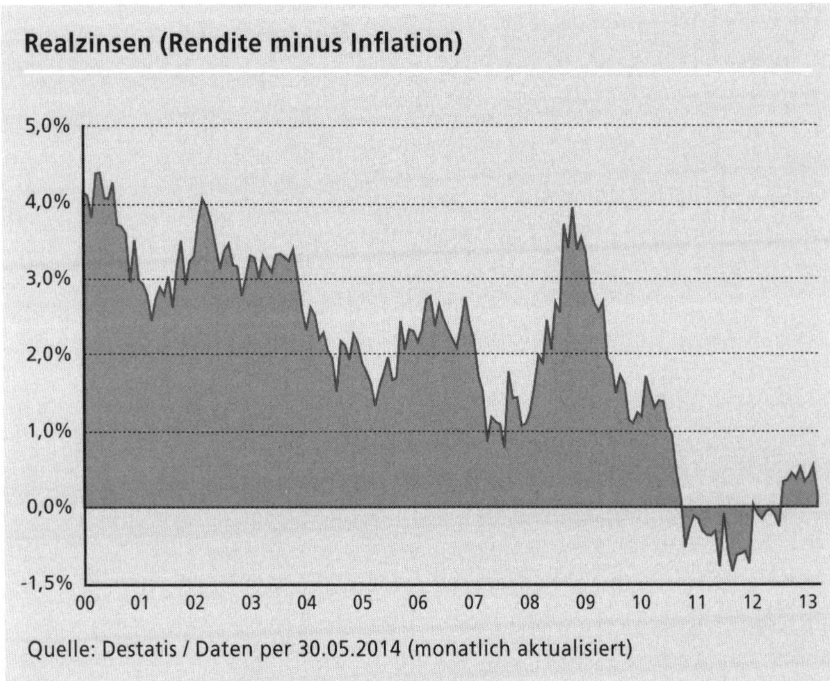

Anlagetaktik

Die Kursausschläge von Anleihen bei Änderungen des Marktzinsniveaus fallen je nach Restlaufzeit unterschiedlich hoch aus. Eine Zinserhöhung von 1 Prozentpunkt führt bei einer Anleihe, die in drei Jahren zurückbezahlt wird, zu einem Kursverlust von rund 2,7 Prozentpunkten. Bei einem Papier mit zehnjähriger Restlaufzeit wäre hingegen ein Rückgang von rund 7,7 Prozentpunkten realistisch.

Für die unterschiedlichen Kursausschläge gibt es eine einfache Erklärung: Je länger die Restlaufzeit einer Anleihe ist, desto länger bekommt der Anleger Zinsen, die unterhalb des Marktzinses liegen. Entsprechend hoch ist natürlich auch der Kursgewinn bei Zinssenkungen. Der Zusammenhang führt zu anlagetaktischen Verhaltensregeln: Wer höhere Zinsen erwartet, kauft Anleihen mit kurzer Restlaufzeit. Die Zinserhöhungen wirken sich bei diesen Papieren am wenigsten aus. Wer auf einen Zinsrückgang setzt, kauft Anleihen mit langer Restlaufzeit. So sind auch kurzfristige Kursgewinne möglich.

Kursbeeinflussende Faktoren

Wertpapierspezifische Einflussfaktoren

- Schuldnerqualität
- Ausgabepreis
- Rücknahmepreis
- Zinskupon
- (Rest-)Laufzeit

Marktspezifische Einflussfaktoren

Marktzins (Ist und Erwartungshaltung), abhängig von:

- staatlicher Schuldenpolitik
- Geldpolitik
- Konjunktur
- Inflation
- ausländischen Zinsen und Wechselkursen

Kursschwankungen von Anleihen bei Zinsveränderungen

Am Beispiel von Bundesanleihen

Restlaufzeit	Sensitivitätsfaktor
3 Jahre	2,7
5 Jahre	4,3
7 Jahre	5,8
10 Jahre	7,7

Lesebeispiel (Faustregel): Eine Erhöhung (Reduzierung) des Marktzinsniveaus um 1 Prozentpunkt führt bei einer Bundesanleihe mit einer Restlaufzeit von fünf Jahren zu einem Kursverlust (Kursgewinn) von 4,3 Prozentpunkten.

Beurteilung des Schuldners

Entscheidend für die Qualität einer Anleihe ist die Zahlungsfähigkeit (Bonität) des Schuldners. Aber wie kann sich ein Anleger darüber informieren? Anders als bei Krediten, die eine Bank gewährt, wird bei Schuldverschreibungen kein ausführlicher Kreditantrag gestellt. Auch die Solvenz – und damit die Rückzahlungsfähigkeit des Schuldners – wird nicht eingehend geprüft. Vielmehr stützen sich die Investoren in der Regel auf den Namen und den Bekanntheitsgrad des Schuldners. Doch das kann verheerend sein. Denken wir nur an die Schweizer Fluggesellschaft Swissair, die einst als »fliegende Bank« bezeichnet wurde und einen ausgezeichneten Ruf genoss. Niemand hätte erwartet, dass diese Gesellschaft praktisch über Nacht in Konkurs gehen würde. Und doch ist genau das passiert. Die Anleihenkurse haben im Jahr 2001 innerhalb von eineinhalb Monaten 90 Prozent ihres Werts verloren.

Orientierungshilfe »Rating«

Zur Beurteilung der Bonität reichen Name und Bekanntheitsgrad eines Schuldners nicht aus. Zusätzliche Hilfen – nicht mehr und nicht weniger! – bieten sogenannte Ratings: Einstufungen der Schuldnerqualität. Diese Ratings werden erarbeitet und veröffentlicht von spezialisierten Rating-Firmen wie Standard & Poor's (S&P) und Moody's.

Das Rating »AAA« (S&P) bzw. »Aaa« (Moody's) steht beispielsweise für eine außerordentlich große Kapazität eines Schuldners zur Zinsbedienung und Kapitalrückzahlung. Generell können Schuldner, die mit mindestens einem »A« qualifiziert sind, als zuverlässig eingestuft werden. Anders liegt der Fall bei »B«-, »C«- und »D«-Einstufungen. In diesen Fällen äußert die Rating-Agentur ihre unterschiedlichen Bedenken, ob Zinsen plangemäß bezahlt und Schulden getilgt werden können. Diese Anleihen sind mit Vorsicht zu genießen und sollten im Depot, wenn überhaupt, nur als Beimischung dienen.

Ratingsysteme für langfristige Verbindlichkeiten

S&P	Moody's	Bemerkungen
AAA	Aaa	Beste Schuldnerqualität, Zinsendienst und Rückzahlung außerordentlich sicher.
AA+ AA AA–	Aa1 Aa2 Aa3	Sehr starke Zins- und Rückzahlungsfähigkeit. Geringe Differenz zu AAA-Rating.
A+ A A–	A1 A2 A3	Starke Zahlungsfähigkeit, aber beeinflusst von Veränderungen des Umfelds, der Konjunktur und der Branche.
BBB+ BBB BBB–	Baa1 Baa2 Baa3	Ausreichende Zahlungsfähigkeit, aber starke Konjunktur- und Umfeldempfindlichkeit.
BB+ BB BB–	Ba1 Ba2 Ba3	Anleihe hat spekulative Charakteristiken. Beschränkte Zahlungsfähigkeit. Bei Veränderungen im Bereich von Zinsen und Konjunktur sehr exponiert.
B+ B B–	B1 B2 B3	Schuldner ist noch zahlungsfähig, aber ein schwieriges Umfeld vermindert die Zahlungsfähigkeit und -willigkeit des Emittenten.
CCC+ CCC CCC–	Caa	Akute Gefahr eines Zahlungsverzugs bzw. -ausfalls. Zahlungsfähigkeit ist abhängig von einer Verbesserung des Geschäfts-, Zins- oder Konjunkturumfelds.
CC	Ca	Hoch spekulativ, geringe Zahlungsfähigkeit des Schuldners.
C	C	Ausfallrisiko extrem hoch. Sehr geringe Wahrscheinlichkeit der vollständigen und termingerechten Bedienung der Verbindlichkeiten.
D		Zins- und/oder Rückzahlung im Verzug.

Schlechte Bonität heißt hohe Renditen

Wenn Staaten oder Unternehmen von den Rating-Agenturen schlecht eingestuft werden, bedeutet dies natürlich nicht, dass sie keine Anleihen herausgeben können. Nur müssen sie einen höheren Zins bezahlen: als Risikoprämie für die schlechtere Bonitätseinstufung. Die Höhe dieses »Spreads« beträgt im Schnitt 1 bis 4 Prozentpunkten und ist neben Rating bzw. Laufzeit insbesondere auch vom gesamtwirtschaftlichen Umfeld abhängig. Je besser die Wirtschaftslage, desto eher traut man auch schlechteren Schuldnern zu, ihre Verbindlichkeiten ordnungsgemäß zu bedienen, und desto geringer ist der Renditeaufschlag gegenüber erstklassigen Staatsanleihen.

Ausfallwahrscheinlichkeiten

Zur richtigen Interpretation der Ratings werden Ausfallwahrscheinlichkeiten definiert. Diese sind logischerweise umso höher, je schlechter die Schuldnereinstufung und je länger die Restlaufzeit. Im »AAA«- bzw. »Aaa«-Bereich liegt die Ausfallwahrscheinlichkeit bei unter 1 Prozent. Das heißt, auch bei längerer Laufzeit fällt von hundert Anleihen weniger als eine aus. Bei den mit »B« qualifizierten Anleihen reicht die Ausfallwahrscheinlichkeit von 4 bis 34 Prozent. Im »C«-Bereich fällt selbst bei einer Restlaufzeit von maximal einem Jahr jede

Ausfallwahrscheinlichkeiten von Anleihen

Rating	Restlaufzeit in Jahren			
	1	4	7	10
Aaa	0 %	0,1 %	0,4 %	0,9 %
Aa	0,1 %	0,5 %	1,3 %	2,3 %
A	0,1 %	0,9 %	1,9 %	3,1 %
Baa	0,3 %	2,3 %	4,6 %	7,0 %
Ba	1,3 %	7,4 %	13,3 %	18,4 %
B	3,9 %	17,6 %	27,6 %	34,3 %
Caa-C	13,2 %	33,6 %	42,8 %	48,9 %

Lesebeispiel:
Bei einer mit »Ba« taxierten Anleihe mit einer Restlaufzeit von 7 Jahren beträgt das Ausfallrisiko (für die Rückzahlung) 13,3 %.

Quelle: Moody's

sechste Anleihe aus. Ab einer Restlaufzeit von sieben Jahren und mehr beträgt die Ausfallwahrscheinlichkeit mehr als 40 Prozent. Diese Werte sind als Richtwerte zu verstehen, die je nach gesamtwirtschaftlicher Situation natürlich variieren.

Ratings: kein Allheilmittel

Ratings sind kein Allheilmittel. Wenn Gerüchte über Zahlungsschwierigkeiten eines Anleiheschuldners im Umlauf sind, bricht der Kurs bereits ein, bevor eine Rating-Agentur die Bonitätsverschlechterung »dokumentieren« kann. Bei Unternehmensanleihen und insbesondere auch bei sogenannten High-Yield-Anleihen (Rating unter »BBB« bzw. »Baa«) ist somit eine Aufteilung der Gelder auf zahlreiche Schuldner notwendig.

Aktien

Wer in Aktien investiert, setzt sich unternehmerischen Risiken aus und vertraut auf langfristiges Kapitalwachstum. Die Renditeerwartung bei Aktien ist von allen traditionellen Anlageformen am höchsten, entsprechend aber auch das Risiko. Der Kurs einer Aktie wird durch kurzfristige und langfristige Faktoren beeinflusst.

Einflussfaktoren auf den Aktienmarkt

Vereinfacht ausgedrückt werden die Kurse am Aktienmarkt durch vier Größen bestimmt. Die Psychologie der Marktteilnehmer übt dabei kurzfristig den stärksten Einfluss aus. Je nachdem, welche wirtschaftliche, konjunkturelle und politische Entwicklung die Anleger erwarten, kaufen oder verkaufen sie Titel. Diese Veränderungen von Angebot und Nachfrage haben entsprechende Auswirkungen auf den Preis einer Aktie.

Ebenfalls bestimmt die Anzahl der handelbaren Titel einer Unternehmung (»free float«) die Kursbildung mit. Wenn nur ein enger Markt besteht, also wenige handelbare Titel vorhanden sind, kann ein großer Kauf- oder Verkaufsauftrag den Kurs der Aktien stark beeinflussen: Entweder in die Höhe oder Tiefe reißen oder aber sich gegen den Trend stemmen. Langfristig wird der Aktienmarkt positiv durch den immer intakten Aufwärtstrend beeinflusst.

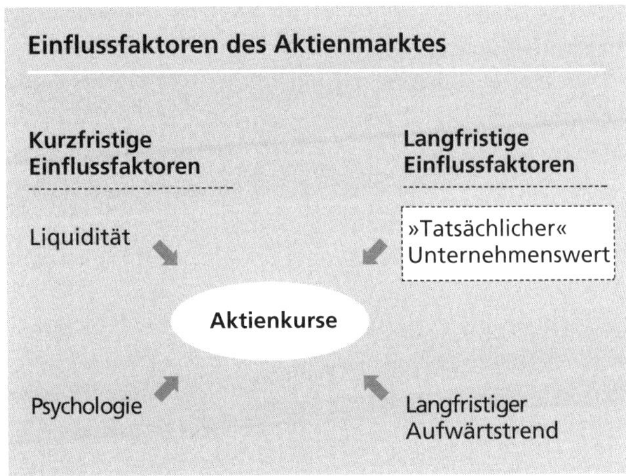

Diese langfristige Entwicklung liegt in der Natur unserer Volkswirtschaften und basiert hauptsächlich auf der Tatsache, dass Eigenkapital langfristig besser rentieren muss als Fremdkapital. Ansonsten könnte eine Unternehmung auf lange Sicht nicht überleben und würde aus dem Markt gedrängt. Wie sich eine Unternehmung in ihrem Markt behauptet und was sie dadurch für einen Unternehmenswert aufweist, ist die wichtigste Komponente zur langfristigen Preisbildung am Aktienmarkt.

Risikokomponente bei Aktien

Wer erfolgreich in Aktien investieren will, muss die Risiken kennen. Wissenschaftliche Untersuchungen haben ergeben, dass das Gesamtrisiko einer Aktie durch vier wesentliche Komponenten bestimmt wird: Das Firmen-, das Branchen-, das Länder- und das Globalrisiko. Zu 60

Prozent wird die Wertentwicklung einer Aktie durch das firmenspezifische Risiko beeinflusst. Dieses manifestiert sich in der finanziellen Entwicklung und umfasst alle unternehmensinternen Risiken: Vom Management über die Produkt-Markt-Strategie bis hin zur Bilanzstruktur.

Versucht man nun, das Risiko von Aktien-Engagements zu reduzieren, liegt es auf der Hand, beim Firmenrisiko anzusetzen, da sich dort der größte »Hebel« bietet. Die Schwierigkeit liegt darin, dass das firmenspezifische Risiko nicht genau zu ermitteln ist, da niemand mit Gewissheit sagen kann, wie sich ein Unternehmen in Zukunft entwickeln wird. Selbst Firmen, die heute als Aushängeschild der Wirtschaft gelten, könnten in naher Zukunft mit Schwierigkeiten zu kämpfen haben. Um nur einige solcher Beispiele zu nennen: Nokia, Blackberry, Solarword etc.

Risikokomponenten von Aktien

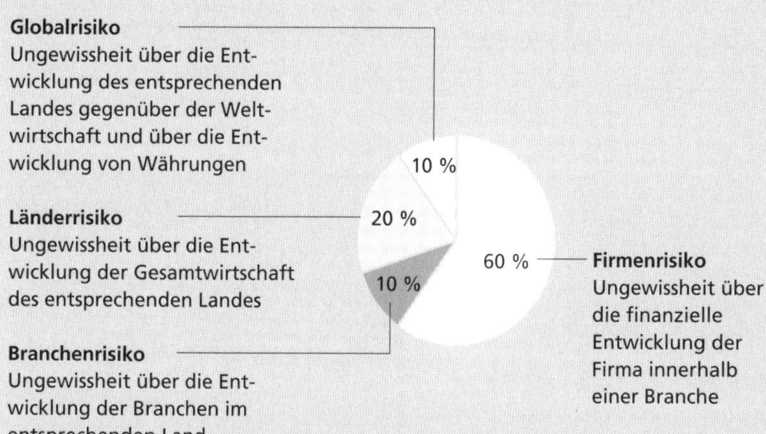

Quelle: R. Dubacher und H. Zimmermann

Risikoreduktion durch Diversifikation

Ein Anleger kann »sein« Firmenrisiko nur reduzieren, wenn er seine Mittel auf mehrere Unternehmen verteilt (= Diversifikation). Also: Nicht alle Eier in einen Korb! Dass dieses Vorgehen zu einer deutlichen Risikominimierung führt, wurde in wissenschaftlichen Untersuchungen eindrücklich bewiesen. Der Nutzen der Diversifikation, also der Risikostreuung, stellt eine der maßgeblichen Erkenntnisse der modernen Portfolio-Theorie dar.

Jedes Investment ist mit einem systematischen und einem unsystematischen Risiko behaftet. Das systematische Risiko wird durch den Markt vorgegeben und kann nicht eliminiert werden. Das unsystematische Risiko hingegen kann durch Streuung reduziert werden, wie die Grafik verdeutlicht.

Risikoreduktion durch Diversifikation

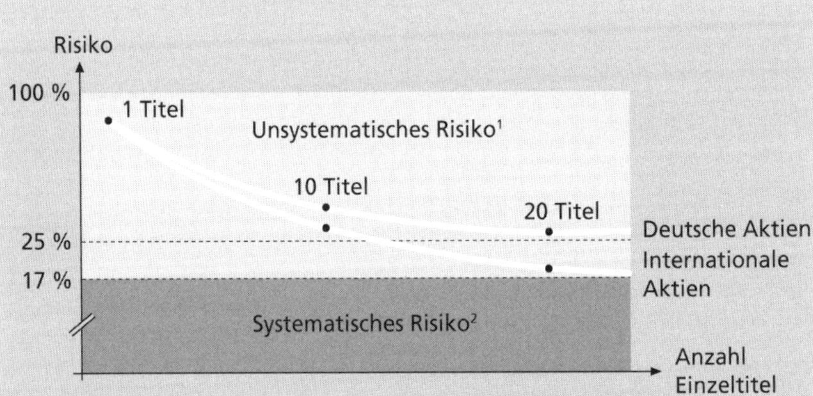

1 Das unsystematische Risiko setzt sich aus dem Firmen-, dem Branchen- und dem Länderrisiko zusammen und kann durch eine breite Diversifikation reduziert werden

2 Das systematische Risiko wird auch als Marktrisiko bezeichnet. Dieses Grundrisiko kann nicht eliminiert werden

Rendite deutscher Aktien

Im langfristigen Vergleich brachten deutsche Aktien dem Anleger bei einem zehnjährigen Anlagehorizont durchschnittlich 7,6 Prozent Bruttorendite pro Jahr (vor Steuern und Inflation). In der besten Zehnjahresperiode der vergangenen 40 Jahre wurden 17,9 Prozent pro Jahr erzielt, in der schlechtesten musste der Anleger jährlich 3,1 Prozent Verlust verkraften. Mit einer Wahrscheinlichkeit von 10 Prozent stand der Investor nach Ablauf des zehnjährigen Anlagehorizonts im Minus. Wird die Anlagedauer auf 13 Jahre verlängert, liegt die Wahrscheinlichkeit einer negativen Rendite nur noch bei 0 Prozent.

Aktien »Deutschland«: Verteilung der Renditen

Basis: DAX 30, 1/1970 bis 12/2013;
durchschnittliche Jahresrendite bei einem 10-jährigen Anlagehorizont

Bester Fall: 17,9 % p. a.
Schlechtester Fall: –3,1 % p. a.
Ø +7,6 % p. a.

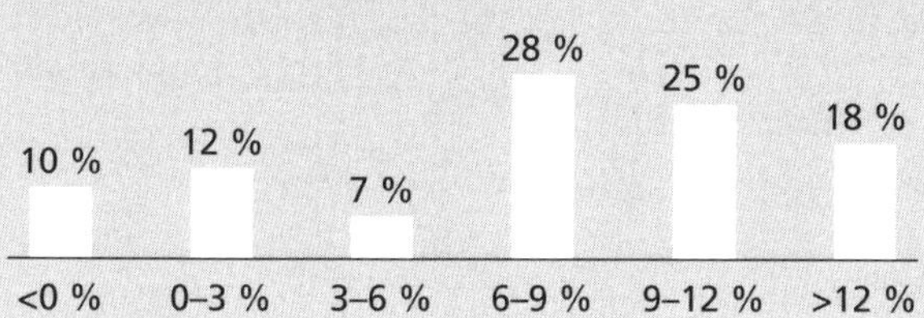

Mit internationalen Aktien konnte ein Anleger – mit zehnjährigem Anlagehorizont – durchschnittlich 8,9 Prozent jährlich verdienen. Im besten Fall konnte er sich sogar über mehr als 20 Prozent Gewinn pro Jahr freuen. Die schlechteste Zehnjahresperiode bescherte im Gegenzug ein sattes Minus von 3,9 Prozent pro Jahr. Die Wahrscheinlichkeit, eine negative Rendite zu erzielen, lag bei 8 Prozent.

Aktien »Global«: Verteilung der Renditen

Basis: MSCI World (gross), 1/1970 bis 12/2013; durchschnittliche Jahresrendite bei einem 10-jährigen Anlagehorizont

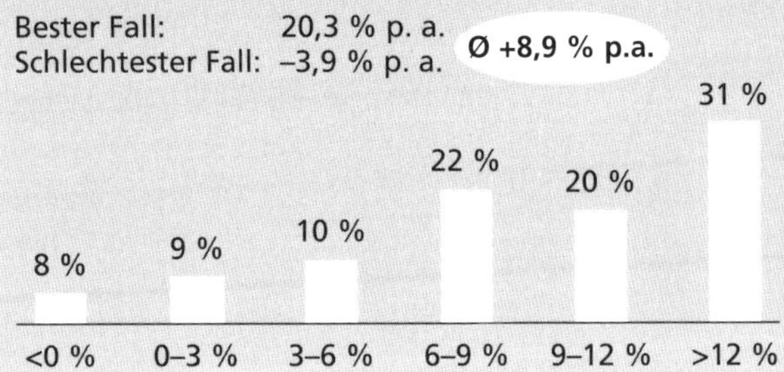

Handlungsempfehlungen

Wer erfolgreich in Aktien investieren will, sollte einige Regeln beachten. Diese helfen, böse Überraschungen zu vermeiden. In der Tabelle haben wir die aus unserer Sicht wichtigsten Handlungsempfehlungen zusammengefasst. Im Kern geht es dabei immer um die gleichen Dinge: die Streuung der Anlagen, die realistische Erwartungshaltung an die Rendite, die Informationsbeschaffung und Auswertung, das Korrigieren von getroffenen Entscheidungen und die Kostensensitivität.

Die wichtigsten Handlungsempfehlungen für das Aktiendepot

Empfehlung	Hintergrund
1. Diversifikation	Eine Streuung auf verschiedene Unternehmen, Branchen und Länder ist eine notwendige Voraussetzung für ein erfolgreiches Investment.
2. Erwartungshaltung überprüfen	Wenn ein Anleger Renditen von 20 Prozent pro Jahr erwartet, ist die Enttäuschung schon vorprogrammiert.
3. Sorgfältig analysieren	Eine Anlageentscheidung sollte auf einer sorgfältigen Analyse oder klaren Regeln basieren und nicht aufgrund brandheißer Tipps oder der Kursentwicklung der Vergangenheit erfolgen.
4. Fehlentscheidungen korrigieren	Ein guter Anleger trifft keine »besseren« Anlageentscheidungen, sondern korrigiert die schlechten Entscheidungen schneller.
5. Kosten beachten	»Hin und her macht Taschen leer«: Zu häufiges Umschichten verursacht hohe Kosten und frisst die Rendite auf.

▶ **Laufende Überwachung und aktive Bewirtschaftung**

Exkurs: Investmentfonds

Ein ideales Anlageinstrument zur Diversifikation seines Wertpapiervermögens findet der Anleger im Investmentfonds.

Funktionsweise

In einen Fonds investieren viele Anleger. So kommen große Fondsvermögen zusammen, oft von mehreren hundert Millionen Euro. Dieses Vermögen wird von einer Fondsleitung oder einem Fondsmanager verwaltet, die bzw. der die Anlageentscheidungen trifft und versucht, aufgrund verschiedenster Auswahlverfahren in die attraktivsten Einzeltitel zu investieren.

Schutz des Anlegers

Der Schutz des Anlegers respektive seines investierten Geldes ist durch die strikte Trennung von Anlagekapital (Sondervermögen) und Betriebsvermögen der Kapitalanlagegesellschaft gewährleistet. Das Sondervermögen (Gegenwert der herausgegebenen Fondsanteile) liegt bei einer Depotbank. Dieser obliegt auch die gesamte Abwicklung. Die staatliche Beaufsichtigung der Abläufe innerhalb des Fonds durch die Bundesanstalt für Finanzdienstleistungsaufsicht komplettiert die Rechtssicherheit des Investors.

Fundierte Fondsauswahl

Wer sich für den Einsatz von Fonds entscheidet, hat die Qual der Wahl. In Deutschland sind mittlerweile mehrere tausend Fonds zum Vertrieb zugelassen. Die Qualitätsunterschiede sind enorm. Nur wenigen Fondsmanagern gelingt es, trotz Verwaltungsgebühren besser abzuschneiden als der Gesamtmarkt. Um solche Fonds herauszufiltern, ist ein systematischer Auswahlprozess nötig. Die vier wesentlichen Beurteilungskriterien dabei sind Risiko, Rendite, Anlagestruktur und Gebühren. Voraussetzung einer schlüssigen Beurteilung: der Vergleich von Investmentfonds derselben Kategorie, zum Beispiel Aktienfonds »Deutschland« mit Schwerpunkt auf Blue Chips. Nur so erhält man aussagefähige Vergleichszahlen.

Exkurs: Exchange Traded Fund (ETF)

Definition

Ein Exchange Traded Fund (ETF) ist ein Investmentfonds, der an der Börse gehandelt wird. ETFs werden meist passiv verwaltet, das heißt, dass sie einen bestimmten Index, etwa den Deutschen Aktienindex (DAX), nachbilden.

Spektrum

ETFs sind mittlerweile für zahlreiche Anlageklassen verfügbar. Es gibt ETFs, die sich auf Aktien, Anleihen, auf den Geldmarkt, auf Alternative Investments, Währungen, Rohstoffe und Immobilien beziehen. Im Zuge der Beliebtheit von ETFs werden zum Teil extra Indizes neu kreiert, um neue Produkte auflegen zu können. Hier besteht für den Anleger die Gefahr, dass diese ETFs für ihn weniger transparent und die Kursveränderungen somit auch schwerer nachvollziehbar sind.

Handel

Gehandelt werden ETFs normalerweise nicht über die emittierende Investmentgesellschaft, sondern über die Börse. Der Preis bildet sich somit durch Angebot und Nachfrage, liegt aber normalerweise nahe beim Nettoinventarwert des Sondervermögens. Um einen liquiden Markt zu gewährleisten, werden ETFs von sogenannten Market-Makers betreut, die laufend Ankaufs- und Verkaufskurse stellen.

Vorteile

Viele ETFs sind kostengünstig. Da kein Fondsmanager vergütet werden muss, liegt die Verwaltungsgebühr deutlich niedriger als bei aktiv gemanagten Investmentfonds. Auch der Handel von ETFs ist häufig preiswerter, da aufgrund des Börsenhandels keine Ausgabeaufschläge fällig werden. Aufgrund der niedrigeren Kosten schneiden ETFs in der Rendite vielfach besser ab als aktiv gemanagte Fonds.

Nachteile

Wenn die Kurse sinken, gibt es auch für den ETF kein Halten; die Notierungen werden gnadenlos mit in die Tiefe gezogen. Aktive Fonds bieten hier einen Vorteil: Zum Teil befinden sich die Fondsmanager in der Lage, eine Schadensbegrenzung zu betreiben und somit einen Teil der drohenden Verluste zu kompensieren. Ein weiteres Thema ist die Besicherung des eingezahlten Kapitals. Zwar gibt es auch bei ETFs ein Sondervermögen, das rechtlich von dem Vermögen der Fondsgesellschaft separiert ist, dennoch besteht ein gewisses Restrisiko. Denn manche Investmentgesellschaften bedienen sich komplexer Finanzprodukte, die von anderen Finanzunternehmen aufgelegt werden. Theoretisch könnte es über diese Produkte zu Vermögensverlusten kommen. Der Anleger sollte daher darauf achten, dass sämtliche Titel des abgebildeten Index tatsächlich im Sondervermögen gehalten werden (»Full-Replication-Methode«). Solche Informationen sind dem Verkaufsprospekt des ETF zu entnehmen.

Fazit

ETFs eignen sich für Anleger, die davon überzeugt sind, dass weder sie selbst noch ein Fondsmanager den Gesamtmarkt bei kalkulierbarem Risiko schlagen können. Ein Allheilmittel sind ETFs allerdings nicht, denn die Entscheidung, in welche Märkte überhaupt investiert werden soll, nimmt einem der ETF nicht ab. Und auch bei der Frage, wann der Anleger ein- und aussteigen sollte, hilft ein ETF nicht weiter. Hier braucht es zusätzliche Regeln.

Exkurs: Regelbasiertes Anlegen

Anlegen ohne Emotionen

Anleger erzielen eine höhere Rendite, wenn sie festen Regeln folgen statt Emotionen. Dabei handelt es sich um die konsequente und intelligente Umsetzung der Anlagestrategie, die hauptsächlich für den Anlageerfolg verantwortlich ist. Wer sich beim Geldanlegen von Gefühlen leiten lässt, entscheidet subjektiv und häufig falsch. Daraus ergibt sich ein trügerischer Teufelskreis (siehe Grafik): Sinkt ein Aktienkurs nach dem Kauf ab, verlieren Anleger die Nerven und verkaufen mit Verlusten. Steigt der Kurs wieder an, verpassen sie die Erholung und steigen meist viel zu spät wieder ein. Steigt der Kurs weiter, fühlen sie sich in ihrer Anlageentscheidung bestätigt. Dabei haben sie in Wirklichkeit zweimal verloren; sie haben mit Verlust verkauft und die Kurserholung nicht mitgemacht.

Institutionelle Anleger wie Schweizer Pensionskassen oder die erfolgreichen Stiftungen der US-Universitäten Harvard und Yale setzen seit langem auf Mechanismen, die ihre Anlagen automatisch und nach festen Regeln immer wieder auf die ursprüngliche Strategie zurücksetzen. Dieser Prozess des laufenden Portfolio-Abgleichs heißt regelbasiertes Rebalancing. Der Vorteil ist, dass Anleger mit einem intelligenten Rebalancing ein antizyklisches Verhalten erreichen. Das bedeutet, dass sie Titel aus Anlageklassen mit guter Performance verkaufen und Titel aus Anlageklassen mit schlechter Performance aufstocken. So investieren sie zu niedrigen und verkaufen zu hohen Kursen.

Immobilien

Immobilien sind mit Abstand die beliebteste Anlageform in Deutschland. Rund die Hälfte des Vermögens der privaten Haushalte sind hier investiert (siehe Kapitel 3). Die Gründe dafür sind vielfältig. Einerseits gibt es monetäre Aspekte, wie eine (vermeintlich) stabile Wertentwicklung, andererseits psychologische und emotionale. Hier spielt die sichtbare Substanz des eigenen Vermögens eine Rolle wie auch die subjektive Sicherheit beim Eigenheim. Für eine Gesamtbeurteilung der Immobilie ist es daher wichtig, zwischen eigengenutzten und vermieteten Objekten zu unterscheiden.

Eigene Immobilien – pro und contra

Unter finanztechnischen Gesichtspunkten ist die eigengenutzte Immobilie ein zweischneidiges Schwert. Einerseits ermöglicht das abbezahlte Eigenheim das viel zitierte »mietfreie Wohnen«, sodass das Ausgabenbudget nur durch die Betriebs- und Instandhaltungskosten belastet wird. Andererseits stellt das Eigenheim in vielen Fällen einen der größten Vermögensblöcke dar. Das bedeutet, hier ist viel Kapital gebunden, das nicht »verzehrt« werden kann. Außerdem wirft das Kapital (über das mietfreie Wohnen hinaus) keinen Ertrag ab, der zur Deckung des Lebensunterhalts verwendet werden kann.

Lust und Frust

Für viele Ruheständler stellt das Eigenheim ein wichtiges Stück Lebensqualität dar, auf das sie nicht verzichten möchten. Wer es sich leisten kann und will, wird daher die eigene Immobilie auch langfristig behalten. Dies gilt auch dann, wenn das Objekt langfristig auf die Nachkommen übergehen soll.

Es gibt aber auch Fälle, die anders gelagert sind. Der Aufwand, den Garten und das Haus in Schuss zu halten, wird gescheut, und seit die Kinder ausgezogen sind, wird das Haus für die eigenen Bedürfnisse als zu groß empfunden. Auch die Verteilung der Wohnflächen über mehrere Etagen kann im Alter mehr und mehr zur Last werden. Hier ist zu prüfen, ob nicht der Umzug in eine kleinere und günstigere Wohnung sinnvoll wäre. Die Differenz zwischen dem Verkaufserlös des alten Objekts und der niedrigeren Neuinvestition könnte dann für den Lebensunterhalt verwendet werden.

Verrentung will gut überlegt sein

Eine mögliche Lösung des Dilemmas wäre die Verrentung der eigenen Immobilie (siehe Kapitel 7). Daher nur so viel an dieser Stelle: Die Verrentungsmodelle sind Produkte mit Haken und Ösen.

Vermietete Immobilien: eine gute Kapitalanlage?

Bei vermieteten Immobilien stehen weniger die Emotionalität, sondern mehr die klassischen Beurteilungskriterien einer Kapitalanlage im Vordergrund. Eines der meistgenannten Motive für den Erwerb einer Immobilie zum Zwecke der Vermietung sind die möglichen Steuervorteile. Viele Anleger schätzen aber auch den Inflationsschutz von Immobilien oder möchten sich durch die Mieteinnahmen eine Zusatzrente im Alter sichern.

Meistgenannte Motive für die vermietete Immobilie

- Steuerliche Vorteile
- Inflationsschutz
- Laufende Einnahmen (»Zusatzrente«)

} »gute (?) Kapitalanlage«

Unterschiedliche Preisentwicklung

Ein wichtiges Argument für Investitionen in Immobilien stellt deren Wertbeständigkeit dar. Ein Anleger erhofft sich zumindest einen realen Werterhalt, das heißt eine Steigerung des Wiederverkaufspreises in wenigstens der Höhe der Inflationsrate.

Nach mehreren Jahrzehnten stagnierender Immobilienpreise befindet sich der deutsche Immobilienmarkt seit 2010 in einer Phase, die durchaus als Boomphase bezeichnet werden kann. So lag die durchschnittliche jährliche Wertentwicklung von Eigentumswohnungen im Betrachtungszeitraum von 2010 bis 2013 bei 4,8 % und damit deutlich über der Inflationsrate von 1,7 %. Auch für das Jahr 2014 wird mit weiter deutlich steigenden Preisen gerechnet. Manche Beobachter fürchten gar schon eine Immobilienpreisblase: So stellt die Deutsche Bundesbank in ihrem Monatsbericht von Februar 2014 fest, dass die Immobilienpreise in deutschen Großstädten »gemessen an den längerfristigen demographischen und ökonomischen Einflussfaktoren gegenwärtig um durchschnittlich 25 % überbewertet sind«.

Nach einer Studie des DIW (Wochenbericht Nr. 49.2013), die die Wertentwicklung von Eigentumswohnungen für 71 deutsche Großstädte untersucht hat, zeigt sich das Bild uneinheitlich. Während in einigen Städten (z.B. Berlin +10 %, Hamburg +9,5 %, München +12,9 %) die Wohnungspreise deutlich stärker als die Inflationsrate (im Zeitraum 2010–2013 im Durchschnitt bei 1,7 %) zulegten, nahmen die Preise in anderen Städten (Chemnitz -1,2 %, Wuppertal -0,1 %, Herne -0,8 %) im selben Zeitraum hingegen deutlich ab.

Auch bei der Mietpreisentwicklung sind die Unterschiede zum Teil recht deutlich. So liegen die Mietsteigerungen in Städten wie Berlin +7,9 %, München+4,6 % und Frankfurt +4,6 % über der Inflationsrate. In anderen Regionen wie Wuppertal -0,7 %, Gelsenkirchen -0,8 % und Duisburg +0,1 % hingegen können die Mietpreissteigerungen nicht mit den Steigerungen der Verbraucherpreise mithalten.

Vergleicht man die Entwicklung von Kauf- und Mietpreisen, so erkennt man, dass in einigen Städten die Preise für Wohneigentum stärker steigen als die Mieten. Dies hat zwei Ursachen: Der Anstieg der Mieten ist gesetzlich begrenzt, wobei viele Vermieter die Spielräume noch nicht einmal ausnutzen.

Historische Wertentwicklung von Eigentumswohnungen 2010–2013

Veränderung pro Jahr

Städte	Wertentwicklung
München	12,9
Berlin	10,0
Hamburg	9,5
Nürnberg	9,2
Augsburg	8,0
Düsseldorf	7,1
Bonn	7,0
Köln	6,5
Stuttgart	6,4
Wiesbaden	6,2
Frankfurt	5,9
Dresden	5,6
Mannheim	5,3
Bielefeld	3,5
Durchschnitt	4,8
Inflationsrate	1,7
Gelsenkirchen	1,2
Dortmund	1,1
Krefeld	0,9
Hamm	0,8
Solingen	0,7
Salzgitter	0,5
Duisburg	0,2
Hagen	0,1
Bochum	0,0
Wuppertal	-0,1
Herne	-0,8

Quelle: DIW (Wochenbericht Nr. 49.2013)

Der Anstieg der Kaufpreise wurde durch kontinuierlich fallende Zinsen getrieben. So kann günstiger finanziert werden und gleichzeitig erscheinen die vereinnahmten Mieten vor diesem Hintergrund besonders attraktiv.

Anleger, die auch zu den gestiegenen Preisen noch kaufen, setzen darauf, dass der Immobilienboom in Deutschland längerfristig anhält. Doch hier sollte man gerade mit Blick auf die Demografie vorsichtig sein. Denn typischerweise sind die Käufer eher junge Menschen, während ältere Menschen zu den Verkäufern gehören. Die Gründe dafür können vielseitig sein: Die eigenen Kinder sind aus dem Haus, die Immobilie macht zu viel Arbeit, man möchte gern wieder in die Stadt ziehen, man benötigt im Alter Geld zur Sicherstellung des Lebensstandards, usw. Betrachtet man die folgende Grafik so erkennt man, dass langfristig die Zahl der Immobilienkäufer eher ab- und die der Verkäufer eher zunehmen wird.

Demografische Entwicklung bestimmter Altersgruppen in Deutschland

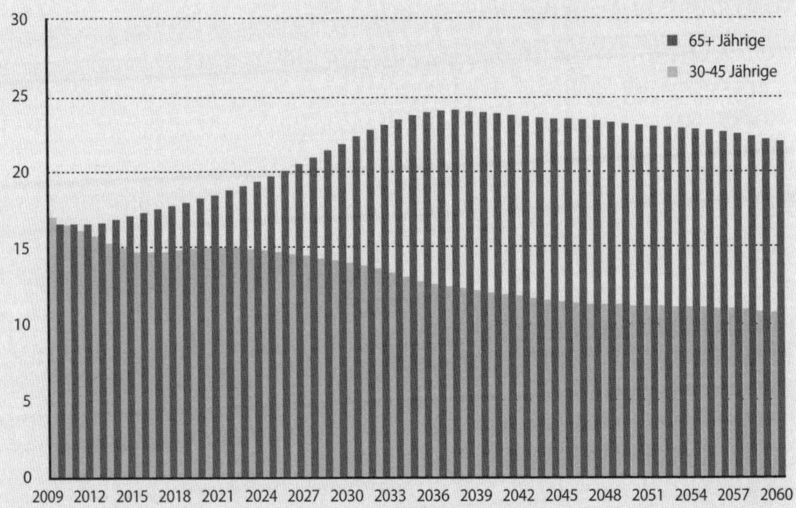

Quelle: Statistisches Bundesamt, Wiesbaden 2009

Eins steht fest: Auch Immobilien unterliegen Wertschwankungen. Bei der Entscheidung für den Kauf oder den Verkauf einer vermieteten Immobilie ist nicht nur auf die Rendite abzustellen, sondern es müssen auch potenzielle Risiken berücksichtigt werden. Der Immobilienmarkt unterliegt Zyklen, zudem schwanken die Werte einzelner Objekte. Im Unterschied zu Aktien nimmt ein Anleger aber die Wertveränderungen oft nicht wahr. Denn er bekommt nicht vierteljährlich von seiner Bank oder seinem Vermögensverwalter einen Auszug geschickt, wie viel seine Immobilie aktuell wert ist.

Wertveränderungen werden nicht wahrgenommen

Informationen zur eigenen Immobilie lassen sich auch nicht einfach dem Wirtschaftsteil der Frankfurter Allgemeinen Zeitung (FAZ) oder dem Nachrichtensender n-tv entnehmen, wie dies bei Wertpapieren der Fall ist. Viele Anleger erleben beim Verkauf einer Immobilie da-

Wertrisiken bei vermieteten Immobilien

Objekt und Finanzierung	Marktentwicklung	Gesetzgebung
• Lage (Standort, Gemeinde, Wirtschaftsraum) • Mieterstruktur (Alter, Familiengröße, Beruf) • Durchschnittliche Mietdauer • Leerwohnungsbestand • Bedarf an Unterhalt und Reparaturen • Finanzierungsstruktur (Verhältnis zwischen Eigen- und Fremdmitteln)	• Demografische Entwicklung • Hypothekarzinsentwicklung • Wirtschaftliche und soziale Entwicklung	• Mieterschutzgesetze • Steuerliche Erfassung von Erwerb, Besitz und Veräußerung • Weitere gesetzliche Rahmenbedingungen (Denkmalschutz, Umweltschutz usw.)

her eine böse Überraschung. Wer die Einflussfaktoren auf den Wert einer Immobilie kennt, kann sich vor solchen Überraschungen schützen.

Die spezifischen Risiken bei vermieteten Immobilien können in objektbezogene Risiken, in allgemeine Marktrisiken und in Risiken aufgrund von Gesetzesänderungen eingeteilt werden.

Lage, Lage, Lage …

Auch wenn sich der Immobilienmarkt in den vergangenen zehn Jahren gewandelt hat, sind die drei entscheidenden Kriterien für die Qualität eines Objektes dieselben geblieben: Lage, Lage und nochmals Lage. Dies betrifft sowohl den sogenannten Mikrostandort, also die Wohngegend, die Verkehrsanbindung und weitere Faktoren als auch den Makrostandort, also die Region. Viele der zusätzlich aufgeführten Risiken hängen direkt oder indirekt mit der spezifischen Lage eines Objekts zusammen: Mietpreisniveau, Mieterstruktur, Leerwohnungsbestand und die wirtschaftliche Entwicklung der Umgebung.

Zukunftsrisiken

Aber auch bei Objekten in guter Lage bleibt das Risiko der gesetzlichen Entwicklung bestehen. Ob neue Energieversorgungen, besondere Auflagen des Datenschutzes, Mietpreisbremse oder verbesserter Mieterschutz: Vermieter zu sein, ist nicht immer ein leichtes Los. Wie bei allen anderen Anlagen auch, liegt ein zusätzliches Risiko in der weiteren Entwicklung der Steuergesetzgebung. So würde eine mögliche Besteuerung von Veräußerungsgewinnen auch die Rendite von rentablen Objekten empfindlich beeinträchtigen.

Ruhestand: Überprüfung der Immobilien sinnvoll

Der Eintritt in den Ruhestand ist ein guter Zeitpunkt, um das eigene Immobilienportfolio einmal kritisch unter die Immo-Lupe zu nehmen. Es sollte ein Plan entwickelt werden, welche Objekte mittelfristig abgestoßen werden und welche beibehalten werden sollen. Gleichzeitig können Mindestverkaufspreise berechnet werden, ab denen sich ein Verkauf überhaupt lohnt.

Beispielfall

Schauen wir uns einen konkreten Beispielfall an. Es geht um ein Mehrfamilienhaus im Westen von Deutschland, für das ein Sachverständiger einen Verkehrswert von einer Million Euro ermittelt hat. Das Objekt besteht aus acht Wohnungen, die insgesamt eine Bruttokaltmiete von 40.000 Euro im Jahr abwerfen. Auf dem Objekt lastet noch ein Darlehen in Höhe von 600.000 Euro, worauf 3,8 Prozent Zinsen zu zahlen sind. Mit der Bank wurde eine Annuität von 28.800 Euro vereinbart. Vom Verkehrswert des Objektes entfallen rund 75 Prozent auf den Gebäudeanteil, der mit 2 Prozent pro Jahr steuerlich abgeschrieben werden kann. Ferner soll der persönliche Grenzsteuersatz des Immobilienbesitzers, der bereits im Ruhestand ist, 30 Prozent betragen.

Vermietete Immobilie: eine Beispielrechnung

Verkehrswert	**1.000.000 €**
• Gebäudeanteil	750.000 €
• Bodenanteil	250.000 €
Bruttokaltmiete p. a.	**40.000 €**
Finanzierung	
• Darlehen	600.000 €
• Effektivzins	3,8 %
• Tilgung	1,0 %
• Annuität	28.800 €
Steuersituation	
• Grenzsteuersatz	30,0 %
• AfA	15.000 €

Brutto- vs. Nettorendite

Die Bruttorendite der Immobilie (Miete durch Verkehrswert) liegt bei 4 Prozent. Dieser Wert sagt aber noch nichts darüber aus, was der Eigentümer unter dem Strich mit dem Objekt verdient bzw. welche Rendite er auf seinem eingesetzten Eigenkapital erwirtschaftet. Die folgende Rechnung zeigt, dass die Immobilie mit hoher Wahrscheinlichkeit ein Verlustgeschäft ist, da die laufende Eigenkapitalrendite mit minus 1 Prozent negativ ist. Dies verwundert zunächst, da die Immobilie aufgrund eines negativen Steuerergebnisses zu einer Steuerersparnis von 1.740 Euro im Jahr führt und auch das Liquiditätsergebnis mit 4.940 Euro pro Jahr positiv ausfällt. Die mit der Immobilie in Zusammenhang stehenden Einnahmen übersteigen also die Ausgaben (inklusive Tilgung). Das Verkaufsargument für ein solches Objekt würde also lauten: »Sie sparen Steuern, zahlen die Immobilie ab und haben jedes Jahr noch 5.000 Euro mehr im Geldbeutel.«

Um zu verstehen, warum dieses auf den ersten Blick interessante Objekt sich unter dem Strich nicht rechnet, schauen wir uns die Herleitung der Ergebnisse etwas genauer an.

Steuer-, Liquiditäts- und Rentabilitätsergebnis

	Steuerergebnis	Liquiditätsergebnis	Rentabilitätsergebnis
Bruttokaltmiete	**40.000 €**	**40.000 €**	**40.000 €**
- Instandhaltungskosten (Ann.: 10 % der Bruttokaltmiete)	–4.000 €	–4.000 €	–4.000 €
- Verwaltungskosten (Ann.: 5 % der Bruttokaltmiete)	–2.000 €	–2.000 €	–2.000 €
- Mietausfall (Ann.: 5 % der Bruttokaltmiete)	–2.000 €	–2.000 €	–2.000 €
Direkter Aufwand	**– 8.000 €**	**– 8.000 €**	**– 8.000 €**
Schuldzinsen	**–22.800 €**	**–22.800 €**	**–22.800 €**
Tilgung	**–**	**– 6.000 €**	**–**
Abschreibung	**–15.000 €**	**–**	**–15.000 €**
Steuer	**–**	**1.740 €**	**1.740 €**
Summe	**– 5.800 €**	**4.940 €**	**– 4.060 €**

Grenzsteuersatz: 30 %
Steuerrückerstattung 1.740 €

Eigenkapital: 400.000 €
Rendite: –1,0 %

Steuerergebnis

Das Steuerergebnis entsteht aus der Bruttokaltmiete minus dem abzugsfähigen Aufwand. Dieser setzt sich aus direkten Kosten, den Schuldzinsen und der steuerlichen Abschreibung (AfA = Absetzung für Abnutzung) zusammen. Unter die direkten Kosten fallen Aufwendungen für Instandhaltung und Verwaltung. Diese wurden hier kalkulatorisch als Prozentsätze der Mieteinnahmen angesetzt (10 bzw. 5 Prozent), was auf Erfahrungswerten beruht.

Weiterhin muss berücksichtigt werden, dass die Immobilie nicht immer vollständig vermietet sein wird. Hier wurde davon ausgegangen, dass im Jahresdurchschnitt eine der acht Wohnungen fünf Monate keine Miete einbringt. Dies entspricht einem kalkulatorischen Mietausfallrisiko von 5 Prozent. Die direkten Kosten belaufen sich also insgesamt auf 8.000 Euro, was 20 Prozent der Mieteinnahmen entspricht. Zusätzlich in Abzug gebracht werden die Schuldzinsen in Höhe von 22.800 Euro und die AfA von 15.000 Euro (2 Prozent auf den Gebäudewert von 750.000 Euro). Das steuerliche Ergebnis beläuft sich somit auf minus 5.800 Euro. Durch die Verrechnung mit anderen steuerlichen Einkünften resultiert hieraus eine Steuerersparnis von 1.740 Euro (bei dem unterstellten Grenzsteuersatz von 30 Prozent).

Liquiditätsergebnis

Das Liquiditätsergebnis ergibt sich aus den Mieteinnahmen abzüglich aller Ausgaben. Wichtig ist in diesem Zusammenhang, zwischen Ausgabe und Aufwand zu unterscheiden. Ausgabe ist alles, was den Kontostand reduziert. Aufwand ist alles, was die Rentabilität reduziert. Darlehenszinsen stellen also sowohl eine Ausgabe als auch einen Aufwand dar. Die Darlehenstilgung hingegen ist zwar eine Ausgabe, aber kein Aufwand.

Die Tilgung ist nämlich lediglich eine Vermögensumschichtung, bei der der Kontostand ab- und das für die Immobilie eingesetzte Kapital zunimmt. Abschreibungen sind der umgekehrte Fall. Sie stellen zwar einen Aufwand (für die Wiederbeschaffung) dar, führen aber nicht zu einem Kontoabfluss. Doch zurück zu unserem Beispiel. Das Liquiditätsergebnis von plus 4.940 Euro kommt zustande, da die Mieteinnahmen und die Steuerrückerstattung größer sind als der direkte Aufwand (Instandhaltung, Verwaltung, Mietausfall) und die Annuität für das Darlehen.

Rentabilitätsergebnis

Für das Rentabilitätsergebnis sind zunächst die Bruttokaltmiete, der direkte Aufwand und die Steuern zu berücksichtigen. Jetzt kommt aber noch eine – wesentliche – neue Komponente ins Spiel, nämlich die Abschreibung des Gebäudes. Da die wirtschaftliche Nutzungsdauer des Gebäudes begrenzt ist, muss betriebswirtschaftlich eine Abschreibung vorgenommen werden. Dabei wird der Gebäudewert durch die Nutzungsdauer (Annahme: 50 Jahre) geteilt. In unserem Fall beträgt die Abschreibung (wie die steuerliche AfA auch) also 15.000 Euro. Dies führt per saldo zu einem negativen Rentabilitätsergebnis von minus 4.060 Euro oder minus 1 Prozent bezogen auf das eingesetzte Eigenkapital von 400.000 Euro. Um mit dem Objekt eine positive Rendite zu erzielen, muss der Eigentümer auf eine Wertsteigerung hoffen. Wenn diese nicht zu erwarten ist, sollte die Immobilie verkauft werden.

Bildung von Anlageklassen

Nachdem wir in den vorangegangenen Ausführungen die Charakteristika der einzelnen Anlageformen ausführlich erläutert haben, soll nun eine weitere Klassifizierung der Wertpapieranlagen vorgenommen werden. Um eine Übersicht zu gewinnen, werden die spezifischen Risiko-Rendite-Profile der Anlageformen zunächst in einem Schaubild einander gegenübergestellt. Auf der liegenden Achse ist dabei das Risiko (als einfache Volatilität bzw. erste Standardabweichung) aufgetragen, auf der stehenden Achse die durchschnittliche Renditeerwartung.

Zusammenhang zwischen Risiko und Rendite

Erinnern wir uns an die Ausführungen zum »magischen« Dreieck der Vermögensanlage zu Beginn dieses Kapitels. Der logische Zusammenhang zwischen Rendite und Risiko wird hier offensichtlich. Eine höhere Renditeerwartung bedingt immer auch ein höheres Risiko.

Risikoprofil ausschlaggebend

Da wir Portfoliomanagement vor allem als Risikomanagement sehen, ist das Risikoprofil der einzelnen Anlageformen für uns auch das maßgebliche Kriterium für die Zuordnung zu bestimmten Risikoklassen. Ein solches Vorgehen entspricht klar den Bedürfnissen des (angehenden) Ruheständlers, für den – wie bereits mehrfach erwähnt – nicht die Maximierung der Rendite im Vordergrund stehen darf, sondern die Reduzierung der eingegangenen Anlagerisiken.

Anleihen Euro

In der Anlageklasse »Anleihen Euro« befinden sich ausschließlich Anlagen in der Referenzwährung, die zudem sicher sind. Referenzwährung ist jeweils die Währung, in der der Anleger denkt und in der seine Ausgaben anfallen. Für einen deutschen Anleger bieten sich demnach vor allem solide Staatsanleihen in Euro und erstklassige Unternehmensanleihen in Euro an.

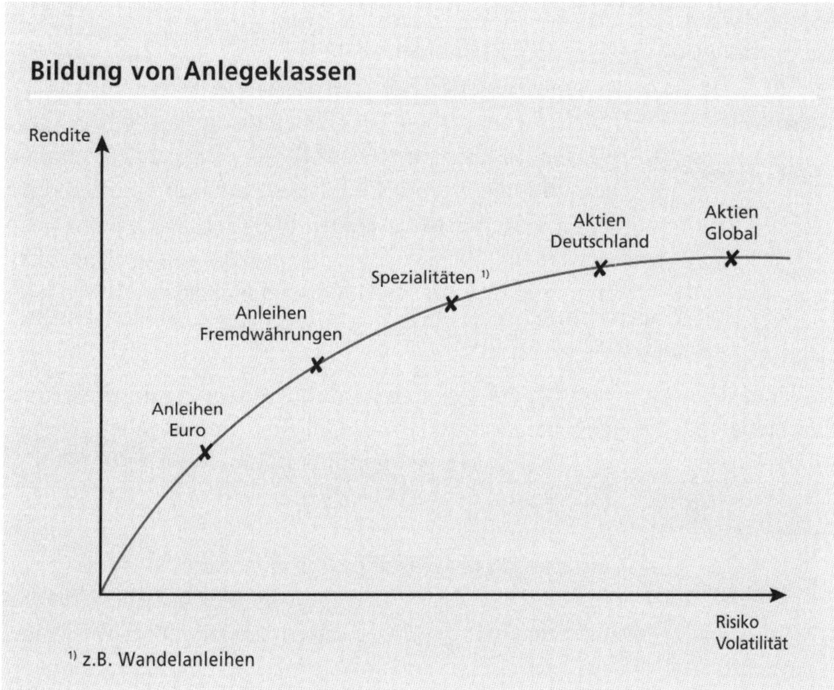

Anleihen Fremdwährungen

In die Anlageklasse »Anleihen Fremdwährungen« gehören festverzinsliche Anlagen, die nicht auf Euro lauten. Neben soliden internationalen Staats- und Unternehmensanleihen, kommen hier auch Anleihen der sogenannten Schwellenländer infrage. Dies ist ein Grund dafür, dass die erwartete Rendite oberhalb von Euro-Anleihen liegt.

Anlageklasse Spezialitäten

In die Anlageklasse »Spezialitäten« fallen Investments, die nicht den anderen Klassen zugeordnet werden können. Neben Investitionen in Gold oder Rohstoffen gehören hierzu auch Hedgefonds und offene Immobilienfonds. Bei Spezialitäten sollten Anleger besonders vorsichtig sein, da hier auch besondere Risiken lauern.

Anlageklassen Aktien Deutschland und Aktien global

Bei den Anlageklassen im Bereich der Aktien, sind neben deutschen Unternehmen auch internationale Firmen mit einzubeziehen. Anleger tun sich erfahrungsgemäß mit deutschen Titeln leichter, da sie glauben, diese besser einschätzen zu können. Der Verzicht auf eine internationale Streuung stellt aber faktisch eine unnötige Beschneidung des Anlageuniversums dar, da es auch außerhalb Deutschlands viele erfolgreiche Unternehmen gibt und das Fremdwährungsrisiko bei Aktien häufig überschätzt wird.

Risiko und Rendite je Anlageklasse

Um bei der späteren Herleitung der persönlichen Anlagestrategie mit klar nachvollziehbaren Größen arbeiten zu können, müssen Rendite und Risikowerte für die Anlageklassen definiert werden:

Für die Aktien (Renditeziel auf Jahressicht: 7,5 Prozent, Risikoerwartung: plus/minus 17 Prozent) liegt die Erwartungshaltung im positiven Fall bei einer Wertsteigerung von plus 24,5 Prozent (nämlich 7,5 Prozent plus 17 Prozent) und im negativen Fall bei einem Verlust von minus 9,5 Prozent (7,5 Prozent minus 17 Prozent). Bei Anleihen ist das Renditeziel mit 3,5 bzw. 5,0 Prozent geringer, dafür liegen die erwarteten Werte aber auch in einer engeren Bandbreite.

Die Unterschiede zwischen den Anlageklassen werden noch deutlicher, wenn man die möglichen Extremausschläge analysiert. Hierzu wird die Risikoerwartung einfach verdoppelt. Statistisch gesehen werden dadurch 95 Prozent aller Renditeausschläge erfasst, im Vergleich zu 68 Prozent bei einer normalen Erwartungshaltung. Bei Aktien liegen so die Renditen im besten Fall (»best case«) bei plus 41,5 Prozent und im schlechtesten Fall (»worst case«) bei minus 26,5 Prozent. Auch bei Anleihen können Extremausschläge negativ sein, wenn beispielsweise die Zinsen stark steigen.

Renditeziele und Risikoerwartungen nach Anlageklassen

	Rendite-ziel[1]	Risiko-erwartung[2]	Erwartungshaltung[3]		Extremausschläge[4]	
			Positiv	Negativ	Best case	Worst case
Aktien D/Global	+7,5 %	+/–17,0 %	+24,5 %	–9,5 %	+41,5 %	–26,5 %
Spezialitäten[5]	+5,0 %	+/–17,0 %	+22,0 %	–12,0 %	+39,0 %	–29,0 %
Anleihen Fremdwährung	+5,0 %	+/–7,0 %	+12,0 %	–2,0 %	+19,0 %	–9,0 %
Anleihen Euro	+3,5 %	+/–4,0 %	+7,5 %	–0,5 %	+11,5 %	–4,5 %

1 Langfristig zu erwartende Durchschnittsrendite pro Jahr
2 Langfristig zu erwartende Schwankungsbreite pro Jahr; Basis: einfache Standardabweichung, d.h. Renditeschwankung von 68 % aller Werte
3 Renditeerwartung während eines Jahres mit einfacher Standardabweichung (68 % aller Fälle)
4 Renditeerwartung während eines Jahres mit doppelter Standardabweichung (95 % aller Fälle)
5 z.B. Wandelanleihen

Kombination der Anlageklassen zu Anlegerprofilen

Durch Kombination der Anlageklassen können nun Anlegerprofile gebildet werden. Exemplarisch werden hier drei Profile einander gegenübergestellt. Ein defensives Profil, das zu drei Vierteln aus festverzinslichen Papieren besteht, ein ausgewogenes Profil, das ungefähr hälftig aus Anleihen und Aktien besteht und ein offensives Profil mit rund zwei Drittel Aktien.

Herleitung der Renditeerwartung

Das defensive Profil ergibt eine langfristige Bruttorendite (vor Steuern und Inflation) von 4,8 Prozent pro Jahr. Diese resultiert aus der gewichteten Addition der Renditeziele der Anlageklassen. Im ausgewogenen Profil kann mit 5,7 Prozent jährlich gerechnet werden, im offensiven mit 6,4 Prozent.

Herleitung der Risikoerwartung

Mit der gleichen Systematik können vereinfacht die Schwankungsbandbreiten hergeleitet werden: Im defensiven Profil muss mit einer Bandbreite von 8,0 Prozent (einfache Standardabweichung) gerechnet werden. Diese Risiko- und Renditezahlen besagen, dass der defensive Anleger mit großer Wahrscheinlichkeit (68 Prozent) mit einer Renditebandbreite von minus 3,2 Prozent bis plus 12,8 Prozent rechnen kann. Legt man die doppelte Standardabweichung zugrunde, erhöht sich die Wahrscheinlichkeit auf 95 Prozent, sodass die Rendite zwischen minus 11,2 Prozent und plus 20,8 Prozent schwanken wird.

Das ausgewogene Profil erreicht eine Rendite von 5,7 Prozent mit einer Schwankungsbandbreite bei 68-prozentiger Wahrscheinlichkeit von minus 5,9 Prozent bis plus 17,3 Prozent (Extremausschläge: minus 17,5 Prozent und plus 28,9 Prozent). Und der offensive Anleger erreicht mit 68-prozentiger Wahrscheinlichkeit Renditen zwischen minus 7,6 Prozent und plus 20,4 Prozent bzw. mit 95-prozentiger Wahrscheinlichkeit Werte zwischen minus 21,6 Prozent und plus 34,4 Prozent.

Korrelation bleibt unberücksichtigt

Die tatsächlichen Schwankungsbandbreiten werden indes niedriger ausfallen. In diesen Berechnungen wird aus Vorsichtsgründen davon ausgegangen, dass die Korrelation (siehe hierzu die Ausführungen zu Beginn des Kapitels) zwischen den einzelnen Anlageklassen jeweils plus eins beträgt, also positiv ist.

Würde man für die Berechnungen die effektiven Korrelationen der vergangenen zehn Jahre zugrunde legen, reduzierten sich die Extremausschläge deutlich. Bei fallenden Märkten müsste der defensive Anleger mit einer Korrektur von minus 5,7 Prozent (statt minus 11,2 Prozent) rechnen, der ausgewogene Anleger mit minus 8,1 Prozent (statt minus 17,5 Prozent) und der offensive mit minus 15,3 Prozent (statt minus 21,6 Prozent).

Renditebandbreiten von ausgewählten Anlegerprofilen

Anlegerprofil	Defensiv	Ausgewogen	Offensiv
Anlageklasse:			
Aktien	20%	45%	65%
Spezialitäten	5%	10%	10%
Anleihen Fremdw.	25%	15%	8%
Anleihen Euro	50%	30%	17%

Renditeerwartung (in % p. a.)

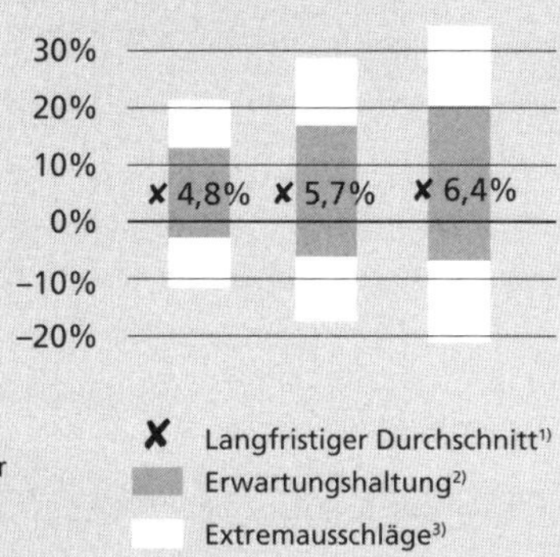

[1] Langfristig zu erwartende Durchschnittsrendite pro Jahr
[2] Renditekorridor für Normalfälle
[3] Renditekorridor für Extremfälle

Da die Korrelationen im Zeitablauf stark schwanken können und der Anleger vor bösen Überraschungen verschont bleiben soll, empfehlen wir, das Anlegerprofil nach dem oben aufgezeigten Muster zu berechnen, also zunächst keine Korrelationen zu berücksichtigen.

Wahl des Anlegerprofils

Wichtigste Einflussfaktoren

Nachdem die Charakteristika einzelner Anlegerprofile besprochen wurden, geht es nun darum, für sich selbst das passende auszuwählen. Die zwei wichtigsten Eckwerte dabei sind die Risikofähigkeit und die Risikobereitschaft.

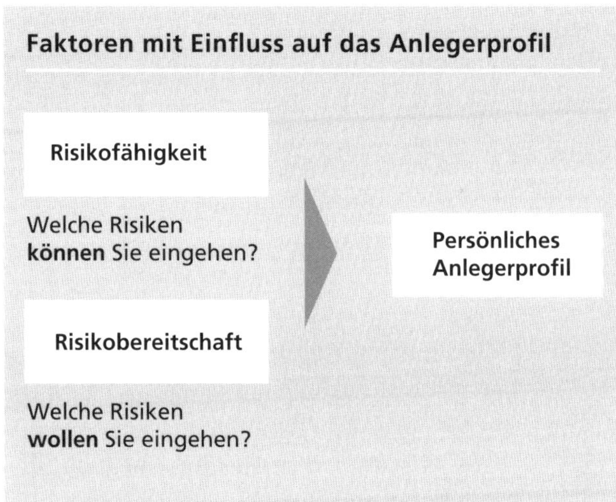

Objektive Risikofähigkeit

Der Anlagehorizont definiert die »objektive Risikofähigkeit« des Anlegers. Je länger das Kapital voraussichtlich angelegt bleiben kann, desto mehr kurzfristige Kursschwankungen können mit diesen Investitionen akzeptiert werden. Geld, das zum Beispiel in den nächsten zehn Jahren nicht benötigt wird, kann grundsätzlich aktienlastig angelegt werden. Für Gelder, auf die man planmäßig in den folgenden drei Jahren Zugriff haben muss, dürfen hingegen keine Aktienengagements eingegangen werden. Bei diesen Überlegungen wird klar, wie wichtig eine sorgfältige Finanzplanung für einen (angehenden) Ruheständler ist (siehe auch Kapitel 2). Denn bevor er seine Anlagestrategie definieren kann, muss er sich Klarheit darüber verschaffen, wann er wie viel Geld benötigt (für seinen Lebensunterhalt, für Investitionen, für die Rückzahlung von Darlehen usw.).

Subjektive Risikotoleranz

Nachdem diese Zuteilung erfolgt ist, gilt es, die »subjektive Risikotoleranz« des Anlegers in die Strategieüberlegungen mit einzubeziehen. Warum ist das so wichtig? Die Risikotoleranz bringt zum Ausdruck, wie viele Kursschwankungen individuell akzeptiert werden. Hier spielt die Erfahrung mit Wertpapieranlagen eine genauso wichtige Rolle wie die Einstellung zu Wertschwankungen und die Gefühlslage.

Beispiel: Wer bei Depotschwankungen von plus/minus 10 Prozent nachts nicht mehr ruhig schlafen kann, darf auch langfristig anzulegende Gelder nicht vollständig in Aktien investieren. Auch die Erfahrung eines Anlegers bei Vermögensanlagen spielt eine wichtige Rolle dabei, wie er mit Risiken umgeht. Die folgende Tabelle bietet Unterstützung bei der Ermittlung der eigenen Risikotoleranz.

Selbsttest zum Anlegerprofil

Mithilfe des Fragebogens können Sie Ihr Anlegerprofil selbst bestimmen.

Herleitung des passenden Anlegerprofils

Bestimmung der Risikobereitschaft

(Zutreffende Antwort bitte ankreuzen)

Frage 1/10

Was wissen Sie über Wertpapiere?

☐ A	**Keine Kenntnisse**	Ich habe keine Kenntnisse von Wertpapieranlagen und mich auch nicht mit dem Thema auseinandergesetzt.
☐ B	**Wenige Kenntnisse**	Ich habe Grundkenntnisse, konzentrierte mich bisher auf Anlagen wie Anleihen und Aktien.
☐ C	**Einige Kenntnisse**	Ich kenne mich bei verschiedenen Anlageformen gut aus. Meine Kenntnisse gehen über das Grundwissen hinaus.
☐ D	**Vertiefte Kenntnisse**	Ich bin ein versierter Wertpapieranleger und kenne mich mit beinahe allen Anlageformen sehr gut aus.

Frage 2/10

Welche Erfahrungen haben Sie mit Wertpapieranlagen?

☐ A	**Keine Erfahrungen**	Ich habe noch nie Wertpapiere gehandelt. Auch ein Portfolio habe ich noch nicht besessen.
☐ B	**Wenige Erfahrungen**	Ich habe schon mit Wertpapieren gehandelt. Im Durchschnitt tätige ich weniger als 10 Transaktionen im Jahr. Größere Kursverluste musste ich noch nicht verkraften.
☐ C	**Einige Erfahrungen**	Ich habe schon mehrfach mit Wertpapieren gehandelt. Im Durchschnitt tätige ich mehr als 10 Transaktionen im Jahr. Ich habe auch schon größere Kursverluste erlitten.
☐ D	**Vertiefte Erfahrungen**	Im Durchschnitt tätige ich mehr als 20 Wertpapiertransaktionen im Jahr. Teilweise habe ich auch schon große Kursverluste erlitten.

Frage 3/10

Was erwarten Sie von Ihren Anlagen?

☐ A	**Substanzerhalt**	Der Substanzerhalt meines Vermögens ist mir wichtiger als jede Rendite.
☐ B	**Leichte Wertsteigerung**	Sicherheit ist mir zwar wichtig, für gewisse Renditevorteile nehme ich moderate Verluste in Kauf.
☐ C	**Höhere Rendite**	Für eine höhere Rendite nehme ich größere Kursschwankungen und höhere Verluste in Kauf.
☐ D	**Hohe Rendite**	Ich möchte hohe Kursgewinne erzielen und gehe dafür hohe Verlustrisiken ein.

Frage 4/10

Welche Anlage sagt Ihnen am meisten zu?

In welche Anlage würden Sie am ehesten Ihre Gelder investieren? Wählen Sie die entsprechende Anlage aus. Die Grafik unten zeigt die möglichen prozentualen Jahresrenditen vier verschiedener Anlagen. So ist beispielsweise bei der Anlage B im Normalfall eine Jahresrendite zwischen –4,0% und +14,0% zu erwarten. Die durchschnittliche Jahresrendite beträgt +5,0% pro Jahr.

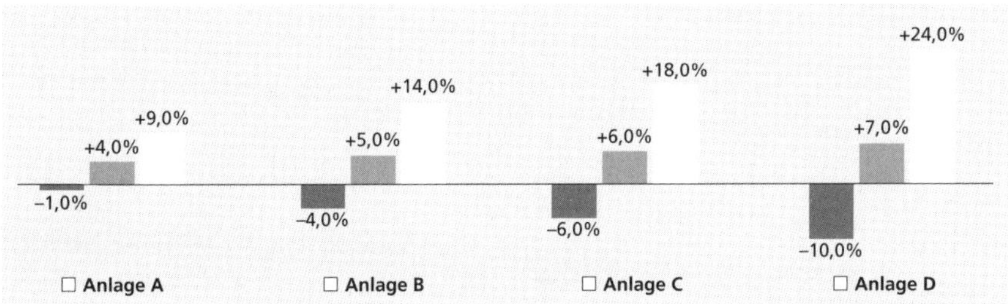

Frage 5/10

Bis zu welchem Wertrückgang Ihrer Anlagen bleiben Sie ruhig?

Die Grafiken veranschaulichen die Wertveränderungen bei einer beispielhaften Anlagesumme von 100.000 Euro.

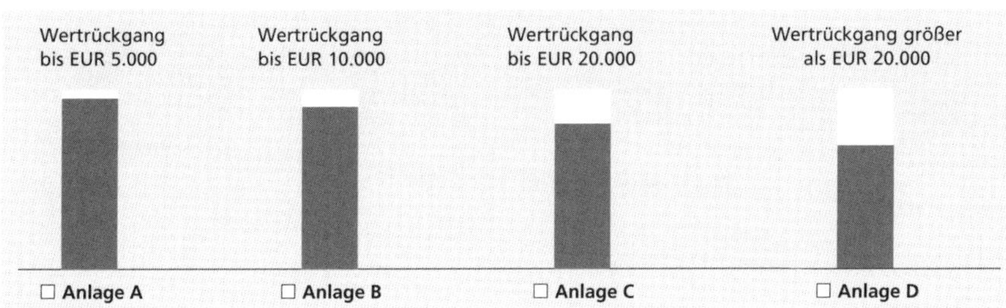

Frage 6/10

Wie reagieren Sie bei einem temporären Rückgang des Portfolios von 15 Prozent?

☐ A	**Sofort verkaufen**	Ich verkaufe alle Positionen.
☐ B	**Teilverkauf**	Ich verkaufe sämtliche Positionen, die eine negative Rendite aufweisen.
☐ C	**Halten**	Ich verkaufe keine Positionen. Das sind normale temporäre Kursschwankungen.
☐ D	**Zukaufen**	Ich nutze die Korrektur und kaufe auf diesem Niveau zu.

Bestimmung der Risikofähigkeit

(Zutreffendes bitte ankreuzen)

Frage 7/10

Wann möchten Sie wieder über Ihre angelegten Gelder verfügen?

Relevant ist der größte Geldbezug, den Sie in den nächsten 10 Jahren planen. Dabei sind der Zeitpunkt des Bezugs sowie der Anteil an der Anlagesumme zu bestimmen. Bitte kreuzen Sie **nur eine** mögliche Antwort an.

In den nächsten **Anteil**	**0–3 Jahren**	**4–6 Jahren**	**7–10 Jahren**	**Gar nicht oder frühestens nach 10 Jahren**
bis 25%	☐ C	☐ C	☐ D	☐ D
bis 50%	☐ B	☐ C	☐ C	☐ D
bis 75%	☐ A	☐ B	☐ C	☐ D
bis 100%	☐ A	☐ B	☐ B	☐ D

Frage 8/10

Welchen Anteil Ihres Nettovermögens möchten Sie anlegen?

Das Nettovermögen entspricht Ihrem Gesamtvermögen (also der Summe aus Ihren Immobilien, Wertpapieranlagen, Beteiligungen, Kontobeständen, Kapitallebensversicherungen, etc.) abzüglich Ihrer Kredite.

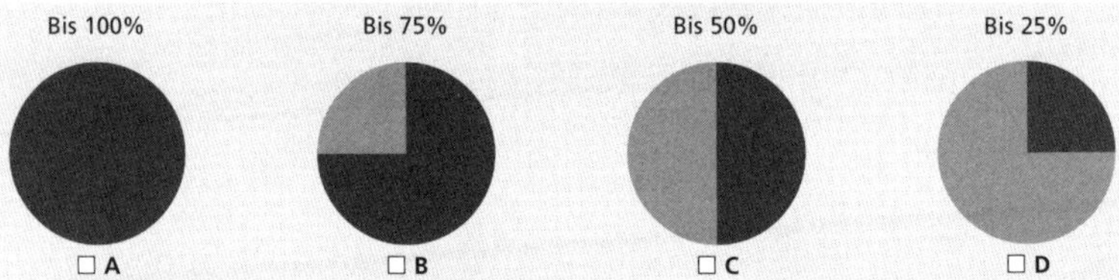

Frage 9/10

Wie viele Monate reicht Ihre Liquiditätsreserve?

- ☐ A **Keine Reserve**
- ☐ B **0 bis 6 Monate**
- ☐ C **7 bis 12 Monate**
- ☐ D **Länger als 1 Jahr**

Frage 10/10

Wie viel Prozent Ihres Einkommens können Sie sparen?

- ☐ A **Kein Sparen, jedoch Kapitalentnahme**
- ☐ B **Kein Sparen und keine Entnahme**
- ☐ C **Sparquote 0 bis 30%**
- ☐ D **Sparquote mehr als 30%**

Dieser Fragebogen wurde am ____________________ ausgefüllt.

____________________ ____________ ____________________

Ort/Datum Kürzel Unterschrift

Seite 3 von 3

Auswertung

Bitte tragen Sie die Punktzahl Ihrer Antworten in die letzte Spalte ein und zählen Sie diese zusammen (Feld E):

Frage	A	B	C	D	Ihre Punkte
1	2	4	6	7	
2	2	4	6	7	
3	5	16	21	30	
4	3	22	30	40	
5	3	22	30	40	
6	0	12	15	20	
Summe					E

Bitte tragen Sie die Punktzahl Ihrer Antworten in die letzte Spalte ein und zählen Sie diese zusammen (Feld F):

Frage	A	B	C	D	Ihre Punkte
7	10	35	70	90	
8	0	0	3	6	
9	0	6	12	20	
10	0	6	12	20	
Summe					F

Bitte vergleichen Sie die Summe Ihrer Punktzahl aus den Fragen 1 bis 6 (Feld E) mit Ihrer Punktzahl aus Frage 7 bis 10 (Feld F). Für den **tieferen der beiden Werte** lässt sich das passende Anlegerprofil gemäß folgender Tabelle herleiten:

Anzahl der Punkte	Anlegerprofil
< 50[1)]	Anlegerprofil defensiv
50–99	Anlegerprofil ausgewogen
> 99	Anlegerprofil offensiv

[1)] Bei weniger als 20 Punkten muss geprüft werden, ob nicht Tages- und Festgelder besser geeignet sind.

Kapitel 9

Erben und Schenken: Den Nachlass richtig planen

Nicht einmal jeder dritte Deutsche setzt ein Testament auf – wer beschäftigt sich auch gerne mit dem eigenen Tod? Dadurch kommt es jedoch häufig zu Streitigkeiten unter den Erben, beispielsweise wegen der Verteilung einzelner Vermögenswerte. Oder der Ehegatte oder Lebenspartner bleibt ohne ausreichende Absicherung zurück.

Lieber selbst die Weichen stellen

Nur wer sich frühzeitig um die Planung seines Nachlasses kümmert, kann sichergehen, dass sein Vermögen später so verteilt wird, wie er es sich gewünscht hat. Wenn man hingegen keine Regelungen getroffen hat, erfolgt eine Aufteilung nach der gesetzlichen Erbfolge, die sich am Verwandtschaftsgrad zwischen dem sogenannten Erblasser und seinen Erben orientiert. Hinterlässt der Verstorbene einen Ehepartner und Kinder, sind sie die Erben; ohne eigene Familie fällt der Nachlass hingegen der weiteren Verwandtschaft zu.

Gesetzliche Erbfolge und Zugewinnausgleich

Die gesetzliche Erbfolge richtet sich nach dem Verwandtschaftsgrad und nicht danach, wie eng das Verhältnis zur verstorbenen Person war. In erster Linie erben der überlebende Ehepartner und die Kinder. Weitere Verwandte kommen nur dann zum Zug, wenn die verstorbene Person weder Nachkommen noch Ehepartner hinterlässt. Das Gesetz definiert aber nicht nur die Erben, sondern auch den Anteil am Erbe, der diesen Personen zusteht.

Zugewinnausgleich

Falls nichts anderes vereinbart worden ist, leben Ehepaare in Zugewinnausgleich einer sogenannten Zugewinngemeinschaft. Das bedeutet, dass der überlebende Partner nach dem Tod des anderen einen Zugewinnausgleich beanspruchen kann. Dieser Ausgleich beträgt pauschal ein Viertel des Nachlassvermögens. Alternativ kann der überlebende Ehegatte auch den effektiven Zugewinnausgleich verlangen. Hierzu muss er das Erbe ausschlagen, wodurch sich sein Anspruch halbiert. Ob

Anspruch des Ehegatten auf Zugewinnausgleich

- pauschaliert: 1/4 des Nachlassvermögens
  oder
- effektiv[1]: Ermittlung des durch beide Ehepartner während der Ehe erworbenen Vermögens. Davon steht dem Überlebenden die Hälfte zu. Eine etwaige Differenz wird ausgeglichen, bevor das restliche Nachlassvermögen[2] verteilt wird.

1 Hierfür muss der Ehegatte das Erbe ausschlagen
2 Davon hat der überlebende Ehegatte noch Anspruch auf die Hälfte seiner Erbquote, also 1/8 (50 % von 1/4)

sich das lohnt, hängt von den persönlichen Rahmenbedingungen ab und muss im Einzelfall geprüft und genau berechnet werden.

Den Güterstand der Zugewinngemeinschaft kann man mit einem Ehevertrag auf unterschiedliche Weise ausgestalten. Viele Ehepaare halten in ihrem Ehevertrag am Zugewinnausgleich fest für den Fall, dass einer von beiden stirbt, schließen ihn aber aus, falls die Ehe geschieden wird.

Dies hat erbschaftsteuerliche Hintergründe, da der Zugewinn nicht der Erbschaftsteuer unterliegt, also steuerfrei ist.

Eine Modifizierung der Zugewinngemeinschaft ist auch dahingehend möglich, dass bestimmte Vermögensgegenstände aus dem Zugewinnausgleich herausgenommen werden. Dies bietet sich beispielsweise an, wenn ein Ehegatte selbstständig ist und das Betriebsvermögen nicht in den Zugewinn fallen soll.

Erbanteil des Ehepartners

Ohne Testament oder Erbvertrag steht dem Ehepartner insgesamt die Hälfte des Nachlasses zu, die andere Hälfte wird gleichmäßig unter den Kindern verteilt. Falls eines der Kinder bereits gestorben ist, geht sein Erbteil an seine eigenen Kinder.

War die Ehe kinderlos, bekommt der Ehepartner drei Viertel des Erbes. Auf das letzte Viertel haben die Eltern des Verstorbenen Anrecht. Ihnen fällt der gesamte Nachlass zu, wenn die verstorbene Person weder Nachkommen noch Ehepartner hinterlässt. Der Erbanspruch der Eltern geht auf die Geschwister des Verstorbenen oder an deren Nachkommen über, wenn die Eltern nicht mehr am Leben sind.

Nachlassvermögen

Nur der Nachlass des Verstorbenen wird unter den Erben aufgeteilt. Das klingt trivial, führt in der Praxis aber oft zu Schwierigkeiten. Dies ist zum Beispiel der Fall, wenn die Erben unterschiedlicher Auffassung darüber sind, was zum Nachlass gehört. Beim Vermögen von Ehepaaren muss man daher genau unterscheiden, was wem gehört: Welcher Teil des Vermögens gehörte dem Verstorbenen allein, welcher dem überlebenden Partner und welcher beiden gemeinsam?

Gesetzliche Aufteilung des Nachlasses bei unterschiedlichen Familienkonstellationen

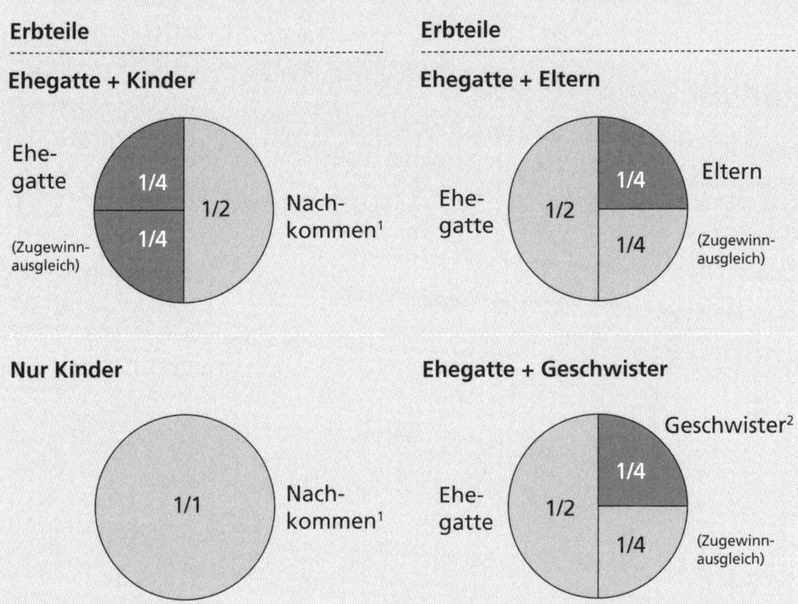

1 Kinder (auch Adoptivkinder) zu gleichen Teilen; anstelle der verstorbenen Kinder die Enkel oder Urenkel
2 Zu gleichen Teilen

Vermögen, das der Erblasser in die Ehe eingebracht hat, fällt in seinen Nachlass (siehe Übersicht nächste Seite). Das Gleiche gilt für Erbschaften und Schenkungen, mit denen er während der Ehe bedacht worden ist. Auch das Vermögen, das er nach der Heirat erworben hat, wird seinem Nachlass zugerechnet.

Was fällt in den Nachlass? (Zugewinngemeinschaft)

+	vom Verstorbenen in die Ehe eingebrachtes Vermögen
+	vom Verstorbenen während der Ehe erhaltene Erbschaften/Schenkungen
+	vom Verstorbenen während der Ehe erworbenes Vermögen
=	**Nachlassvermögen**

Gewillkürte Erbfolge

Grenzen der gewillkürten Erbfolge

Wer sein Vermögen nach seinem eigenen Ermessen verteilen will, muss ein Testament oder einen Erbvertrag aufsetzen. Damit dieser letzte Wille nicht anfechtbar ist, muss man einige formale und inhaltliche Vorgaben einhalten. Seinen Ehepartner und seine Kinder kann man zum Beispiel nicht einfach aus der Erbfolge streichen. Sie haben auf jeden Fall Anspruch auf einen Pflichtteil, der der Hälfte ihres gesetzlichen Erbteils entspricht und den sie als Barzahlung einfordern können. Der Anspruch des Ehepartners auf den Zugewinnausgleich bleibt bestehen.

Testament oder Erbvertrag?

Die gewünschte Erbfolge kann man entweder in einem Testament oder in einem Erbvertrag festhalten. Während man Testamente grundsätzlich ändern oder verwerfen kann, braucht es für die Änderung eines Erbvertrags die Zustimmung der Erben. Ein Erbvertrag ist daher nur dann ratsam, wenn man vollkommen sicher ist, dass man seine Absicht nicht mehr ändern wird. Sinnvoll ist ein Erbvertrag zum Beispiel auch dann, wenn ein Mitglied der Familie freiwillig auf seinen Pflichtteil verzichtet. Dann kann der Erblasser den Verzicht in einem Erbvertrag festhalten, um sicherzustellen, dass dieses Familienmitglied seinen gesetzlichen Anspruch später nicht doch noch geltend macht.

Berliner Testament: pro und contra

Das sogenannte Berliner Testament ermöglicht Ehepartnern, sich gegenseitig stärker abzusichern, als es das Gesetz vorsieht. Mit dieser Sonderform des gemeinschaftlichen Testaments können sie sich gegenseitig als Alleinerben einsetzen. Für ihre Kinder bedeutet das, dass sie erst nach dem Tod des zweiten Elternteils erben. In einer zusätzlichen Strafklausel kann man den Anspruch der Kinder im zweiten Erbgang auf den Pflichtteil setzen für den Fall, dass sie ihren Anteil schon beim ersten Erbgang geltend machen. Wer sich für ein Berliner Testament entscheidet, sollte auch regeln, was passieren soll, wenn der andere wieder heiratet. Fehlt eine Wiederverheiratungsklausel, ist das Berliner Testament nach dem Tod eines Ehegatten für den anderen bindend und kann nicht mehr verändert werden.

Ein Berliner Testament ist für viele Paare mit überdurchschnittlichem Vermögen steuerlich unattraktiv. Erstens werden Freibeträge nicht genutzt und zweitens wird das Vermögen im schlechtesten Fall zweimal von der Erbschaftsteuer erfasst – zuerst bei der Übertragung an den überlebenden Ehepartner und nach seinem Tod noch einmal beim Übergang an die Kinder.

Unternehmensnachfolge

Unternehmer sollten die Nachfolge für ihr Unternehmen wenn immer möglich bereits zu Lebzeiten regeln. Denn wer seinen Erben ein Unternehmen hinterlässt, bürdet ihnen unter Umständen unnötige Schwierigkeiten auf.

Wenn die Erben sich in der entsprechenden Branche nicht auskennen, kann es schwierig für sie werden, das Unternehmen fortzuführen. Deswegen sollten sich Unternehmer frühzeitig Gedanken um einen internen oder externen Nachfolger machen und dies auch mit der Familie besprechen. Auch ein Notfallplan, in dem Anweisungen für einen unerwarteten Ausfall des Unternehmers, beispielsweise durch Krankheit oder Unfall, getroffen werden, kann das Unternehmen vor einer Krise bewahren.

In Personengesellschaften können Erben nur dann als Gesellschafter nachrücken, wenn es der Gesellschaftsvertrag zulässt. Ohne Nachfolgeklausel kann die Personengesellschaft sogar von Gesetzes wegen aufgelöst werden.

Tipp

Das Gesellschaftsrecht hat immer Vorrang vor der gesetzlichen Erbfolge. Gesellschaftsverträge und persönliche Nachlassplanung müssen deswegen unbedingt aufeinander abgestimmt werden.

Erbschaftsteuer

Wer seinen Nachlass plant, sollte auch darüber nachdenken, wie hoch die steuerliche Belastung für die Erben sein wird. Ob Erbschaftsteuern anfallen und wie hoch sie sind, hängt von zwei Faktoren ab: erstens von der Höhe des Erbes (steuerpflichtiger Erwerb) und zweitens vom Verwandtschaftsgrad zwischen Erben und Erblasser.

Bewertung anhand von Verkehrswerten

2009 trat die Erbschaftsteuerreform in Kraft. Seither bemisst sich der steuerpflichtige Erwerb am Verkehrswert der Vermögensgegenstände, Schulden und Freibeträge können in Abzug gebracht werden.

Der Verkehrswert von Kontoguthaben und Wertpapieren ist täglich aus den Konto- und Depotauszügen ablesbar. Die Bewertung von Immobilien gestaltet sich schwieriger, da je nach Art des Grundstücks unterschiedliche Verfahren zur Anwendung kommen.

Tipp

Der überlebende Ehepartner muss die Immobilie, die als Erstwohnsitz genutzt wird, nicht versteuern, wenn er noch mindestens zehn Jahre darin wohnen bleibt. Das gilt grundsätzlich auch für die Kinder, allerdings nur dann, wenn die Wohnfläche nicht mehr als 200 Quadratmeter beträgt.

Bewertung von Betriebsvermögen

Betriebsvermögen und Anteile an börsennotierten Kapitalgesellschaften werden grundsätzlich nach dem Ertragswertverfahren bewertet. Unter bestimmten Voraussetzungen bleibt Betriebsvermögen steuerfrei.

Es sind zum Beispiel nur 15 Prozent des Betriebsvermögens einer geerbten GmbH steuerpflichtig, wenn die folgenden Voraussetzungen erfüllt sind: Der Erbe führt das Unternehmen mindestens 5 Jahre lang weiter, die Lohnsumme fällt nicht wesentlich kleiner aus, und der

Anteil des sogenannten Verwaltungsvermögens beträgt maximal 50 Prozent. Als Verwaltungsvermögen zählen zum Beispiel vermietete Immobilien, Wertpapiere oder Kunst.

Das Betriebsvermögen bleibt sogar vollständig steuerfrei, wenn der Erbe das Unternehmen 7 Jahre weiterführt und die Lohnsumme konstant bleibt und wenn der Anteil des Verwaltungsvermögens maximal 10 Prozent des Betriebsvermögens beträgt.

Freibeträge

Natürlich gibt es auch bei der Besteuerung von Nachlässen Freibeträge, die die Erben geltend machen können. Je nach Steuerklasse, in der das Erbe versteuert werden muss, fallen diese Freibeträge unterschiedlich aus.

Nahe Angehörige (außer Geschwister) versteuern ihr Erbe in der günstigsten Steuerklasse I und profitieren zusätzlich von Freibeträgen zwischen 100.000 und 500.000 Euro. Geschwister und entfernte Verwandte können nur 20.000 Euro als Freibetrag geltend machen und versteuern den Rest in der Steuerklasse II. Die übrigen Erben werden nach den Tarifen der Steuerklasse III besteuert; der Freibetrag von 20.000 Euro gilt auch für sie.

Tipp

Zählt Hausrat zur Erbmasse, kann auch ein Freibetrag für Möbel, Geschirr oder Wäsche geltend gemacht werden. Nahe Angehörige können dafür bis zu 41.000 Euro abziehen (siehe persönliche Freibeträge). Kunst, Schmuck oder Pkws in der Erbmasse erhöhen ihren Freibetrag um bis zu 12.000 Euro. Andere Erben, die nach den Tarifen von Steuerklasse II oder III besteuert werden, profitieren von einem Steuerfreibetrag von insgesamt 12.000 Euro.

Persönliche Freibeträge

Steuerklasse	Personen	Freibetrag
I	Ehepartner	500.000 €
	Kinder, Stiefkinder, Enkel (sofern deren Eltern schon verstorben sind)	400.000 €
	Alle Enkel (sofern deren Eltern noch leben)	200.000 €
	Eltern und Großeltern (Erwerb von Todes wegen)	100.000 €
II	Eltern und Großeltern (Zuwendung unter Lebenden)	20.000 €
	Geschwister, Nichten, Neffen, Stiefeltern, Schwiegereltern und -kinder, geschiedener Ehepartner	20.000 €
III	Alle übrigen Erben und Zuwendungsempfänger	20.000 €

Versorgungsfreibetrag

Wenn jemand stirbt, der für eine Familie aufkommt, soll in erster Linie das finanzielle Auskommen des Partners und der Kinder gesichert sein. Zusätzlich zum Steuerfreibetrag wird dem überlebenden Ehegatten und dem Nachwuchs deshalb ein sogenannter Versorgungsfreibetrag gewährt. Er beträgt für Ehepartner pauschal 256.000 Euro. Kinder unter 28 haben Anspruch auf einen Freibetrag, der gestaffelt nach ihrem Alter abnimmt.

Achtung: Der Versorgungsfreibetrag wird unter anderem gekürzt um den Anspruch auf Witwen- oder Waisenrente aus der gesetzlichen Rente, aus betrieblicher Altersversorgung sowie aus berufsständischen Versorgungswerken. Für die Berechnung des Freibetrags wird dieser Anspruch kapitalisiert, also in eine Gesamtsumme umgerechnet.

Versorgungsfreibetrag

Personen	Freibetrag
Ehepartner	256.000 €
Kinder:	
bis zu 5 Jahren	52.000 €
von 5 bis 10 Jahren	41.000 €
von 10 bis 15 Jahren	30.700 €
von 15 bis 20 Jahren	20.500 €
von 20 bis 27 Jahren	10.300 €

Der Versorgungsfreibetrag wird gekürzt, wenn ein Ehepartner oder ein Kind nach dem Tod des Erblassers eine Versorgungsleistung erhält, die nicht erbschaftsteuerpflichtig ist (z.B. Hinterbliebenenrente). Der Freibetrag wird um den Kapitalwert der Bezüge gekürzt. Dieser Wert wird nach § 14 des Bewertungsgesetzes ermittelt.

Höhe der Erbschaftsteuer

Was nach Abzug aller Freibeträge vom Erbe übrig bleibt, muss versteuert werden. Die Erbschaftsteuersätze fallen je nach Steuerklasse unterschiedlich hoch aus und steigen mit dem geerbten Betrag. Einen Überblick über die Steuersätze und ihre Obergrenzen gibt die nachfolgende Tabelle.

Das folgende Beispiel illustriert, welche Angehörigen wie viel Erbschaftsteuer zahlen: Eine Frau, die von ihrem Mann 75.000 bis 300.000 Euro erbt, muss 11 Prozent Erbschaftsteuer zahlen (Steuerklasse I). Beträgt ihr Erbe 600.000 bis 6 Millionen Euro, springt ihr Steuersatz auf 19 Prozent. Für Kinder, die einen entsprechenden Betrag von einem Elternteil erben, gelten dieselben Sätze. Fällt hingegen einer Schwester oder einem Bruder ein gleich hohes Erbe zu, beträgt ihr Steuersatz im ersten Fall 20 und im zweiten Fall 30 Prozent (Steuerklasse II).

Erbschaftsteuertarife

Wert des steuerpflichtigen Erwerbs bis einschließlich	Tarif in der Steuerklasse I	II	III
75.000 €	7 %	15 %	30 %
300.000 €	11 %	20 %	30 %
600.000 €	15 %	25 %	30 %
6.000.000 €	19 %	30 %	30 %
13.000.000 €	23 %	35 %	50 %
26.000.000 €	27 %	40 %	50 %
über 26.000.000 €	30 %	43 %	50 %

Härtefallausgleich

Wenn die Grenze zwischen zwei Steuertarifen nur knapp überschritten wird, kommt ein sogenannter Härtefallausgleich zum Tragen. Er sorgt dafür, dass die Steuer nicht sprunghaft ansteigt.

Erbschaftsteuer optimieren

Der größte Teil des Nachlassvermögens bleibt nur dann in der Familie, wenn man die Möglichkeiten zur Steuerersparnis nutzt – und zwar rechtzeitig.

Vorweggenommene Erbfolge

Den größten Einfluss auf die Verteilung des Nachlasses haben Erblasser, die ihr Vermögen schon zu Lebzeiten übertragen. Je früher man aktiv wird, desto geringer fällt auch die Erbschaftsteuer aus. Das zeigt ein Blick auf die gesetzlichen Freibeträge. Diese Freibeträge für Zuwendungen innerhalb der Familie und an Freunde kann man alle zehn Jahre erneut ausschöpfen.

Generationen überspringen

Wenn die Freibeträge der Kinder und Geschwister nicht ausreichen, um ein bedeutendes Vermögen zu Lebzeiten steuergünstig weiterzugeben, gibt es eine einfache Lösung: Bedenken Sie auch Enkel, Nichten und Neffen mit Schenkungen. Auch sie können eigene Freibeträge geltend machen – unabhängig von den Freibeträgen ihrer Eltern.

Wohneigentum zu Lebzeiten übertragen

Auch selbst genutzte Immobilien sind eine Möglichkeit, um Erbschaft- oder Schenkungssteuern zu sparen. Eine Schenkung an den Ehepartner ist steuerfrei möglich. Und die Auflagen, die für die steuerfreie Vererbung an den Ehepartner gelten, fallen bei der Schenkung weg.

Prioritäten richtig setzen!

Die Idee, Erbschaftsteuern mit einer Schenkung zu Lebzeiten zu reduzieren, ist legitim und sinnvoll. Man darf aber nur das verschenken, was man nicht für seinen eigenen Lebensunterhalt braucht – gegebenenfalls auch für den Fall, dass später einmal hohe Pflegekosten anfallen sollten. Denn sich später von den Beschenkten Geld leihen zu müssen, kann keine Option sein. Deshalb gilt: Die eigene finanzielle Sicherheit geht vor, erst danach kommt die Steueroptimierung!

Testamentsvollstreckung

Der Erblasser kann in seinem letzten Willen einen Testamentsvollstrecker einsetzen. Dieser sorgt dafür, dass der Nachlass reibungslos aufgeteilt wird, so, wie er es sich gewünscht hat. Vor allem wenn es um einen größeren Nachlass geht, zu dem Immobilien oder Unternehmen gehören, leistet ein Testamentsvollstrecker wertvolle Dienste. Auch bei geordneten Familienverhältnissen kann es sinnvoll sein, einen Testamentsvollstrecker einzusetzen, selbst wenn kein Streit unter den Erben zu befürchten ist. Er kann zum Beispiel dafür sorgen, dass alle Auflagen erfüllt werden.

Als Testamentsvollstrecker sollte man eine unabhängige Institution beauftragen, die ein breites Fachwissen und die nötige Erfahrung in erbrechtlichen Angelegenheiten mitbringt. Weil so ein Testamentsvollstrecker frei von Interessenkonflikten ist, kann er tragfähige Lösungen vorschlagen, die für alle Erben fair sind. Wenn der Erblasser keinen Testamentsvollstrecker eingesetzt hat, können die Erben gemeinsam einen Erbenvertreter bestimmen, der ähnliche Aufgaben übernimmt.

Stiftungen

Vielen Menschen, nicht nur in höherem Alter, ist es wichtig, sich in die Gesellschaft einzubringen und etwas von ihrem Vermögen zurückzugeben. Manchmal gibt es auch keine Erben, denen man Vermögen hinterlassen könnte. Oder sie möchten ihr Lebenswerk langfristig erhalten.

In all diesen Fällen kann die Gründung einer gemeinnützigen Stiftung, mit der karitative, kulturelle, gesellschaftliche oder wissenschaftliche Zwecke unterstützt werden, infrage kommen.

Eine Stiftungsgründung ist schon ab einem Startkapital von 50.000 Euro möglich. Neben Bargeld können auch Wertpapiere, Immobilien, Kunstgegenstände und sogar Unternehmen in eine Stiftung eingebracht werden.

Das Stiftungsvermögen sollte möglichst sicher angelegt sein, gleichzeitig aber eine ansprechende Rendite abwerfen. Diese kommt dann dem Stiftungszweck zugute. Auch eine Verbrauchsstiftung, die das Vermögen für den Stiftungszweck ausgibt, ist möglich.

Eine Stiftungsgründung bietet zudem steuerliche Vergünstigungen, sowohl für den Stifter als auch für die Stiftung. So können Stifter Sonderausgaben in ihrer Einkommensteuererklärung geltend machen. Zudem bleiben Einbringungen in eine Stiftung schenkungs- und erbschaftsteuerfrei – dies gilt auch für Erbschaften, die man selbst gerade erst erhalten hat. Zudem bleiben die Erträge auf Stiftungsebene steuerfrei, was einen nachhaltigen Steuervorteil darstellt.

Vor einer Stiftungsgründung lohnt es sich, die Beratung eines Stiftungsexperten in Anspruch zu nehmen. Dabei sollte geklärt werden, welches Kapital zu Lebzeiten eingebracht werden sollte, ob Zustiftungen im Todesfall infrage kommen, welche Stiftungsform sinnvoll ist und wie das Vermögen langfristig rentabel angelegt werden kann.

Formalitäten rund um einen Todesfall

Die Hinterbliebenen sollten nach dem Tod eines Angehörigen einige Formalitäten beachten, damit sie keine finanziellen Nachteile erleiden und handlungsfähig bleiben. Die folgende Checkliste gibt einen Überblick.

Checkliste: Wichtige Formalitäten im Todesfall

Was zu tun ist	Hintergrund
• Sterbeurkunde beim Standesamt des Sterbeortes in 5-facher Ausfertigung anfordern	► Wird für Behörden, Bestattungsunternehmen und Kirchen benötigt
• Testament beim Nachlassgericht (Amtsgericht) einreichen	► Für die Testamentseröffnung notwendig
• Erbschein beim Nachlassgericht beantragen	► Wird von Grundbuchamt, Banken und Sparkassen bei Verfügungen verlangt
• Gesetzliche Rentenversicherung bzw. Versorgungsamt informieren	► Auszahlung der Hinterbliebenenbezüge
• Versicherungen informieren (insbesondere Kranken-, Unfall- und Lebensversicherung)	► Ansprüche geltend machen
• Steuerberater oder Finanzamt informieren (Steuernummer des Verstorbenen angeben)	► Ungerechtfertigte Liquiditätsabflüsse (z.B. Steuervorauszahlungen) vermeiden

Kapitel 10

Vermögens- und Anlageberater: Worauf ist zu achten?

Anforderungen an einen Vermögens- und Anlageberater

Ob Finanzplaner, Financial Consultant oder Anlageberater – viel wichtiger als die Berufsbezeichnung sind die Persönlichkeit des Beraters und die Firma, für die er tätig ist.

Anforderungen an einen Vermögensberater

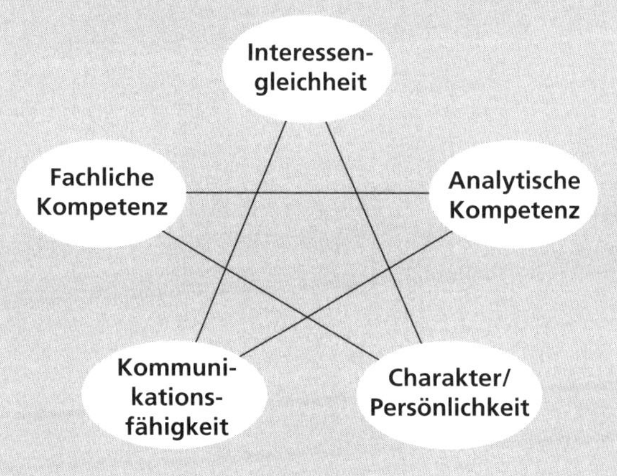

Ein Berater kann nur dann objektiv – und damit im Sinne des Kunden – handeln, wenn er keinen Interessenkonflikten unterliegt. Interessenkonflikte entstehen dann, wenn die Zielsetzungen des Beraters nicht mit denen des Kunden übereinstimmen. Bedauerlicherweise kommt dies in der Praxis sehr häufig vor.

Arbeitet der Berater für ein Unternehmen, das eigene Produkte (z.B. Investmentfonds oder Versicherungen) anbietet, wird er die hauseigenen Anlagen auch dann empfehlen (müssen), wenn er sich bewusst ist, dass bessere Produkte auf dem Markt vorhanden sind. Ein weiteres Beispiel für einen Interessenkonflikt betrifft die Honorierung des Beraters. Erhält dieser bei der Vermittlung von Produkten Provisionen, so werden Anlagen, bei deren Vertrieb er mehr verdient, auch häufiger auf seiner Empfehlungsliste stehen.

Ein ähnliches Problem zeigt sich bei Umschichtungen des Wertpapierdepots. Die dabei anfallenden Gebühren stellen für den Anleger einen Aufwand dar, für die Bank aber einen Ertrag. Wenn der Anlageberater der Bank Veränderungen im Depot vorschlägt, kann sich der Kunde nicht sicher sein, was der tatsächliche Hintergrund der Empfehlung ist: die Interessen des Kunden oder jene der Bank.

Fachliche und analytische Kompetenz

Dass ein Berater fachlich kompetent sein muss, ist klar. Für den Kunden ist es allerdings nicht ganz einfach, die Kompetenz zu überprüfen. Ein (kleines) Stück weiter hilft hier die schlichte Frage nach der Ausbildung des Beraters: Um die komplexen Finanzmärkte und Anlagemöglichkeiten zu verstehen sowie bei der Vielzahl der angebotenen Produkte den Durchblick zu bewahren, kann ein betriebswirtschaftliches Studium sicher nicht schaden. Möglicherweise hat der Berater noch ein spezifisches Aufbaustudium zum zertifizierten Finanzplaner (Certified Financial Planner = CFP) absolviert.

Wichtig ist, dass der Berater die Fragen des Kunden schlüssig und nachvollziehbar beantworten kann. Dabei spielt auch seine analytische Kompetenz eine bedeutende Rolle. Ist er fähig, die tatsächlichen Bedürfnisse des Kunden zu identifizieren und eine darauf zugeschnittene individuelle Dienstleistung anzubieten? Schlechte Berater planen nicht selten in angelernten Denkmustern, worin die spezifische Situation des jeweiligen Kunden nur eine untergeordnete Rolle spielt.

Persönlichkeitsprofil

Natürlich muss auch die persönliche Beziehung zwischen Berater und Kunde stimmen – insbesondere wenn es um das sensible Thema Geld geht. Im Idealfall können sich Kunde und Berater auf Augenhöhe unterhalten. Dies ist umso wichtiger, je anspruchsvoller das Kundensegment ist. Last but not least sollte der Berater ein hohes Maß an Kommunikationsfähigkeit aufweisen. Darunter fällt auch, komplexe Sachverhalte mit einfachen Worten erklären zu können. Der Kunde sollte in der Lage sein, alles, was ihm sein Consultant empfiehlt, zu verstehen und nachvollziehen zu können. Ansonsten ist er – buchstäblich – schlecht beraten.

Berater oder (Produkt-) Verkäufer?

Eine gute Dienstleistung hat ihren Preis. Und den bezahlt in jedem Fall der Kunde: Entweder indirekt in Form von Provisionen oder direkt als Honorar.

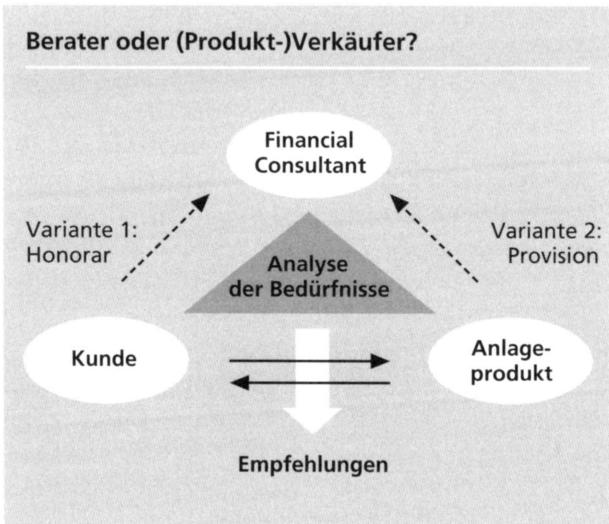

Die Entwicklung in der Vermögensberatung lässt hier einen klaren Trend zugunsten der Honorarberatung erkennen. Allerdings ist die Bereitschaft der Deutschen, für produktneutrale Empfehlungen zu bezahlen, immer noch gering. Diese Einstellung ändert sich aber sukzessive. Verantwortlich dafür sind die reihenweise schlechten Erfahrungen mit als Berater getarnten Produktverkäufern.

Gratisberatung heißt Interessenkollision

Die traditionelle Finanz-, Anlage- oder Vermögensberatung ist auf den Verkauf von – möglichst hauseigenen oder hoch provisionierten – Produkten ausgerichtet. Dies ist nachvollziehbar, denn die Haupteinnahmequellen der »Berater« sind die Provisionen für neu vermittelte Geschäfte. Die Bandbreite der Entschädigung reicht dabei von 0 Prozent der Einlage für einen passiv gemanagten Aktienfonds bis zu 15 Prozent bei manchen geschlossenen Beteiligungen.

Höhe der Provisionierung nach Produktgattung

Durchschnittswerte von Abschlussprovisionen

Produktgattung	Abschlussprovision[2]
• Geschlossene Beteiligungen	8 %–15 %
• Aktienfonds (aktiv gemanagt)	4 %–6 %[1]
• Kapitallebens-/ Rentenversicherung	3 %–5 %[1]
• Zertifikate	2 %–5 %[1]
• Rentenfonds (aktiv gemanagt)	2 %–4 %[1]
• Börsengehandelte Indexfonds[3]	0 %

1 Zuzüglich Bestandesprovision
2 In Prozent der Einzahlungssumme
3 ETF = Exchange Traded Fund

Genau darin liegt das Dilemma: Die Empfehlung mit dem größten Nutzen für den Verkäufer ist häufig nicht auch diejenige mit dem größten Nutzen für den Kunden. Eine schlechte Ausgangslage für eine gute Beratung!

Bei »Beratern« von Institutionen – insbesondere Banken – mit eigener Produktpalette verschärft sich das Problem zusätzlich. Aufgrund von klaren Zielvorgaben für die Verkaufszahlen einzelner Produkte können sie sich den Luxus der Objektivität nicht leisten. Der Kunde bekommt das, was verkauft werden muss. Also aufgepasst: Nicht überall, wo »Berater« draufsteht, ist auch ein Berater drin.

Honorarberatung heißt Interessenkongruenz

Ein Anleger wünscht sich eine umfassende, auf seine Ziele ausgerichtete Beratung. Die Umsetzungsempfehlungen sollen sich sowohl auf die objektiv besten wie auch auf die am besten geeigneten Produkte beziehen. Eine solche Beratung kann nur auf Honorarbasis erfolgen. Dadurch ist gewährleistet, dass die Dienstleistung frei von Interessenkonflikten ist und damit für den Kunden tatsächlich den größten Nutzen bietet. Unseren Erfahrungen nach bezahlt ein zufriedener Kunde ein fair abgerechnetes Honorar gerne.

VZ-Beratungsprozess

Der Ablauf einer umfassenden, unabhängigen Honorarberatung soll am Beispiel des Beratungsprozesses beim VZ VermögensZentrum näher erläutert werden. In einem kostenlosen Erstgespräch wird die individuelle Situation des Kunden erfasst. Basierend auf ersten Erkenntnissen wird ein möglicher Nutzen durch die VZ-Dienstleistung festgestellt. Im Anschluss an das Gespräch erhält der Kunde ein schriftliches Beratungsangebot (Offerte). Darin wird der Umfang des Beratungsprozesses umschrieben, der Kundennutzen aufgezeigt und der Stundenaufwand (Honorar) abgeschätzt.

Nach der Erteilung des Auftrags findet eine detaillierte Analyse der Ist-Situation statt.

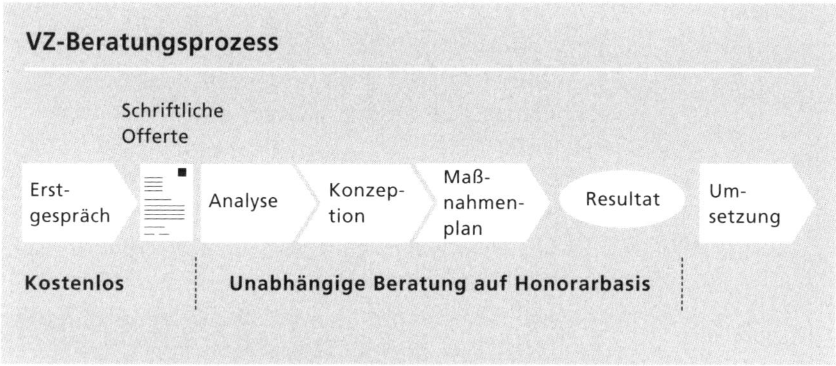

In der Konzeptionsphase geht es darum, die Soll-Situation gemeinsam mit dem Kunden zu definieren. In der Praxis sieht das so aus, dass das VZ Strategievorschläge erarbeitet, die aus finanztechnischer Sicht eine klare Optimierung gegenüber der Ist-Situation darstellen. Nachdem sich der Kunde – mit Rücksprache und Unterstützung der VZ-Berater – für eine Variante entschieden hat, wird ein konkreter Maßnahmenplan erstellt, wie die definierten Ziele erreicht werden können.

Kurzporträt VZ VermögensZentrum

Die Experten in allen Fragen rund ums Geld

Als unabhängiger Finanzberater und Vermögensverwalter unterstützt das VZ VermögensZentrum Privatkunden in finanziellen Angelegenheiten. Schwerpunktmäßig beraten die Experten zur Ruhestands- und Nachlassplanung, zu Testamentsvollstreckungen, Geldanlagen und Immobilien.

Die Beraterinnen und Berater des VZ VermögensZentrums haben bereits zehn Mal einen der vorderen Plätze im Depotführungs-Wettbewerb »Finanzberater des Jahres« erreicht. Der Wettbewerb wird jedes Jahr von der Zeitschrift Euro und der Going Public Akademie für Finanzberatung durchgeführt. An dem Wettbewerb nehmen regelmäßig mehr als 500 namhafte Finanzberater aus ganz Deutschland teil.

Die Schweizer Wurzeln

Das VZ in Deutschland ist eine Tochter der VZ Holding mit Sitz in Zürich, die über 20 Niederlassungen in der Schweiz und eine Bilanzsumme von über 1,1 Milliarden Euro verfügt. Die Unternehmensgruppe beschäftigt über 650 Mitarbeiterinnen und Mitarbeiter und verwaltet Kundenvermögen in der Höhe von umgerechnet mehr als 10 Milliarden Euro.

Unsere Unabhängigkeit ist unser größtes Gut

Das VZ verkauft keine eigenen Finanzprodukte und ist kein Produktvermittler. Weil wir uns aus Beratungshonoraren und Vermögensverwaltungsgebühren finanzieren, entstehen für uns keine Interessenkonflikte. Wir empfehlen in jedem Fall die Anbieter und Produkte, die unseren Kunden den höchsten Nutzen versprechen. Denn wir sind einzig unseren Kunden verpflichtet – und unserem Ehrgeiz, das Optimum zu erreichen.

Die VZ: spezialisiert auf das Thema »Ruhestand«

Kerndienstleistungen

- **Beratung gg. Honorar** zu allen Vermögensthemen mit Fokus auf Unternehmer, leitende Angestellte und (angehende) Ruheständler
- **Vermögensverwaltung** Dienstleistungen aktiv, passiv; fonds-, ETF-einzeltitelbasiert, regelbasiert

Unabhängigkeit

- Keine Abhängigkeit von Banken, Versicherungen oder KVG's
- Keine eigenen Produkte
- Unternehmenskapital mehrheitlich in Händen des Managements
- Mehrwert für den Kunden durch konzeptionelle und damit individuelle Lösungen

Geschäftsentwicklung

- Am Markt seit 1993; 26 NL in CH und D
- Verwaltetes Vermögen > 10 Mrd. €
- Anzahl Beratungen p. a. > 6.000
- Anzahl Mitarbeiter > 650
- Börsennotierung der VZ Holding AG seit 2007

Stand 06/2014

Publikationen: Merkblätter, VZ news, Newsletter

Diese kostenlosen VZ-Angebote geben nützliche Ratschläge zu Fragen rund um Ihren Ruhestand, Geldanlagen und Ihren Nachlass (www.vermoegenszentrum.de/Publikationen).

VZ-Finanzportal

Die Online-Plattform des VZ: einfach, günstig und intelligent Geld anlegen (www.vzfinanzportal.de).

Besonderer Service: das kostenlose Erstgespräch

Haben Sie Fragen zu Ihrer Vermögensplanung? Dann nehmen Sie mit uns Kontakt auf für ein kostenloses erstes Gespräch. Die Expertinnen und Experten des VZ VermögensZentrums helfen Ihnen gerne.

Kontaktdaten VZ VermögensZentrum GmbH
www.vermoegenszentrum.de

München
Maximiliansplatz 12
80333 München
Tel. 089/28 81 17-0
vzmuenchen@vermoegenszentrum.de

Frankfurt
Bleichstraße 52
60313 Frankfurt am Main
Tel. 069/50 50 948-0
vzfrankfurt@vermoegenszentrum.de

Düsseldorf
Benrather Straße 12
40213 Düsseldorf
Tel. 0211/54 00 56 00
vzduesseldorf@vermoegenszentrum.de

Nürnberg
Vordere Sterngasse 2a
90402 Nürnberg
Tel. 0911/88 18 89-0
vznuernberg@vermoegenszentrum.de

Stichwortverzeichnis

C

D

E

F

G

T

U

V

W

Z